JN087117

労働・職場調査ガイドブック

Guidebook of
Research on
Work and Workplaces

多様な手法で探索する働く人たちの世界

梅崎 修・池田心豪・藤本 真［編著］

中央経済社

目　　次

序　章　　**労働・職場調査のすすめ**

1　労働・職場調査の準備 ……………………………………… 1
　　本書（ガイドブック）の役立て方／調査方法が行き交う学際研究の場
　　／「問い」からはじめる労働・職場調査／「理論」という道具を使って
　　／お薦めの社会調査テキスト

2　調査方法を選ぶ ……………………………………………… 11
　　コミュニケーションとしての調査／どのような質問をするか？
　　／尺度（scale）か語り（narrative）か
　　／「質問」以外の方法で得られる情報／多様な手法と調査者の立場

3　調査後にするべきこと ……………………………………… 21

4　求む，未来の労働調査者！ ………………………………… 22

第 1 部　質的情報を使いこなす

第 1 章　　**企業の競争力や生産性を解明する：**
　　　　　聞き取り調査（職場）

1　ねらい ………………………………………………………… 26

2　調査研究の考え方 …………………………………………… 27
　分析の視点／方法①：特定の行為を見つけ出す
　／方法②：行為を促す仕組みの解明／調査をまとめる際のポイント

3　主な研究事例 ………………………………………………… 31

4　私の経験：スウェーデンにおける賃上げメカニズム ………… 34
　生産性を損なわせる要因とは？

5　今後の展望 …………………………………………………… 35

第2章　**制度の成り立ちを把握する：**
聞き取り調査（制度）

1　ねらい ………………………………………………………… 38

2　調査・研究の考え方 ………………………………………… 39
　調査・研究の基本方針：「成り立ち」の分析視点
　／「成り立ち」をみる視点／「把握する」方法

3　主な研究事例 ………………………………………………… 41
　人的資源管理／労使関係

4　私の経験：鉄鋼企業・電機企業の賃金制度の変遷 …………… 43
　題材の概要：問題意識と論点／研究を進めていく上での壁：資料の収集

5　今後の展望 …………………………………………………… 44

第 3 章　職業を通じた「コミュニティ」を捉える：
インタビューに基づく事例研究

1　ねらい ……………………………………………… 47
2　調査・研究の考え方 ……………………………… 48
3　主な研究事例 ……………………………………… 50
　　職場における「コミュニティ」の発見
　　／日本企業における社会関係の特徴
4　私の経験：事業再生企業における人事管理・労使関係 ……… 53
5　今後の展望 ………………………………………… 55

第 4 章　職場の内側から調査する：
エスノグラフィー・参与観察

1　ねらい ……………………………………………… 57
2　調査・研究の考え方 ……………………………… 57
　　エスノグラフィーとは／フィールドワークという調査手法
　　／フィールドノーツというデータ／「厚い記述」
3　主な研究事例 ……………………………………… 60
　　組織エスノグラフィー／労働過程論
　　／エスノメソドロジーに基づくエスノグラフィー
4　私の経験：アニメスタジオのエスノグラフィー ……………… 62
5　今後の展望 ………………………………………… 64

第 5 章　仕事の実践を記述する：
エスノメソドロジー

1　ねらい ……………………………………………………… 66
2　調査・研究の考え方 ……………………………………… 66
　　エスノメソドロジーとは／会話分析
　　／エスノメソドロジー的ワークの研究
3　主な研究事例 ……………………………………………… 69
　　会話分析によるワーク・プラクティスの研究
　　／フィールドワークに基づいたワーク・プラクティスの研究
4　私の経験：「メンバーになる」ことによる
　　ワーク・プラクティスの研究 ………………………………… 71
5　今後の展望 ………………………………………………… 74

第 6 章　仕事人生に耳を傾ける：
ライフヒストリー

1　ねらい ……………………………………………………… 76
2　調査・研究の考え方 ……………………………………… 76
　　ライフヒストリーとは／実践的ライフヒストリー法
　　／聞き取り調査と作品化
3　主な研究事例 ……………………………………………… 78
4　私の経験：炭鉱労働者のライフヒストリー …………… 81
5　今後の展望 ………………………………………………… 83

第 7 章　労働の歴史を掘り起こす：
オーラルヒストリー

1　ねらい ………………………………………………… 86
2　調査・研究の考え方 ………………………………… 86
　　オーラルヒストリーとは／3つの利点／3つの限界
　　／基本的な流れと公開に際しての注意
3　主な研究事例 ………………………………………… 90
4　私の経験：ゼンセン同盟二宮誠氏のオーラルヒストリー …… 93
5　今後の展望 …………………………………………… 94

第 8 章　資料の中に人々の思いを探る：
テキスト分析

1　ねらい ……………………………………………… 100
2　調査・研究の考え方 ……………………………… 101
　　アプローチの論理／データの性質：テキストのタイプ
　　／データとしての新聞と雑誌の特徴
3　主な研究事例 ……………………………………… 104
　　戦前期の労働政策思想：官僚たちの認識枠組み
　　／安定成長期労働組合の理念：「生活」概念の隘路
　　／見落とされてきた労働者意識：「繊維女工」の語り
4　私の経験：会社と個人の関係をめぐる新聞記事のデータ分析 ……
　　105
　　データとしての新聞／分析の流れ
5　今後の展望 ……………………………………… 107

第 9 章 　一緒に課題に取り組む：
アクションリサーチ

1 　ねらい ………………………………………………… 110
2 　調査・研究の考え方 ………………………………… 111
　　アクションリサーチとは何か／4つのステップ
3 　主な研究事例 ………………………………………… 112
　　起　源／組織開発／教　育／近年の研究
4 　私の経験：大学のリーダーシップ教育の実践と評価 ……… 114
5 　今後の展望 …………………………………………… 117

第 10 章 　働く人の学びを捉える：
質的データからのカテゴリー析出

1 　ねらい ………………………………………………… 120
2 　調査・研究の考え方 ………………………………… 120
　　当事者の視点を活かす／カテゴリーを取り出す過程を明確にする／KJ法
　　／カテゴリー分析／グラウンデッド・セオリー・アプローチ（GTA）
3 　主な研究事例 ………………………………………… 123
4 　私の経験：インフォーマルな学習についてのインタビュー調査
　　におけるカテゴリー析出 …………………………… 124
5 　今後の展望 …………………………………………… 127

第 2 部　数量的に把握する

第 11 章　**制度の仕組みと機能を明らかにする：**
企業・従業員調査

1　**ねらい** ………………………………………………………… 130
2　**調査・研究の考え方** ………………………………………… 131
　人事管理をどう捉えるか／人事管理内部での補完性
　／情報源はどこにあるか
3　**主な研究事例** ………………………………………………… 135
4　**私の経験：正規・非正規間の待遇の均等度と人事管理方針の**
　多様性の分析 ………………………………………………… 136
5　**今後の展望** …………………………………………………… 138

第 12 章　**働く人々の価値観を捉える：**
社会意識調査

1　**ねらい** ………………………………………………………… 141
　労働の意味の多様性を捉える／変化の方向性を見定める
2　**調査・研究の考え方** ………………………………………… 142
　よい労働とは何か／共有された意識
3　**主な研究事例** ………………………………………………… 144
　勤労生活に関する調査
　／調査結果とその後の制度改革
4　**私の経験：介護休業のニーズについての質問紙調査** ……… 148

介護休業の必要性

5　今後の展望 ……………………………………………… 149

第13章　**働く人々の心理を捉える：**
心理統計・OB（Organizational Behavior）

1　ねらい …………………………………………………… 151
2　調査・研究の考え方 …………………………………… 151
　　心理統計とは／潜在変数を扱う／バイアスを知る
3　主な研究事例 …………………………………………… 154
　　基本的な統計手法の事例／発展的な統計手法の事例
4　私の経験：異動経験と帰属意識の関係についてのデータ分析
　　………………………………………………………… 156
5　今後の展望 ……………………………………………… 158

第14章　**職業人生を描く：**
経歴・パネル調査

1　ねらい …………………………………………………… 160
2　調査・研究の考え方 …………………………………… 161
　　横断面データ・回顧データ・パネルデータ／パネルデータのメリット
　　／パネルデータのデメリット／日本の代表的なパネルデータ
3　主な研究事例 …………………………………………… 167
4　私の経験：女性の就業促進についてのパネルデータ分析 … 168

5 今後の展望 ……………………………………… 169

第15章 **働く人々の空間移動：**
人文地理学

1 ねらい ……………………………………………… 171
2 調査・研究の考え方 ……………………………… 172
　労働市場における労働力移動／キャリアの空間性
3 主な研究事例 ……………………………………… 173
4 私の経験：製造業研究開発技術者と情報技術者の空間的
　軌跡の分析 ………………………………………… 175
5 今後の展望 ………………………………………… 177

第16章 **労働市場の姿を描く：**
マクロ労働統計の使い方

1 ねらい ……………………………………………… 180
2 調査・研究の考え方 ……………………………… 181
　マクロ労働統計とは何か／種類と分類の軸
　／データの探し方と利用上の注意
3 主な研究事例 ……………………………………… 185
4 私の経験：日本の賃金格差の背景要因のデータ分析 ……… 186
5 今後の展望 ………………………………………… 187

第3部　調査の道具を身につける

1　文献の調べ方　190
　　文献とは／大学図書館で探す／国会図書館で探す／専門図書館で探す

2　歴史資料　195
　　歴史資料とは／歴史資料の発掘／調査の準備が大事
　　／研究を通して社会貢献する

3　調査倫理　199
　　「共同作業」としての労働・職場調査
　　／対象者を尊重した調査プロセスの重要性／対象と良好な関係を築くために

4　職場見学（工場見学）　202
　　3つの効用：調査設計に活かす，解釈を深める，新たな研究のアイデア
　　／どうアクセスするか／職場見学を有意義なものにするために
　　／企業の歴史を概観する：産業博物館・企業博物館

5　文化的コンテンツの利用法　206
　　多様な職場を"感じる"／意味解釈の手助けとして
　　／フィクションと現実の間で

6　白書・業界誌などの活用　210
　　労働調査を始める前に／IT労働者にインタビューするにあたって：筆者の
　　経験／業界の全体像を知る／専門用語と仕事内容を把握する
　　／ルポや新聞記事からわかる労働者の状況

7 海外調査　214
先進事例を学ぶ／国内調査のテーマを見つける／協力先を探す
／相手国の大学や研究機関との連携／通訳
／調査の目的・現状の知識の範囲を明確に伝える
／外国についての通念を覆す

8 レポート・論文・報告書の作成　218
レポート・論文・報告書／「ライブラリー・ワーク」と「リサーチ」
／レポート・論文の作成：基本構成・文体・引用の留意点

9 産学連携プロジェクトの運営　221
産学連携の最大のメリット／お互いの得意を合わせる
／フィードバックと中立的立場

10 研究会を組織する　225
現実の多面性／研究会のメンバー構成
／職場コミュニケーション調査の例／情報量が増える

11 データ・アーカイブの活用法　227
「2次分析」のすすめ
／申請前の心得：使うデータについてよく検討・吟味する
／データの申請・利用にあたっての注意点

推奨文献一覧　231
おわりに　235
索　引　237

労働・職場調査のすすめ

1 労働・職場調査の準備

本書（ガイドブック）の役立て方

　書店や図書館で本書を手に取った人は，労働や職場という対象に関心がある人，もしくは調査法に関心を持った人が多いであろう。大学や大学院の授業で，この本と出会った学生もいるかもしれない。

　社会調査法に関する教科書はたくさんあるし，経営学，経済学，社会学，心理学，法学などの多くの学問分野において労働分野の教科書が本棚に並んでいる。しかし，労働や職場に焦点を当てた調査（以下，労働・職場調査という）の教科書になると少ない。実際のところ，筆者は，書店で労働・職場調査に関する教科書を見たことがない。

　その一方で，我々が学部や大学院で授業を担当していると，労働をテーマに論文を書きたいという学生は多い。もちろん，私自身が労働・職場調査を専門にしているということもあるが，他の分野，例えば教育，家族，福祉，地域などを対象にしたゼミナールでも，いざ卒業論文や修士論文を書く時期になると労働にかかわる対象を調査したいという学生は多くなるのではないか。

　そもそも我々は，「働くこと」に人生の多くの時間を使うし，その中で様々な葛藤を抱えている。大学生が，アルバイトの働き方（働かせ方）に疑問を持つこともあるし，社会人大学院生が自社のワークライフバランス施策に対して違和感を持つこともある。そのような疑問や違和感から，徐々に対象に対する関心が高まり，「大学生のアルバイト・シフトはどのように決まっているのか」とか，「日本企業におけるワークライフバランス制度の低い利用率の理由」という研究テーマが生まれるのかもしれない。

　研究テーマを見つけたら，その場所に止まらないで，ぜひ，労働・職場調査

に挑戦してほしい。ただ，いざ調査をはじめようとしても，いったい何からはじめればよいのか。労働の領域は幅広く，学問分野も多種多彩，どうやら調査方法も色々あるらしい。我々は，研究テーマを抱えながら道に迷う学生たちをたくさん見てきた。

だが，残念ながら労働・職場調査の全体がわかる見取り図を提示してくれる教科書はない。そこで「ない」ならば作ってしまえばよいと思ったのである。様々な学問分野，様々な調査法に精通した研究者にお声がけして出来上がったのが，この『労働・職場調査ガイドブック』である。調査方法についての説明はもちろんあるが，本書には，労働分野の調査事例，特に執筆者が実際に行った調査事例が紹介されている。本書の読者には，調査経験談からも学んでほしい。

我々労働調査者は，読者の皆さんに，労働・職場調査に一歩踏み出し，調査仲間になってもらいたいと思っている。これからの労働調査者のための心強い味方として，本書が役に立つことを願っている。

調査方法が行き交う学際研究の場

労働・職場調査の対象としては，会社を考える学生が多いであろう。働く場所として会社はイメージしやすいが，その会社は，企業規模，産業，所在地などを見ると，多くの種類がある。また，会社という営利組織ではなく，行政団体やNPO（非営利団体）でも人々は働いている。さらに，自営業者やフリーランスという働き方もあり，専業主婦のように労働の対価としての賃金を貰っていなくても家事労働に従事している人もいる。労働といっても実に多様なのである。

さらに，労働は他の領域とつながっていることに留意すべきである。例えば，学校について研究する学問は教育学・教育社会学だと考えられるが，「大学教育は生涯賃金を上げるのか」とか，「大学生の就職活動に対するキャリアセンターの支援」という研究テーマを考えた時点で，教育×労働という視点で調査を考えなければならない。同様に「共働き世帯の家庭内分業」とか，「企業の経営戦略が国内雇用に与える影響」とか，「障がい者雇用の促進を妨げる職場要因」という研究テーマを考えれば，家族，経営・戦略，福祉と労働はつなが

図表序-1 労働の対象多様性

る（**図表序-1** 参照）。労働や職場がわからないと，社会がわからないと言っても過言ではない。しかし，残念なことに労働・職場調査はまだまだ不足している。それゆえ，現状が正しく理解されずに個人的な思い込みに基づいて労働問題が語られることが多いのである。我々は，そのような課題意識から隣接分野の読者にも労働・職場調査に関心を持ってもらえるよう平易な記述を心がけた。

　加えて，本書では，できる限り多様な学問分野と多様な調査手法を取り上げた。これもまた類書にない特徴であろう。社会調査論の教科書は，量的調査や質的調査に偏っていたり，さらには質的調査の中でも特定の手法に偏っていたりすることが多い。社会科学の分野では，長い時間をかけて様々な調査手法が発展してきた。それゆえ，たった一人の研究者がすべての手法に通じている（調査経験がある）ことはない。

　当然，一人で教科書を書けば，自分の学問分野や調査手法に偏ってしまうという問題がある。編著であったとしても同じ学問分野や同じ調査手法の仲間で執筆すれば，同様の偏りが生まれる。

　もちろん，大きな研究業績を生み出した研究者が一人で書いた教科書には，我々を感動させる素晴らしいものが多い。しかし，たまたま出会った調査の本，たまたま出会った指導教員が，希望する学問分野の希望する調査法と一致する場合は少ない。そもそも多くの学生は，まず自分がどの学問分野に所属したい

のか，そしてどの調査方法を選びたいのかがよくわかっていない。私は，この
ミスマッチが招く労働・職場調査の失敗を何度も見てきた。

　すなわち，学際研究の場として発展してきた労働・職場調査は，初学者に
とってはとても見通しが悪いのである。本書は，その見通しをよくするための
ガイドブックである。関心がある調査方法から「つまみ食い」してもよいし，
1ページから最後まで通読し，様々な労働・職場調査方法の「全体像」を掴ん
でもよいであろう。

「問い」からはじめる労働・職場調査

　労働・職場調査をはじめる前に，さらに本書を読み進める前にどうしても用
意すべきものがある。それは，「問い（Research Question）」である。つまり，
疑問や違和感，そして関心から立ち上げられた研究テーマを「問い」の形にし
なければならない。「問い」がなければ，調査ははじまらないのである。とこ
ろが，「間違った問い」や「曖昧な問い」のままで卒業論文や修士論文の締め
切りが近づいて，なし崩し的に調査をはじめてしまう学生は多い。

　では，調査のための「問い」とは何だろううか。まず，典型的な失敗例を紹
介しよう。我々は，成功例よりも失敗例から学ぶことが多いからである。

　はじめに，「問い」といっても「人生を如何に生きるべきか」「幸福な人生と
は何か」という「答え」のない「問い」を立ち上げても意味がない。「問い-答
え」という対応関係を踏まえて，つくられるのが調査の「問い」である。アー
トと言われる分野では，そのような「答えのない問い」から「表現」が生まれ
ることがある。しかし，社会科学の分野では，「問い」に対しては，調査に
よって人間の経験的事実・現象のデータを収集して「答え」が導き出される。

　次の失敗としてあげられるのが，MBAなどの社会人大学院生に多い間違い
である。例えば，「自社の管理職研修の改善を行いたい」とか，「自社の女性社
員活躍を進めたい」という仕事上の課題を「問い」と思ってしまうことである。
「課題を解決すること」と「問いが解かれること」は全く違う。

　例えば，自分自身が優れた管理職に成長することと優れた管理職の特性を把
握することは次元が異なる。管理職研修や女性社員活躍を成功させることと，
それらの成功の要因を明らかにすることも違う。人事施策の成功に関心を持っ

ていたとしても，「部下による上司評価フィードバックは管理職のリーダーシップを向上させるか？」や「OJT経験の機会に性別格差はあるのか？」というように，因果関係や事実関係の把握につながるような「問い」の形にしなければならない。もちろん，そのような分析結果を踏まえてこそ実践的な課題を解決できるとも言えるのだろう。

その一方で，仕事経験が少ない学部生の場合，研究テーマ自体が全く見つからないという「声」をよく聞く。実際のところ，研究テーマを決めてからゼミナールを選んでいる学生はほとんどいないのだろう。何となく労働や職場に関心を持ったので，労働経済学，人的資源管理，産業社会学，産業・組織心理学のゼミナールを選んだ学生は多い。

ゼミナールでは，選んだ学問分野での一般的な教科書を読むことが多い。そして，基礎知識が身に付いた頃，指導教員から「研究テーマを選べ」と言われる。すると，これまた何となく教科書の中の1章分を選ぶことが多い。例えば，人事労務管理論の中で何となく魅かれた「評価制度」を選べば，今度は，評価制度の論文を探すことになる。

さて，この時点で評価制度を選んだと思っている学生は，論文検索をして膨大な数の論文と出会い，「すべては研究されているのではないか，自分のやるべきテーマはないのではないか」と思うのである。結局，何をすればよいのかわからなくなる。このような失敗は，学校優等生が陥りやすい失敗であると言えよう。

一方，調査に積極的な学生が陥りやすい失敗もある。「先に動いてしまえ」というタイプの学生は，読んでいる先行研究がとても少ない。それゆえ，既に同様の「問い」が設定され，多くの労働調査が行われていることを知らず，全く同じ調査をはじめてしまう。研究の価値とは，先人たちの研究成果に何を追加できるかである。かりにアインシュタインの研究成果も名前も知らずに，同じ研究成果を出したら大天才ではあるが，研究上の価値は"ゼロ"なのである。

さらに，色々な先行研究を調べると，自分の「問い」に新規性を見つけられないので，研究テーマを安易に拡大することもよく起こる失敗である。例えば，「若年失業者に対する就労支援」に関心を持った学生が，いろいろ調べるうちに地域若者サポートステーション（通称，サポステ）などの活動については既

にいくつかの論文や著作があることに気が付いたとする。ここで自分が何を新しい「問い」とすべきかがわからなくなる。たまたま３年の夏休みにオーストラリアにホームステイをしていたので，思い付きで「若者に対する就労支援の日豪比較」というように安易に研究テーマを拡大してしまう。もちろん，「比較」というのは，分析の基本なので，そのこと自体は研究上価値がある。しかし，果たしてこれを卒業論文という短期間の調査で実現できるのだろうか。時々，自分もできないくせに国際比較の視点がないというような安易なコメントをする教員もいるので困るのだが，そもそも期間内で調査が終了しなければ，調査の評価は０（ゼロ）点である。

　よって，テーマを広げるよりも絞ることの方が重要である。筆者はかつて，就労支援の研究論文を執筆したことがある（梅崎・深町［2018］）。就労支援といっても様々な角度から検討できるが，この調査では，支援を受ける側ではなく支援をする側に対象を絞った。また，対象となる就労支援が，他の支援組織と異なる「電話相談」が中心だったので，「音声情報のみの電話相談では，支援者はどのように相談者の情報を入手しているか？」という対面支援との比較を意識した「問い」を設定した。この相談事業が始まったのは2016年，調査を開始したのは2016年，つまり，まだ誰も調査していない対象を調査できたのである。

　さて，数々の「問い」をつくる際の失敗をあげてきた。これらの失敗が続発するのは，実現可能な良い問いについて十分に理解されていないからであろう。社会調査論の大著である佐藤［2015］は，筋の良い社会調査とは何かについて全３章を使って説明した後に，さらに「問い」についても１章分を使って丁寧に説明している。そこでは，「問い」は，次のような条件を満たしている必要があると定義されている（佐藤［2015］p.89）。すなわち，これらの条件を満たしていないならば，良い「問い」ではないと言えよう。

▶ 「問い」に求められる３つの条件
　①　実証可能性－実証データにもとづいて何らかの答えを出すことが出来るか？
　②　価値・意義－答えを求めることに学問的あるいは社会的・実務的な意義

や価値があるか？

③ 資源的条件－調査に動員できる資源（経費，時間，マンパワー等）という面での制約条件の範囲内で答えを求めることが出来るか？

加えて，佐藤（[2015] p.99）では，「問い」には，WHATの問いとWHYの問いの２つがあると定義され，次のように説明されている。

▶「問い」の２つの定義

WHATの問い：「どうなっているのか？」―事実関係に関わる問い，物事についての記述の問い

WHYの問い：「なぜ，そうなっているのか？」―因果関係に関わる問い，物事についての説明に関わる問い

先ほど例としてあげた「問い」の中では，「音声情報のみの電話相談では，支援者はどのように相談者の情報を入手しているか？」はWHATの問いであり，「部下による上司評価フィードバックは管理職のリーダーシップを向上させるか？」はWHYの問いと言えるだろう。「問いづくり」に失敗したら調査は必ず失敗するので，十分に時間をかけて「問い」を考え抜くべきである。

ただ，調査を開始してから「問い」が対象に対してどうも当てはまらないと思うことはよくある。そのような当てはまりの悪さは，「問い」の大小と関係することが多いので，「問い」を再検討した方がよい。そもそも収集したデータで分析可能かという「実証可能性」，また調査者の人数時間や調査予算などの「資源的条件」を考慮すれば，「問い」が大きすぎると調査が成立しないことがわかる。先ほどの就労支援に関する電話相談事業の「問い」では，可能な訪問回数なども考慮して，「支援者側のみ」，「音声情報のみの相談」，「支援者の情報入手」，「2016年開始なので，１年目の活動」というようにダウンサイジングしていることになる。

他方，時には，あえて「大きな問い」へアップサイジングして，自分の調査を展望することも重要である。これもまた例を挙げよう。例えば，労使関係論のゼミナールに入っている学生が，日本の労働組合活動に関心を持ったとしよ

う。マスコミでも劣悪な労働環境の企業について話題になっているが，教科書には，労働組合の組織率は低下し続けていると書かれてある。そこで，労働組合の役割に関心を持った。真面目に論文を集めれば，様々な労働組合の機能に関する理論や組合組織率低下の要因分析が行われていることがわかるであろう。そして，既に「サービス経済化が労働組合の組織率を低下させたか」という先行研究の「問い」はあるので，何となく自分も同じような「問い」を設定し，「組織率を低下させないためにはどうしたらよいか？」と思ってしまう。これは，主体的な問題設定というより惰性であると言えよう。ここから新しい発想が生まれることはない。

　そのような問い探しの惰性の中で，あえて「そもそもなぜ，能力，所得，立場の違う人が1つの組合に入っているのか？」という「大きな問い」を立ててみることも有効である。自分の考え方の方向性を俯瞰し，視点を変えることができるかもしれない。「連帯の条件」という「大きな問い」が発せられることで，「組織率の低下は社会問題である」という思い込みが解きほぐされて，「なぜ，組合員は協力しているのか，なぜ，労働組合を組織できるのか」という視点で労働組合という組織を見ることができる。つまり，そもそもを論じることで，協力しない方が当たり前（自然）で協力できることの方が不自然かもしれないという認識が生まれ，その結果として，新しい問いを設定できるかもしれない。

　このような問いを設けることで，組織と個人の関係を深く分析している以下のような著作と出会えるかもしれない。Hiechter, Michael. 1987. *Principles of Group Solidarity*. Berkley: University of Califolrnia Press（小林淳一／木村邦博／平田暢訳［2003］『連帯の条件—合理的選択理論によるアプローチ』（ミネルヴァ書房）は，労働組合の研究にも知的刺激を与えてくれる。

　他にも，自治会，商店街，趣味サークルというような労使関係論では扱わない組織も気になる存在になってきて，「連帯」や「協力」の比較という視点で労働組合の特徴を眺められる。その結果として，新しい発想も生まれるかもしれないのである。

　なお，調査の途中で「問い」の当てはまりが悪いのではないかと気づいたとしても慌てない。調査によって情報が追加されれば，自分の推測が修正される

のだから当然のことである。その場合は，もう一度「問い」の再設計を行えばよいだけである。

「理論」という道具を使って

「問い」が固まれば，そのまま調査が開始できるわけではない。もう少し準備が必要である。まず，それぞれの学問分野では，概念，仮説，理論体系という過去の研究者たちによる蓄積（共有財産）があり，それらとの関係で調査目的を明確にしなければならない。ただし，教科書に並ぶような古典的な理論をいきなり読んでも戸惑うばかりであろう。ここでは，もう少し簡単に過去の研究を踏まえた物の見方，焦点の当て方のことであると理解すればよい。

我々は，何らかの概念なくしては現実を捉えることはできない。特に学術用語で表現される概念を理解できていると調査結果の整理がスムーズにできるようになる。

再び，「音声情報のみの電話相談」を例として挙げよう。「音声情報のみの相談」とは，コミュニケーション理論においては，対人コミュニケーション・チャネルという概念によって分類されている。「音声的」チャネル（発言など）と「非音声的」チャネル（身体動作など）の分類，さらに音声的チャネルは，言語的（発言の内容，意味）と近言語的（発言の形式的属性）に分類されている。このような概念なしに，いきなり電話相談の現場を訪問し，インタビューを開始しても的確な質問もできないと言えよう。

このような概念を「道具」として使えば，「電話相談では，「非音声的」チャネル（身体動作など）は使えないのだが，言語的（発言の内容，意味）と近言語的（発言の形式的属性）という2種類の音声的チャネルをどのように使っているのか？」という具体的な問いの形式になる。

先述した「部下による上司評価フィードバックは管理職のリーダーシップを向上させるか？」や「OJT経験の機会に性別格差はあるのか？」も，前者はリーダーシップ研究，後者は経験学習論やジェンダー研究などの理論を踏まえて（先行研究の検討をして），調査に適した「問い」にうまく書き換えることが必要である。

多くの初学者を迷わせる「仮説」という言葉も，「問い」に対して，理論体

系を踏まえて予測してみると考えればよいのである。WHYの問いに対しては，Aという原因がBという結果に対して影響を与えているという「因果関係」の仮説になるであろうし，WHATの問いに対しては，事実関係そのものに対する「見通し」の仮説を考えればよい。

　量的調査では，質問票を配布・回収した後に，仮説を大幅に変えることは現実的には難しいので，事前に仮説を設定し，調査の後に検証する「仮説検証型」になるし，質的調査の場合，調査データは徐々に収集されるので，仮説もまた徐々に構築される「仮説構築型」になる。前者の場合は，定式化された命題の形で仮説は表現される。一方，後者の場合，仮説は，最初は仮の予測や暫定的な解釈に過ぎず，徐々に形づくられるものである。本書の中のそれぞれの章を読んでもらえば，仮説と調査の様々な関係性を把握することができる。

お薦めの社会調査テキスト

　最後に，社会調査法の教科書を紹介しよう。個別の調査手法ではなく，調査入門や調査の総論を説明している教科書を選んでいる。個別の調査手法の理解に関しては，本書および本書で紹介した文献を参考にしてほしい。

　まず，先ほど紹介した佐藤郁哉［2015］『社会調査の考え方（上下）』（東京大学出版会）は，上下巻で分量は多いのだが，問いの立て方，仮説の導出の仕方，調査計画まで，初学者が誤解しやすい問題を紹介しながら一つひとつ丁寧に説明している。佐藤氏は，日本におけるエスノグラフィー研究の第一人者であるが，この教科書では，量的調査と質的調査の両方をバランスよく，網羅的に説明している点が魅力である。

　伊丹敬之［2001］『創造的論文の書き方』（有斐閣）は，経営学の大家が創造的論文の書き方についてご自身の経験を交えて書いた本である。その本の特徴は，アイデアをどのように生むかというような「センス」と一言で片づけられてしまう部分について説明している点である。特に指導を受けた大学院生たちの質問に答える「対話編」が魅力的である。研究者を目指して試行錯誤した院生たちの苦労が語られ，指導教員のベスト・アドバイスがある。

　上野千鶴子［2018］『情報生産者になる』（ちくま新書）は極めて実践的な教科書である。筆者は，日本の社会学におけるジェンダー研究の第一人者である。

新書という限られた分量の中に，「問い」から先行研究の検討，調査方法の選択，分析，執筆，プレゼンテーションまで盛りだくさんである。研究者としての経験だけでなく，教育者としての論文指導の経験が活かされており，極めてシステマティックに「方法」が説明される。ただし，調査法に関しては，偏りがあり，質的調査，なかでもKJ法[1]が集中的に説明されている。この調査方法に関心がある人には，特にお薦めである。

2 調査方法を選ぶ

「問い」と「仮説」を組み合わせられれば，次はいよいよ調査方法の選択である。本書は，多くの労働・職場調査法を用意し，第1，2部で説明している。読者は，紹介されている調査方法の中から自分に合ったものを選択すればよい。しかし実際，何が自分の「問い」や「仮説」にとって最適な調査方法なのかを迷う学生は多い。調査方法を間違って選択すれば，「分析のために必要な情報」を集めることはできない。もちろん，全章を読んでみて決めてもらえればよいが，ここでは，数ある調査方法の中から自分に合った1つを選ぶための「軸」について考えてみたい。

コミュニケーションとしての調査

労働・職場調査と言えば，質問票を配布・回収して統計分析を行う量的調査を思い浮かべる人は多い。一方，職場に行ってインタビューを行うような質的調査を思い浮かべる人もいるかもしれない。

このような質的と量的の対比は，初学者に対立として理解されやすく，とりあえず，どちらかを選択すればよいのだという安易な判断になりがちである。ところが，この選択がのちのち混乱を生み出す原因ともなる。まず，両者を対立で考えることは生産的ではない。また対立とは，一種のグループ分けに他ならないので，かえって質的調査や量的調査の中における複数の手法の違いが見え難くなるという問題を生み出している。

調査手法の分類を意識することは，選ぶ前に必要なことである。まず，初学者にとって，量的調査としてイメージしやすいのは，一般的には「アンケー

ト」と呼ばれる質問票調査であり，質的調査の場合，「インタビュー」がイメージしやすい。その結果，両調査は全く異なる方法に見えてしまうが，調査を「調査者が質問し，対象者に回答してもらう」という相互行為と考えてみれば，その特質は全く同じと言える。つまり，質問票もインタビューもともに「調査者と対象者のコミュニケーション」なのである。

　もちろん，両者に違いはある。量的調査の質問票が，定型化された質問による1回性のコミュニケーションだとすると，インタビューは非定型（もしくは半定型）の反復的コミュニケーションという特質を持つ。質問票の場合，回収した後に回答欄を読んで再度質問し直すことは原則的にできないが，インタビューでは，対象者の返答を聞きながら新たな質問を投げかけることが可能である。当然，調査方法によって入手できる情報も異なり，質問票調査は回答者の量は多いが，1回答者からの情報量は少ない。一方，インタビューは相手と対話しながら密度の濃い情報を入手できるが，回答者数は少なくなる。

どのような質問をするか？

　数々の調査方法を整理するために，様々な「質問」に着目する。まず，次に示したのは，『賃金構造基本統計調査』の給与額に対する質問項目である（**図表序-2**）。この調査は事業所調査なので，企業側が個々の従業員の「きまって支給する現金給与額：（　　　　）万千百円」という形式で質問している。給与などの「数字」は，自分の勘違いがなければ正確に答えることが容易である。同じように，求職活動などの「行動」，職種や勤め先の産業などの「状態」は正確に情報を収集できる（**図表序-3**参照）。このように数字，行動，状態は，質問票を使って観察可能なので，わざわざインタビュー調査をする必要性はないと言えよう。

　一方，**図表序-4**のような平成29年の『就労条件総合調査』の「賃金制度の改訂状況」の質問はどうであろうか。この質問票も人事制度の改訂を質問しているが，先ほどの給与や求職活動や職種などの質問票に比べると，回答者の側の解釈の余地が残る。すなわち，「制度」への質問は，ここで挙げられている人事用語に関する共通理解が成立しているかによって回答が異なってしまう。

　例えば，「職能資格制度の導入」という選択肢は，回答者側が「職能資格制

図表序-2　賃金構造基本統計調査の質問票

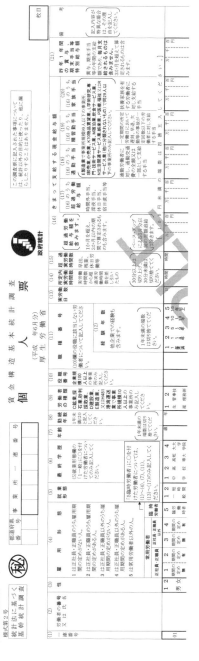

図表序-3　労働力調査 基礎調査の質問票

労働力調査　基礎調査の質問票

総務省統計局

15歳以上の人について記入してください

① 氏名及び男女の別
・ふだん住んでいる 15歳以上の人を もれなく書いてください

② 世帯主との続柄
・部の席順先は同じ・兄弟姉妹の配偶者は兄弟姉妹に含めます
・世帯主の配偶者の父母・祖父母・姉父母・兄弟姉妹に含めます

③ 出生の年月
・誤りや元号又は西暦で記入してください　年月の月も書いてください
・年号西暦で記入する場合は 西暦年号で記入してください

④ 配偶の関係
・配偶の有無　配偶者の有無に関係なく記入してください

⑤ 月末1週間（ただし 12月は20～26日）に仕事をしたか

2 賃金制度の改定状況（4頁裏面参照）

平成26年から28年までの過去3年間に次のような賃金制度の改定を行いましたか。それぞれ項目別に該当する番号をすべて〇で囲んでください。

賃金制度の改定	改定を行った		管理職、管理職以外のどちらも改定を行わなかった
	管理職	管理職以外	
職務・職種などの仕事の内容に対応する賃金部分の拡大	1	2	3
職務遂行能力に対応する賃金部分の拡大	1	2	3
業績・成果に対応する賃金部分の拡大	1	2	3
学歴、年齢・勤務年数に対応する賃金部分の縮小	1	2	3
手当を縮減し基本給へ組入れ	1	2	3
退職給付を縮減し基本給へ組入れ	1	2	3
基本給を抑制し、賞与を相対的に拡大	1	2	3
賃金表の導入	1	2	3
賃金表の廃止	1	2	3
職能資格制度の導入	1	2	3
職能資格制度の廃止	1	2	3
業績評価制度の導入	1	2	3
業績評価制度の廃止	1	2	3
年俸制の拡大・導入	1	2	3
年俸制の縮小・廃止	1	2	3
定期昇給の廃止	1	2	3

度」をどのように認識しているかによって，同じ質問文も異なるものを意味してしまう。給与額に関して同じ認識を持っている人事担当者も，人事制度に関しては，その理解が異なる。例えば，A社とB社の職能資格制度は，同じ名称でも同じ制度と言えるのか，業績評価制度の意味するところは同じなのかという疑問は残る。

かりに能力主義や成果主義を正確に把握しようとすれば，評価制度や賃金体

系等の具体的な制度，さらには評価分布や昇給・昇進管理の運用について把握しなければならない。質問票によってこれらの詳細な事実を把握することは難しいと言える。この場合，人事担当者などにインタビューする方が有効であると言えよう。

この他に，重要であるが，調査が難しいものとして技能（skill），または能力（ability）がある。試験で測れる学力と仕事における能力は異なるのである。例えば，「あなたは，高い技能を持っていますか」という失敗の質問を考えてみよう。かりに低い技能の人が，単なる自信過剰で「自分は高い技能である」と考えていたとしよう。この場合，技能は高いと答えるであろうが，実際は低いのである。つまり，この質問では，「高い技能」と「高い技能であると思っている」の違いを識別することが難しい。インタビューであっても同じように質問を投げかければ，この２つの識別は困難である。

主に経済学の分野などでは，技能レベルを測定するためには，工場の調査に入って，「この機械を動かせますか」，「生産ラインが止まったときに，誰がサポートに入りますか」という具体的な質問をしている。既に配置，行動，異動履歴など観察可能なものを具体的に質問するという実証主義的な方法が発展している。しかし，その一方で管理職や専門職のように一つひとつの作業を外側から観察しにくい仕事になると，調査の質問も抽象的にならざるを得ないという問題も生まれる。

ところで，先ほど「あなたは，高い技能を持っていますか」という質問は失敗であると述べたが，分析したい対象が技能レベルではなく，「技能観」であるならば，このような質問をして自由に語ってもらう方法もあり得る。技能観や仕事観という個人が持っている価値体系を把握するには，一問一答形式ではなく，自由に語ってもらい，それらの語りの内容や語り方の「意味」を解釈すればよいのである。

要するに，何を知りたいかによって，同じ「インタビュー」であったとしても質問の仕方は異なるのである。このようなインタビューの多様性を理解せずに，１つのタイプの調査の経験者が「自分のやり方」を未経験者に押し付けていることもあるので，学ぶ側も注意が必要である。

なお，調査によって言葉，言説，物語を収集した場合，その意味解釈を行う

ためには，それらの「文脈性」を理解するべきである。例えば，人事担当者は数々の人事用語を使っている。これらは人事の専門用語かもしれないが，学術用語とは違うのである。実際のところ，人事用語を辞書的に定義することは難しい。なぜなら，人事担当者が人事用語を使うときには，誰かを説得するために使われるからである。その説得したい誰かが，労働組合，従業員，他社の人事担当者，社長などに代わることによって人事用語も変わることはよくある。例えば，A社の人事担当者が，ライバル会社B社と同じ人事制度を導入使用する時，B社と同じ名称を使うことはない。

　したがって調査者は，人事用語を辞書的に定義するのではなく，誰が誰に対してどのような文脈で使ったのかを踏まえて，その意味（の生成）を分析する必要がある。

尺度（scale）か語り（narrative）か

　働く人の「心理」を調査対象にしたい学生も多いであろう。気質，性格，意識，態度というものは，直接的に観察することは難しいし，いきなり質問しても答えにくいものである。

　まず，産業・組織心理学や組織行動論の分野などでは，調査者が，心理測定尺度という質問を使って量的データを収集することが多い。はじめに，観測者として測ろうとしている心理現象を（心理的）構成概念として明確に定義し，既存の心理測定尺度を利用したり，構成概念に適した尺度がない場合は開発したりすることがある。

　例として挙げた**図表序-5**は，筆者らが大学生のキャリア意識を測るために開発した尺度であるCAVT（Career Action-Vision Test）である[2]。1つの質問項目で1つの概念を測るのではなく，12の質問項目を使って，2つのキャリア意識（アクション得点とビジョン得点）を測っている。このように1つの構成概念に対して複数の質問を用意するのが，心理測定尺度の特徴である。

　その一方で，質問票のように一問一答ではない，対話という相互行為によって「語り」という情報を収集し，その意味を解釈すべきであるという質的心理学の調査方法もある（例えば，能智［2011］参照）。常識的に考えると，「語り」とは，独立した内面を持った個人が，言葉を使って「言いたいこと」を外

図表序-5 CAVTのキャリア意識測定尺度

あなたは，この実習でどのように感じましたか。あてはまる箇所に○をつけて回答してください。	そう思う	ややそう思う	どちらとも言えない	あまりそう思わない	そう思わない
学外の様々な活動に熱心に取り組むことができた	5	4	3	2	1
将来のビジョンを明確にすることができた	5	4	3	2	1
尊敬する人に会える場に積極的に参加することができた	5	4	3	2	1
将来の夢をはっきりさせ目標を立てることができた	5	4	3	2	1
人生に役立つスキルを身につけることができた	5	4	3	2	1
将来，具体的に何をやりたいかを見つけることができた	5	4	3	2	1
様々な人に出会い人脈を広げることができた	5	4	3	2	1
将来に備えて準備することができた	5	4	3	2	1
何ごとにも積極的に取り組むことができた	5	4	3	2	1
将来のことを調べて考えることができた	5	4	3	2	1
様々な視点から物事を見られるようになった	5	4	3	2	1
自分が本当にやりたいことを見つけることができた	5	4	3	2	1

部の人に伝えたものである。しかし，質的心理学では，「語り」が，その語り手が所属する社会や文化の影響を受けており，語るという行為自体が，語り手の内面を作り出すという側面に着目している。調査者が客観的な観測者であるという立場をとらず，聞き手と語り手の関係性によって「語り」も変化し，「語り」の生成とは，関係性に基づく1回性の出来事であると考えられている。それゆえ，調査者は，調査対象者と現場を共有し，対象者と相互作用しながら調査をしているのである。

「質問」以外の方法で得られる情報

　質問というと，すぐにインタビューと質問票調査が思い浮かぶが，インタビュー以外の手法もある。第1に，「聞く」のではなく「見る」ことも，労働・

図表序-6 「溶接半自動化」の器具

資料：梅崎・南雲［2015］。

職場調査の有効な手法である。

　例えば，工場調査を考えてみよう。働く人たちが，どのような服装で，どのような機械を，どのような動作で使っているか，人材はどこに配置し，どのように連携しているのかを知るためには，「観察法」が適している。観察法では，まず「見る」。そして，その見たものを写真やイラストを使って記録する。

　例えば，**図表序-6**は，筆者らがかつて調査した大型洗濯機工場の冶具（「溶接半自動化」の器具）である。この調査では，まず，機械の動きをじっくり見た。そして，この冶具を動かす手順を一つひとつ確認し，そして，どのような目的で，なぜここに配置されているのか，求められる技能は何かについて把握するために，冶具の前で元生産課長に張り付いて質問した。

　また，エスノメソドロジーなどの手法では職場を撮影し，映像の中の人々の相互行為を分析することがある。特に身振りや目線の動き，会話自体などを観察することは，我々に多くの情報を与えてくれる。

　さらに歴史研究では，資料収集とその読解という方法もある。インタビューで口述資料（オーラルヒストリー）を作成することもあるが，図書館や資料館

に保存される文書資料，もしくは個人宅に残っている文書資料を整理して分析が行われる。

多様な手法と調査者の立場

　以上の簡単な解説だけでも，様々な調査方法が存在することが確認できる。調査法の選択軸は，自分の「問い」や「仮説」にとって必要な情報かどうか，そして，その情報収集に適した方法はどれかを吟味しなければならない。

　これほどまでに多様な調査手法が存在する理由は，労働を含めた人間社会は，どのように認識されるのかという問いに対して多様な立場が存在するからである。

　この認識に対する調査者の課題は，「存在論（ontology）」と「認識論（epistemology）」という学術用語で整理され，調査者は，自らの存在論と認識論的立場を選ばなければならない。言葉としては難解そうな印象を与えるかもしれないが，この整理を使うと，調査法の違いが理解しやすいのである。

　社会調査論のテキストでも省かれてしまう存在論と認識論を丁寧に説明したのが，野村［2017］である。以下では，同書の**図表序-7**に基づいて，調査者の立場を説明したい。

　まず存在論は，野村［2017］の整理に従えば，調査する対象が（調査者とは独立して）存在するのかしないのかという問いである。「存在しているに決まっている」と思う人は，「基礎づけ主義（foundationalism）」という立場である。その一方で「反・基礎づけ主義（anti-foundationalism）」という立場の

図表序-7　存在論・認識論・調査手法の関係

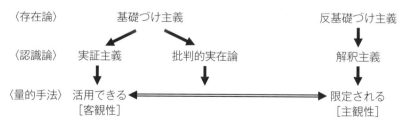

資料：野村［2017］。

人たちは，対象は調査者から独立して存在するのではなく，存在するかどうかは我々の解釈（認識）によると考えられている。

多くの人は，失業も，賃金も，機械も，技能も実際に存在していると考えているので，一般的な感覚として，前者の立場は理解しやすい。ただし，例えば，ある会社が「経営家族主義」だと呼ばれるとき，または別の会社の人事制度が「成果主義」だと呼ばれるとき，それらは果たして存在するのだろうか。

もちろん，会社も人事制度も存在すると思うが，それらは，「経営家族主義」や「成果主義」と意味づけられ，人々によって解釈されることによって存在していることがわかる。つまり，反基礎づけ主義の立場の調査者は，人々がいかに解釈しているかを分析しているのである。

認識論は，存在論の2分類を前提にしている。基礎づけ主義の立場で，なおかつその存在は客観的に観察できるという立場は，実証主義（positivism）と呼ばれる。例えば，失業状態や所得に対して，調査者は，誰が見ても同じ結果になるようにその事実を観測できると考えるのが，実証主義という認識論である。どちらかというと量的手法との相性が良いと言える[3]。

一方，解釈主義（interpretivism）は，実証主義とは対極である。反基礎づけ主義の立場であれば，調査対象の社会現象は，我々の知識と独立して存在するわけではないと考えられる。解釈主義における調査対象は，価値観や信念といった人々の考え方であり，言葉，言説，物語を収集して人々がどのように認識しているのかを把握していく。つまり，解釈主義者は，実証主義者のように調査対象を客観的に調査することができるとは考えない。なぜなら，調査者もまた，理論や言説から完全に自由になることはできないからである。それゆえ，価値観，言説，および物語も社会的に構築されたもの（社会的構築物）であると考えている。

実証主義と解釈主義の対比は，先ほど紹介した数々の「質問」がどうして違うのかを説明する。ある質問は，対象を客観的な数値で測定できたり，観測できたりすると考えており，実証主義である。また別の質問は，聞き手と語り手の相互行為として生まれた語りを解釈しているので，解釈主義である。このように整理すれば，調査方法の違いが整理される。

図表序-7の中でわかりにくいのが，批判的実在論の位置づけであろう。こ

の認識論は，基礎づけ主義の立場をとり，社会現象は私たちの知識とは独立して存在していると考える。しかし，実証主義者のように客観的な観測が可能であるとは考えていない。目に見える社会現象よりもその背後にある「構造」を捉えようとするのが，この認識論の特徴である。ここで定義される「構造」とは，政治家と有権者，資本家と労働者，エリートと大衆というような目に見えない「個人・集団間の諸関係」によってもたらされている。例えば，最低賃金額と失業率との関係というような観測可能な2つの数値の関係であれば，実証主義でもよいし，実際の政策にも影響を与える研究にも適応可能である。しかし，近代家族と企業コミュニティというような2つの概念間の「構造」に対する分析では，データを集めて仮説検証という手続で簡単に因果関係を示せるとは考えられない。そこで批判的実在論では，推論という形で「隠された構造」の把握を目指しているのである。

　以上のように，存在論と認識論という立場を理解することで，自分がどのような立場で，調査によって情報収集をしようとしているかが整理される。つまり，自分の問いと自分がどうしても知りたい情報が，実証主義，解釈主義，批判的実在論という立場のどれに適するのかについて考えればよい。そのような立場の選択が整理されれば，多様な調査手法の中から，自分の研究に必要とされる具体的な調査法も明らかになってくるのである。

3　調査後にするべきこと

　調査が終わり，質問票のデータが入力されたり，インタビュー記録がまとまってきたりすると。すぐに分析に入りたい気持になる。実際，労働・職場調査を行うことは，その場での新しい発見があり，我々の好奇心を満たしてくれる。

　しかし，分析に入るためには，すぐに分析に入りたい気持を抑えて事前に準備をする必要がある。料理に例えてみよう。入手された情報を研究の素材とするならば，いきなり調理し始めるのではなく，素材（＝情報）の下ごしらえが必要になる。

　まず，入手された情報に間違いがないかを確認する作業が必要である。質問

票調査の場合，記入間違いや入力間違いはよくある。異常な数値はないか，質問票の回答に論理的矛盾はないかを確認する必要がある。質的調査の場合も，入手した情報を整理しなければならない。録音した音声を文字起こしする場合もあるし，フィールドノートのメモを整理することもある。実際，入手された情報に曖昧さが残るならば，調査対象者に再度確認するべきである。

　加えて，入手された情報を分析に使うにあたっては，どこまでが利用可能かについて対象者との間に合意を取っておく必要がある。なお，調査倫理に関しては第3部3「調査倫理」でも説明されているので，調査開始前によく理解しておくべきである。

4　求む，未来の労働調査者！

　ここまで「労働・職場調査のすすめ」について書いてきた。あとは，この教科書の数々の方法を読んでほしい。そして，読んだならば，すぐに調査をしようではないか。

　「畳の上の水練」という言い方があるように，本を読んだだけは，労働調査者にはなれない。実際に，自分で調査をして経験を積み上げる（水に飛び込む）ことが必要である。

　もちろん，はじめての調査に失敗は付き物であろうが，失敗という経験から学びを生み出すために，本書は存在するのである。執筆者たちの調査経験を自分の経験に重ね合わせて読んでほしい。労働調査者として一人前になれるかどうかは，他人の模倣ではなく，自分なりの試行錯誤を経て方法を血肉化することであるが，本書がその時々でアドバイスできる存在であればうれしい。

　さらに，労働調査を行う人たちのために，役立つ道具（テクニック）も用意した。第3部は，調査経験に基づく調査の具体的な技の紹介である。ぜひ，労働調査をしながら，自分の技を磨いてほしい。

　繰り返しになるが，現在，社会問題としての労働問題はとても多い。ところが，労働調査はまだまだ少ない。とても残念なことである。結果的に，労働をめぐる議論は，いつも現場と乖離したものになっている。議論を「本当の議論」にするためには，労働調査による正確な事実確認，分析，および批判が必

要なのである。

　調査を行うのは，労働調査者であるが，一朝一夕に労働調査者は育たない。だから我々は，労働調査者が増える社会を目指して，このガイドブックを執筆したのである。

**　求む，未来の労働調査者！**

（梅崎　修）

［注］

1　KJ法とは，文化人類学者の川喜田二郎氏がフィールドワークのデータを整理し，分析するために考案した手法である。KJは考案者のイニシャルである。詳しくは，川喜田［1967, 1970］，さらに本書の第10章も参照

2　CAVTの尺度開発については，下村・八幡・梅崎・田澤［2013］を参照。

3　質的調査でも，先述した通り，技能を行動レベルや配置レベルで観測する場合は，実証主義と言えよう。

📖 参考文献

伊丹敬之［2001］『創造的論文の書き方』有斐閣。

上野千鶴子［2018］『情報生産者になる』ちくま新書。

梅崎修・南雲智映［2015］「工程設計力が技能形成と雇用管理に与える影響―大型洗濯機工場の事例研究」『社会政策』第7巻第2号，pp.119-131。

梅崎修・深町珠由［2018］「就労支援に関する電話相談事業の試み―アクションリサーチによる支援方法の検討」『キャリアデザイン研究』第14号，pp.5-18。

川喜田二郎［1967］『発想法―創造性開発のために』中公新書。

―――――［1970］『続発想法―KJ法の展開と応用』中公新書。

佐藤郁哉［2015］『社会調査の考え方（上下）』東京大学出版会。

下村英雄・八幡成美・梅崎修・田澤実［2013］「キャリア意識の測定テスト（CAVT）の開発」梅崎修・田澤実編著『大学生の学びとキャリア―入学前から卒業後までの継続調査の分析』法政大学出版局，pp.127-139。

能智正博［2011］『質的研究法　臨床心理学をまなぶ 6』東京大学出版会。

野村康［2017］『社会科学の考え方―認識論，リサーチデザイン，手法』名古屋大学出版会。

第1部　質的情報を使いこなす

第 1 章

企業の競争力や生産性を解明する

聞き取り調査（職場）

1　ねらい

　企業の競争力や生産性を左右する要因とは何なのか。この問いは労働研究における大きなテーマの1つである。企業の生産性は，国の経済のみならず我々の生活にとっても重要なことである。雇用社会において，企業の生産性が落ち，当該企業が倒産の危機に瀕することは，労働者の生活に大きな影響を与えることになる。たとえ，フリーランスなど企業に雇われない働き方を選択したとしても，その取引相手が企業である以上，企業の存続を左右する生産性は，彼らの職業生活にとっても無関係なことではないだろう。事実，労働研究を含む社会科学は，企業の生産性を高めるための組織構造や職場編成のあり方について，古くから関心を注いできた[1]。

　生産性を規定する要因には大きく分けて資本，労働，技術の3つの要素がある。労働研究は，この3つの中のうち，労働が生産性に及ぼす影響について注目する。たとえ技術水準が同じ職場であっても，そこで働く労働者の質的な差によって生産性は左右されるという立場に立ち，労働者が提供する労働の質に焦点をあてることが，ここでの基本的な態度となる。

　例えば日本企業の生産性の高さを世界に向けて大々的に発信したウォマックほか［1990］は，フォードが開発した大量生産方式に代わる新たな生産システムとして，日本の自動車企業が採用している「リーン生産システム」を取り上げ，ジャスト・イン・タイムやカンバン方式など，日本の工場で導入されていた生産性の向上につながると考えられるテクニックを紹介した。労働・職場調査はここからさらに一歩踏み込んで，現場で同じテクニックが導入されたとしても，そこで働く人々が提供する労働の質によって生産性は異なるという立場をとる。

　さて，生産性を規定する要因を解明するための接近方法として，量的調査と

質的調査がある。通常，生産性を規定する要因は，量的調査によって解き明かされるものと考えられがちだ。ただ質的調査においても，企業の職場における生産性を左右する「カラクリ」を解明するための方法論が生み出されてきた。しかしながら，その具体的な方法は教科書としてまとめられることは少なく，伝統芸能が師匠から弟子へと伝えられていくように，口頭による伝達や先輩の調査に同行することで身につけられてきた。本章はその方法について，可能な限り言語化を試みてみたものである。

2 調査研究の考え方

分析の視点

　労働を調査する視点は数多くある[2]。企業の生産性を質的に分析してきた既存の労働調査研究を見てみると，経済学に近いアプローチが取られることが多い。具体的には，生産性と特定の行為の関係に注目すること，および，その行為を促す仕組み（制度）に注目することである。国民性や文化といった事柄はひとまず脇に置き，生産性に大きな影響を与えていると考えられる労働者の行為や，そうした行為を促す仕組みを調査の対象とすることが基本的な態度となる（**図表1-1**）。したがって，生産性を左右する働く人々の行為の体系を可視化できる形で示すことが調査の主たる目的となる。

図表1-1 対象とする事柄

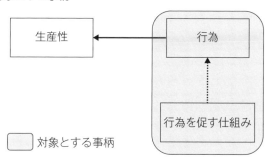

方法①：特定の行為を見つけ出す

　この調査方法がもつ特徴として，関心の対象を広げるのではなく，限定することが挙げられる。例えば，生産性を向上させるような質の高い労働を行うために必要なスキルとそれを身につけるためのキャリアの編成といった具合で，調査すべき事柄を限定するのがこの調査方法の特徴である。

　では，どのようにして分析すべき事柄を限定すればよいのか。重要なことは，①生産性を左右すると思われる事柄を特定すること，そして，②その事柄を観察可能な具体的な行為にまで落とし込むことである。

　まず，①生産性を左右すると思われる事柄を特定するためには，次の2つの方法を組み合わせることが望ましい。1つは，現場の情報を積極的に収集することである。例えば実際に工場を見学し，労働者がどのような分業体制の下でどのような作業に従事しているのかを観察したり，工場の壁に貼ってある紙に書かれている内容などを見ることで，どのような行為が実際に職場で行われているのかをまず把握してみると良い。

　もう1つは，既存の理論から特定の行為を確定するヒントを得ることである。既存の調査研究においても，それが意図してなのか意図せざる結果なのかはともかく，行為の特定において既存の理論の知見が利用されている。例えば，「3　主な研究事例」でも紹介する小池和男や石田光男のフレームワークには，経済学や経営学の概念である「人は完全な情報を持つことができない」という「限定された合理性」や経済環境には確率で示すことができない予測不可能な事柄が存在するという「不確実性」が，前提として置かれていることがうかがえる。

　小池和男を例に挙げると，不確実で予測不可能な事柄が生じた際の対応が，職場の生産性に大きな影響を与えるという前提に立った上で，その対応を可能とする要素として，労働者が身につけた「技能（熟練）」に注目した。その上で，不確実性への対応は，組織の上層にいるトップの人たちだけではなく，より下層にいる現場をよく知る人たちの力が必要だというフランク・ナイトの考えから「現場作業者の技能」に注目した。

　このような形で現場から探索的に集められた情報と既存の理論の2つを利用しながら，注目すべき事柄を絞り込むことができれば，②その事柄を観察可能

な具体的な行為にまで落とし込む作業に進むこととなる。

　この点についても具体例を示すと，小池は，生産性を左右する事柄を現場労働者の技能（熟練）と置いた上で，技能の質を観察可能なものにするために，労働者が日常の仕事で行っている作業の中から解明すべき行為を特定することを試みた。具体的には仕事を「普段の作業」と「普段と違った作業」に分け，2つの作業を行うために必要な技能を身につける上で労働者が歩むキャリアに注目した。そして，キャリアの組み方をさらに「広さ」と「深さ」に分け，キャリアの「広さ」を自分の担当以外の複数の持ち場を経験しているかによって，キャリアの「深さ」を日々の作業の中で単にモノを作る以外に不良品のチェックなどをどの程度の頻度で実施しているかによって，把握しようとした（小池・猪木編著［1987］）。

　このように，必要な技能の形成という抽象的な話を，キャリアの組み方という行為に置き換えることで，分析可能なものにしたのである。逆にいうと，技能が大切だと気づいたとして，職場の人々に「あなたは仕事において必要な技能をどのように高めているのですか」，「職場にとって重要な技能とは何ですか」，という聞き方しか思い浮かばない場合は，注目すべき行為を特定できたとはいえないことになる。

方法②：行為を促す仕組みの解明

　「分析の視点」で触れたように，生産性の向上につながる行為を安定的に引き出すためにはそれを促す仕組み（制度）が必要となる。その制度を明らかにすることで，生産性と労働の関係をより深く理解することができる。

　ここでも例を挙げると，小池は，技能形成を促すインセンティヴシステムとして報酬制度に注目し，労働者に与えられる報酬（賃金や昇進）にも関心を注いでいる。具体的には報酬制度が，技能の伸長を評価し処遇に反映するような仕組みとなっているのか否かについて注目した。他の例を挙げると，石田は，頑張ることへのインセンティヴとして，人事考課に注目している。それに加えて，会議における叱咤激励も，昇給や昇進が持つインセンティヴと同様に，サンクション（制裁）として労働者の働きぶりを刺激し，特定の行為を安定的に引き出すことに寄与していると考えて注目している。

調査をまとめる際のポイント

　この種の聞き取り調査をまとめる際の困難として客観性の担保が挙げられる。客観性を担保するための工夫として，①調査対象の選定と②調査内容に対する反証可能性の担保が挙げられる。

　ここで取り上げている調査方法は，対象に深く入り込むことを許してくれる協力者を獲得する必要があることや，同一対象への観察を繰り返す中で調査項目の特定化を行う必要があることなどの点から，調査できる対象が少数に限定されるというデメリットがある。そのため，調査対象の選定が問題となることが多い。典型的な事例を調べることはできても，サンプルの代表性の問題に対する克服には限界がある。この点への対応としては，事例の比較を通して事実の解釈に努めることが1つの方法として考えられる。また，多くの企業が目指している（と考えられている）企業を1社取り上げる，つまり，象徴的な対象を取り上げることも有効な手段の1つである。

　とはいえ，この種の調査を行う上では，真理は皆で探求するという素朴な心掛けが必要である。誰かが自動車企業1社を解き明かしたのなら，別の人は家電メーカー1社をやってみるといった具合で知見を積み上げることで真理に迫ろうとする態度である。一人の調査者が深く入り込める企業の数はそれほど多くないからである。

　その意味でも，調査内容の反証可能性の担保は重要な事柄となる。しかしながら，聞き取りの内容をすべて提示することについて調査協力者の承諾を得られなかったりすることがあるため，反証可能性の担保にも困難が付きまとう。その対応策として，誰が見ても同じ事実を調査結果の取りまとめにおいて提示するという方法がある。

　後述するように，例えば，小池は現場で技能が育成されていくプロセスを実証する際に「仕事表」を，石田は高い生産性を生み出す労働内容が規定されるプロセスを示す際に「方針管理表」を提示している。聞き取った語りだけではなく，誰が見ても同じに見えるもの，例えば現場で実際に使用されている表などを示すことで，自身の発見や解釈に対する反証可能性を担保することに努めることが重要である。もし，仮に調査協力先がそうしたツールの提供に難色を

示す場合は，聞き取りを通じて可能な限り現場で使われていた表や図面を再現することに努めよう。

3　主な研究事例

　技能形成と生産性を取り扱ったものとして，小池和男の一連の研究がある。小池・猪木編著［1987］は，調査対象の職場規模や技術を可能な限り同じにして（技能以外の要因をコントロールして），日系企業や東南アジアの現地企業の職場の生産性に現場労働者の技能がどの程度寄与しているのかを明らかにしている。まず，対象とした事例の共通点として，経験の広さをあげる。いずれの国の工場であっても，会社の中で複数の仕事を経験しているという。そのような共通性の下で，各工場の生産性に違いが生じる理由として，経験の深さを挙げる。製品を作る過程で，労働者が不良品の発見やその手直しを行うことができる能力に差があることを発見した。特に，職場の末端の作業者がそうした能力を有している職場は，そうではない職場よりも生産性が高くなっていた。このように，生産性に寄与する技能の具体的な内容が明らかにされている。

　また，小池・中馬・太田［2001］は，日本の製造企業を対象に，生産性向上に必要な技能とその形成過程をより鮮明に描いている。例えば小池は，変化への対応（生産量への変動や品質不具合への対処）が生産性に影響を与えるという。そして，それを身につけるために必要なことは，技能の幅を広げること，つまり，職場内の多くの仕事をこなせるようになることだという。この幅の広い技能の実態とその形成過程を，職場に貼られている「仕事表」（**図表1-2**）を起点に鮮明に描いている。さらに，「仕事表」のみでは見えない特徴を聞き取りによって明らかにしている。現在の職場を越えた配置転換を経験していることや，労働者の勤続年数とはそれほど関係なく，実力主義で技能形成が進められていることが明らかにされている。

　一方，浅沼［1997］は，技能が形成されるキャリアとその形成を背後で支えている昇進管理の関係を明らかにしている。そこでは技能を育成するために配置転換が実施されること。その過程で示される労働者のポテンシャルが，昇進速度に影響を与えていること。そして，早い昇進者と遅い昇進者では配置転換

図表1-2 スキル・マップ（一部）

氏名	職務															
	主ライン										解析等					
	1	2	3	4	5	6	7	8	9	10	11	12	13	14	15	16
職長				+			*	*								
A班長			+				+	*	*		*	*	*	*	*	*
B班長	*	*	*	*	+	+	+	+	*	*	*	*	*	*	*	*
C班長											*	*	*	*	*	*
⋮																
P	*	*	*	*			*									

注：1） ＊は訓練済み，＋印は訓練中を表す。
　　2） 職務1：右リアドア取り付け，職務2：左リアドア取り付け，職務3：右フロントドア取り付け，職務4：左フロントドア取り付け，職務5：右ドア建て付け，職務6：左ドア建て付け，職務7：LLCラジエーター注入，職務8：最終インプット，職務9：車両搬送，職務10：部品揃え，職務11：右モール取り付け，職務12：左モール取り付け，職務13：解析，検査ライン上，職務14：解析，大物・単体，職務15：右ラップ貼り付け，職務16：左ラップ貼り付け
出所：小池・中馬・太田［2001］より一部を抜粋して作成。

の頻度や転換先にも違いが生じていることなどが指摘されている。また，梅崎・南雲［2015］は，現場の競争力を左右する重要な技能を「工程設計力」とし，その形成方法とその形成を促すために導入されている報酬システムを明らかにしている。

　技能形成以外の視点での研究としては，石田ほか［1997］が，高い生産性をもたらす労働を安定的に引き出す仕組みを明らかにしている。工場では製造コストの低減や品質の向上に向けた日常不断の業務がある。これらの出来不出来が生産性に影響を与える。例えば，製造コストを下げるために，同じ設備の下であっても，現場では10人で行っていた作業を9人で実施できるようにするなどの工夫が行われている。しかしながら，この業務は通常の生産業務に追加で要請される業務である。

　この生産性に影響を与える追加の業務はどのように設定されるのか。この点を明らかにするために，石田は経営の最末端である職場の業務計画に注目した。理由は，業務計画が，業務内容やそれに必要な人員数を規定するものだからで

図表1-3 職場レベルの方針管理表（一部）

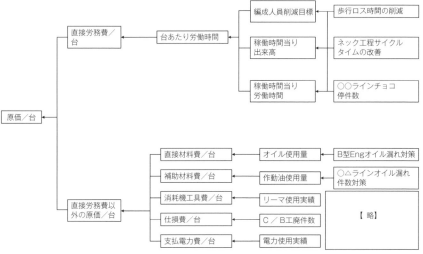

出所：石田ほか［1997］より一部を抜粋して作成。

ある。石田ほか［1997］では，この業務計画で示される目標が具体的な労働として現場に展開されていくプロセスと，その労働を安定的に引き出すために実施されている工夫（目標達成に向けた進捗管理）が明らかにされている。特徴は，組織の方針管理が実際の行動にまで下りていく流れを方針管理表（**図表1-3**）に基づいて示していることである。**図表1-3**で示されているように，左端にある目標が右に行くほど具体的な行為に落とし込まれていく。右端の具体的な行為は一例であり，目標を達成するための行為が現場で考え出されている。このように，目標から演繹されて導き出される行為によって，職場の生産性の向上がもたらされていることが明らかにされている。読み手が生産性向上に向けた具体的な行為とそれを促すための管理の仕組みを把握することが可能となっている。

　石田・富田・三谷［2009］や石田・篠原［2010］は，日米工場の比較を通じて，チームワークやカイゼンといった言葉では同じものとして捉えられる事柄が，両国の間でいかに異なるものとして運用されているのかについて，チームワークやカイゼンが職場の生産性に与えている影響に注目することで明らかに

している。「改善」と「Kaizen」の違いを具体的な行為に基づき明らかにし，それら2つの行為が生産性向上への寄与という点で全く異なる機能を果たしていることが明らかにされている。

4　私の経験：スウェーデンにおける賃上げメカニズム

生産性を損なわせる要因とは[3]？

　筆者は，かつてスウェーデンを対象として，現場における「ごまかし」による不当な賃上げについての聞き取り調査を実施した。1970年代当時，スウェーデンの労働現場では，実際の働きよりも高い賃金が労働者に支払われていたことが問題となっていた。その背後には労働者による「ごまかし」があると指摘されていた。そして，この「ごまかし」による高い賃上げは，過度のインフレを引き起こし，スウェーデンの職場の生産性を低下させ，経済競争力を低下させていた。加えて，60年代は経済成長に寄与していた使用者団体と労働組合の良好な関係にも変化を生じさせることになった。その意味で，「ごまかし」による賃上げは，企業の競争力や労使関係を考える上で無視することのできない事柄であった。

　しかしながら，既存の研究では，「ごまかし」による賃上げの存在やそれによって発生した賃上率については触れるものの，「ごまかし」が発生するプロセスについては明らかにされていなかった。そこで筆者が挑戦したのは，「ごまかし」が発生するプロセスの解明であった。

　結論を先に言うと，この「ごまかし」とは，出来高給の算定における能率の「ごまかし」によって発生していた。職場の労働者は，能率算定の基準となる標準作業時間や休憩時間を巡る交渉において，現場のマネジャーに対して積極的に発言することで能率をごまかし，高い賃上げを獲得していた。

　ただ，調査は難航した。というのも出来高給とは予め定められた算定式に基づき能率を計算し賃金額を決定する成果給なのであるが，当時その算定式は1万近くあると言われていた。そのため，「ごまかしについて教えてください」といった質問では，調査協力者に体よくあしらわれるわけである。

　そこで筆者は，産業別労働協約と呼ばれる労働条件を定めたルールブックに記載されている出来高給の算定式に基づき，ポイントを能率算定の方法に絞り聞き取りを実施した。特に，作業能率を測る基礎となる標準作業時間と実際の作業時間の決定に影響を与える休憩時間という2つの時間の決定方法について注目し，聞き取りを行った。まず，標準作業時間の測定は，標準的な労働者の作業にかかる時間を計測して確定されるのであるが，その際にストップウォッチの使用を禁止することで正確な測定が行われないようにしていた。仮にストップウォッチが使用される場合，下記のようなやり取りが行われていた。

R氏「もし，時計で測定されたとしよう。ここで君は，賢い態度をとる必要がある。」
筆者「遅く働くということですか？」
R氏「遅すぎない程度に，遅く働くんだ（笑）。分かるかい？」

　以上のような方法で能率の「ごまかし」が実施されていた。また，休憩時間についても，本来は1時間当たり6分の休憩時間で良いところを，交渉によって10分の休憩時間で合意する。しかし，実際の休み時間は6分にして，残りの4分を作業にあてる。そうすることで，算定式上は能率が高くなるように「ごまかし」ていたわけである。

　このような形のごまかしが職場のそこかしこで発生し，結果，賃金は実際の生産性以上の水準となり，企業の競争力，ひいては国の競争力を低下させていったのである。

5　今後の展望

　本章では企業の競争力や生産性を規定する要因について，質的に接近する方法を紹介してきた。この方法は，量的調査では画一的に把握される「チームワーク」や「改善」といった事柄の中に潜む違いを明確にするという点で，職場の生産性をより深い側面で解明することを可能とする。そこがこの調査方法の魅力の1つである。

　もっとも，この研究方法は，ブルーカラーの職場に対しては一定の成果をあげているものの，ホワイトカラーの職場に対しては成功しているとはいい難い。例えば技能に注目した調査においては，ブルーカラーでは技能の幅と深さと生産性の関係を説明することに成功しているが，ホワイトカラーではうまく説明できているわけではない。同様に，職場において策定される計画や管理と生産性の関係も，経営企画やマーケティングなどの文系ホワイトカラー職場ではうまくその関係を説明できているとはいい難い。こうした新たな対象に適した方法論の開発や行為の特定が求められるところである。多くの未開拓部分が残されている分野だと言えよう。

（西村　純）

[注]

1　例えばアダム・スミスの『国富論』は，生産工程における分業がもたらすメリットの議論から始まる。一人で最初から最後まですべての工程を担うよりも，各工程を分業によって分けてしまった方が，その生産力は格段に上がることを彼は主張した。また，企業自体を分析の対象とすることにこだわった経済学者のウィリアムソンは，『市場と企業組織』において，組織による管理（コントロール）は，市場における調整よりも取引コストという観点から効率的であると説いた。経済学以外でも，ウェッブ夫妻の『産業民主制論』では，労働組合の規制が，企業の，ひいては国家の競争力をいかに高めるのかが論じられている。

2　思いつくままに挙げても経済学，社会学，経営学などがある。それらのアプローチを取り入れ働くことの分析に特化した分野として，人的資源管理論や労使関係論もある。

3　以下の記述の詳細は西村［2014］にまとめられている。

📖 **参考文献**

浅沼萬里［1997］『日本の企業組織　革新的適応のメカニズム―長期取引関係の構造と機能』東洋経済新報社。

石田光男・久本憲夫・藤村博之・松村文人［1997］『日本のリーン生産方式―自動車企業の事例』中央経済社。

石田光男・篠原健一編著［2010］『GMの経験―日本への教訓』中央経済社。

石田光男・富田義典・三谷直己［2009］『日本自動車企業の仕事・管理・労使関係―競争力を維持する組織原理』中央経済社。

梅崎修・南雲智映［2015］「工程設計力が技能形成と雇用管理に与える影響—大型洗濯機工場の事例研究」『社会政策』第 7 巻第 2 号，pp.119-131。

小池和男・猪木武徳編著［1987］『人材形成の国際比較—東南アジアと日本』東洋経済新報社。

小池和男・中馬宏之・太田聰一［2001］『もの造りの技能—自動車産業の職場で』東洋経済新報社。

西村　純［2014］『スウェーデンの賃金決定システム—賃金交渉の実態と労使関係の特徴』ミネルヴァ書房。

Smith, A. ［1776］ *An Inquiry into the Nature and Causes of the Wealth of Nations.* （大河内一男監訳『国富論』中公文庫）

Webb, Sidney & Beatrice ［1897］ *Industrial Democracy.* （高野岩三郎監訳［1969］『産業民主制論』法政大学出版局）

Williamson, O, E. ［1975］ *Markets and Hierarchies,* Macmillan. （浅沼萬里・岩崎晃［1980］『市場と企業組織』日本評論社）

Womack, J,P., Jones, D, T., & Roos, D. ［1990］ *The Machine that Changed the World,* Harper Perennial. （沢田博訳［1990］『リーン生産方式が，世界の自動車産業をこう変える。—最強の日本車メーカーを欧米が追い越す日』経済界）

第2章

制度の成り立ちを把握する
聞き取り調査（制度）

1　ねらい

　企業・組織や職場の上司（以下「企業」と呼ぶことにする）は従業員や部下（以下「従業員」と呼ぶことにする）のマネジメントを通して経営業績や仕事の成果を出している。労働研究の関心は，どのようなマネジメントが行われているかであり，そこには実際にマネジメントとして行われる行動（運用）と，行動の拠り所である組織運営に不可欠な基準・ルール等の集合体である制度・施策・仕組み等（一般に「人事制度」と総称されるが，以下「制度」と呼ぶことにする）に分かれる。行動については働く人々，仕事，職場，企業など多様な研究対象があり，本書で紹介する多様な手法でその姿を把握することができる。

　一方，本章が取り上げる「制度」の研究対象は企業に限定され，その成り立ちを質的情報によって把握するには，資料収集，インタビュー調査などの調査方法がとられる。しかし，企業は従業員をマネジメントするために従業員格付制度をはじめ，賃金制度，労働時間管理制度，ワークライフバランス施策，人材育成施策など多くの制度を形成しているので，研究テーマを選定する際には，人的資源管理論を踏まえておくことが求められる[1]。

　また，制度の「成り立ち」については，新たな制度がどのように形成されるのかという「導入プロセス」と，既存の制度がどう見直されるのかの「改定プロセス」の2つのタイプがある。現行の制度はこれまでの制度の導入，見直しを経て現在に至っており，どちらの「成り立ち」に着目するかも研究テーマを決める際に確認してもらいたい。

2 調査・研究の考え方

調査・研究の基本方針：「成り立ち」の分析視点

「制度の成り立ちを把握する」ための準備として，「成り立ち」をどのような「分析視点」で，どのような分析方法で「把握する」かの調査・研究の基本方針を考えることから始まる（**図表2-1**）。

「成り立ち」をみる視点

「成り立ち」をみる代表的な視点に，人的資源管理（Human Resource Management：HRM）と労使関係（Industrial Relations：IR）の2つがあり，**図表2-2**はそれらの全体像を整理したものである。

図表2-1 調査・研究の基本方針

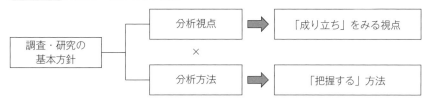

図表2-2 「成り立ち」をみる視点

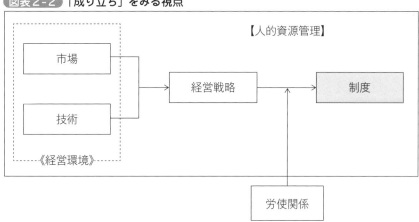

第1の人的資源管理は経営学の視点である。制度はそれ自身が単独で形成されているのではなく，市場と技術からなる経営環境の下で企業が経営目標を実現するために展開する経営戦略の基本的な方向にしたがって形成されている。しかし，企業を取り巻く経営環境は変化するものであり，その変化に制度が対応しきれない不具合が発生する。これを解決すべく運用で柔軟な対応が行われ，それが慣行として形成される。制度は明文化されているのに対し，慣行は明文化されていない事実上の制度である。こうしたプロセスで制度の成り立ちをみるのが人的資源管理の視点である。

だが，制度はこうした企業側の視点だけで決まることはなく，従業員側の視点を代表する労働組合との労使関係を経て形成される。第2の労使関係は産業社会学の代表的な視点である。人事管理上の課題を解決（是正）すべく，制度の導入（あるいは改定）に向けた労使協議が行われる。労使関係の視点は両者の間でどのような対立がみられ，それはどのようなプロセスで解決されたかに着目する。こうした制度の形成に向けた合意形成プロセスを取り上げるのが労使関係の分析視点である。

「把握する」方法

以上の視点から個別企業の事例研究を行うことで制度の成り立ちを詳しく分析することが可能になる。しかし，分析した制度（事例）がどのような特徴を持つかを考察するには，事例研究で明らかになったことを他の事例と比べて，その共通点や差異点を「把握する」ことが重要となる。この「把握する」ための主な分析方法に「比較分析」と「歴史分析」がある。**図表2-3**はそれらの全体像を整理したものである。

第1の比較分析は他社の事例と比較する代表的な分析方法であり，さらに3

図表2-3 「把握する」方法

	比較分析	歴史分析
種類	・産業内比較 ・産業間比較 ・国際比較	・同一企業 ・他社

つのタイプに分かれる。第1のタイプは事例企業が所属する同一産業の他社と比較する「産業内比較」である。例えば，ある産業の企業A社，B社，C社等を題材に比較分析することで，その産業の（あるいはA社を研究対象とするならばA社の）制度の特徴・意義を考察することができる。第2のタイプは他の産業の企業と比較する「産業間比較」である。例えば，複数の産業，a産業，b産業，c産業等からそれぞれ企業（A社，B社，C社等）を取り上げて比較分析することで，国内の（あるいはa産業を研究対象とするならばa産業の）制度の特徴・意義を考察することができる。

　これら2つは同じ国（例えば，日本）を前提にしている方法であるが，海外の企業と比較する「国際比較」の方法もあり，第3のタイプである。例えば，複数の国，a国，b国，c国などからそれぞれ企業（A社，B社，C社など）を取り上げて比較分析することで，a国（例えば，日本）を研究対象とするならばa国の制度の特徴・意義を考察することができる。

　第2の歴史分析は同一企業の過去の事例と比較する方法である。例えば，現在の制度を改定される前の制度等と比較し，制度の変化を分析することによって，現在の制度が持つ特徴・意義などを明らかにすることができる。さらに，この歴史分析を第1の比較分析と組み合わせて他社の歴史分析を行い，その事例を多面的に比較することができる。

　これら分析の視点と方法は，それを1つずつ用いて分析できるし，組み合わせて行うこともできる。研究テーマに合った分析の視点と方法を選択して調査・研究の基本方針を考えてもらいたい。

3　主な研究事例

　上記で紹介した分析の視点と方法をもとに，労働研究の代表的な研究事例を紹介していく。

人的資源管理

　人的資源管理の分析視点における代表的な研究事例を2つ取り上げる。第1は，十條製紙を題材とした歴史分析により賃金制度の成り立ちを明らかにした

石田［1992a, 1992b］の研究事例である。戦後から1980年代までの間を対象に経営合理化の視点から職務給から職能給への移行プロセスを検証している。一連の研究を通じて，技術革新の進展による人と仕事のつながりの弾力化への要請に対応できなくなった職務中心主義に基づいた職場管理を，職能主義に基づいたそれへと再編する動きに連動して行われた賃金の改革が賃金の職能給化であることを，石田は指摘している。

つぎに取り上げる石田・樋口［2009］は国際比較分析を行った研究事例である。バブル経済崩壊以降，成果主義を標榜した人事制度改革の内実を，日本とアメリカの事例研究（日本：電機産業4社，小売業2社，鉄鋼業1社，製薬業1社，自動車産業1社の計9社，アメリカ：電機産業，電子産業，製薬業，建設業，小売業，銀行業から1社の計6社）によって明らかにしている。取り上げる対象は等級制度，賃金制度，評価制度の個別制度の設計と運用実態であり，日本とアメリカの比較分析を通して両国の人事制度の共通点と差異点が検討されている。

労使関係

労使関係の分析視点についても歴史分析と比較分析のそれぞれから研究事例を取り上げる。第1の歴史分析の研究事例は，松下電器産業（現・Panasonic）を題材に高度成長期に日本の人事管理制度の形成プロセスと，その際に改訂した労使協議の実態を検討した岩田［2009］の研究である。

岩田は人事労務管理の制度・慣行の新設・改訂に関する労使協議において労働組合はどのように関わったか，そして経営側が労働組合の発言の何を認め，または拒否したかに着目して検討している。労働生活に関わる労働組合の発言を経営側が認めるだけでなく，経営側も経営に関する情報などを労働組合に伝えることは，労使双方にプラスの効果がみられる。そのため，労働組合の組織率が低下し経営環境が変化しても，労使協議制の必要性が変わらないことを岩田は指摘している。

比較分析からは，大手の金属企業，サービス企業，鉄道企業の事例研究を材材にした田口・岩崎・鬼丸［2016］の研究事例を紹介する。田口らは，2012年に改定された高年齢者雇用安定法の施行（2013年4月）に伴う60歳代前半層の

高齢者雇用施策（高年齢者雇用確保措置と人事管理）の見直しを労使関係の観点から検討している。労使協議のスケジュールを概観し，労使の対立点とその解決に向けた協議プロセスを明らかにしつつ，比較分析を通じて3社の共通点と差異点が考察されている。

4　私の経験：
鉄鋼企業・電機企業の賃金制度の変遷

題材の概要：問題意識と論点

　筆者は日本を代表する大手の鉄鋼企業と電機企業の事例研究をもとに，戦後の日本の賃金制度の変遷の特質を明らかにした（田口〔2017〕）。賃金制度の成り立ちを人的資源管理の視点から歴史分析によって明らかにする手法である。

　戦後の日本企業の賃金制度の変遷は一般に「年功賃金→職務給→職能給」と言われているが，それらは時々の代表的な賃金制度を取り上げてその変化を俯瞰的に観察して分析しており[2]，特定の業種・企業の賃金制度の推移を観察して分析する研究成果が乏しかった[3]。こうして筆者は個別企業，しかも鉄鋼企業と電機企業の2社の事例研究による歴史分析に取り組んだ。

研究を進めていく上での壁：資料の収集

　先に述べたように個別企業の事例研究は対象企業に関する資料の収集が重要となる。例えば，現在の制度について，研究テーマが現在，注目されているものであれば（例えば，ワークライフバランス施策など），様々な文書資料の中に対象企業が取り上げられる可能性があるので，丁寧にレファレンス（→第3部1「文献の調べ方」を参照）をすれば集めることができる。しかし，研究テーマがその反対であれば，集める時間がかかるうえに見つからない可能性もある。この研究テーマの分析方法は歴史分析であったため，歴史資料（→第3部2「歴史資料」を参照）の収集が壁となった。開始当初は第2次世界大戦直後の賃金制度に関する歴史資料が見つからない状態が続いた。そこで，レファレンスのアプローチを賃金制度から組合争議に変えた。当時，組合争議が盛ん

に行われ，組合争議をテーマにした研究が数多く行われていた[4]。賃金は組合争議の争点の1つであったことから，賃金制度に関する情報が得られる可能性が考えられた。レファレンスのアプローチを変えたところ，ある大学の図書館に組合争議の資料が保存されていることがわかった。当初の研究スケジュールから大幅に遅れたものの，幸いに必要な歴史資料を集めることができた。

5　今後の展望

今後さらに展開しうる「制度の成り立ち」に関する調査・研究としては，以下のものが挙げられるだろう。

第1は，「制度の成り立ち」に関する研究テーマの広がりである。「制度の成り立ち」に関する質的情報の1つである文書資料等は紙媒体のアナログ資料であるが，近年ICTの進展に伴いそのデジタル化と公開が進みつつある。こうした動きは質的情報へのアクセスの向上と，その収集の負担の軽減につながり，質的情報へのアクセスの困難さやその収集の負担からこれまで難しかった研究テーマの設定が可能になり，その広がりがみられることが予想される。

第2は，インタビュー調査の重要性の増大である。デジタル化された文書資料へのアクセスの向上やその収集の負担軽減が研究水準の向上につながるなかで質の高い研究を進めるには，それに見合う質的情報が必要になり，もう一方の調査方法であるインタビュー調査の重要性が高まることだろう[5]。とりわけ，労使関係の分析視点により労使の利害の対立と解決の過程を丁寧に分析するにはインタビュー調査による質的情報が欠かせない。また，歴史分析ではオーラル・ヒストリー調査による研究が近年，注目されている（詳しくは「第7章　労働の歴史を掘り起こす」を参照）。「制度の成り立ち」の研究テーマの広がりがみられつつあるなかで，インタビュー調査の重要性は今後さらに高まっていくことになろう。

（田口和雄）

［注］

1　代表的なテキストとして，今野浩一郎・佐藤博樹［2009］『人事管理入門（第2版）』日本経済新聞社，佐藤博樹・藤村博之・八代充史［2015］『新しい人事労務管理（第5版）』有斐閣，八代充史［2019］『人的資源管理論（第3版）』中央経済社などがある。

2　楠田［2001］は代表的な研究成果である。

3　金子・孫田ら［1960, 1970］はその数少ない研究成果である。金子・孫田らが研究代表を務めた昭和同人会編［1960］の研究成果は明治から第2次世界大戦前までの賃金体系の変遷を明治前期，明治後期，大正期，昭和期（戦前）の4つの時代に区分して分析し，孫田［1970］は昭和同人会の研究成果を踏襲しつつ，丁寧な分析ができなかった戦後から1960年代後半までの賃金体系の変遷を議論した。

4　例えば，東京大学社会科学研究所は読売争議，東宝争議，電産争議，東芝争議等の労働争議を対象に調査研究を行っている。

5　労働分野におけるインタビュー調査方法の代表的なテキストとして，下田平・八幡・今野・中村・川喜多・仁田・伊藤・中村・佐藤［1989］，小池［2000］などがある。

📖 参考文献

石田光男［1992a］「十條製紙の職務給の変遷（上）」『評論・社会科学』第44号，同志社大学人文学会，pp.37-98。

─────［1992b］「十條製紙の職務給の変遷（下）」『評論・社会科学』第45号，同志社大学人文学会，pp.45-89。

石田光男・樋口純平［2009］『人事制度の日米比較』ミネルヴァ書房。

今野浩一郎・佐藤博樹［2009］『人事管理入門（第2版）』日本経済新聞社。

岩田憲治［2006］『人事労務管理制度の形成過程－高度成長と労使協議』学術出版会。

楠田丘［2001］「戦後日本の賃金制度の総括」雇用システム研究センター日本の賃金2000プロジェクト編『日本の賃金』社会経済生産性本部生産性労働情報センター，pp.3-22。

小池和男［2000］『聞きとりの作法』東洋経済新報社。

佐藤博樹・藤村博之・八代充史［2015］『新しい人事労務管理（第5版）』有斐閣。

佐口和郎・橋元秀一［2003］『人事労務管理の歴史分析』ミネルヴァ書房。

下田平裕身・八幡成美・今野浩一郎・中村章・川喜多喬・仁田道夫・伊藤実・中村圭介・佐藤博樹［1989］『労働調査論―フィールドから学ぶ』日本労働協会。

昭和同人会編［1960］『わが国賃金構造の史的考察』至誠堂。

田口和雄・岩崎馨・鬼丸朋子［2016］「高齢法改正に伴う人事・賃金制度の再構築と
　　社会保障制度のあり方に関する研究」全労済協会公募研究シリーズ（54）。
田口和雄［2017］『戦後賃金の軌跡－鉄鋼・電機企業の検証』中央経済社。
孫田良平編著［1970］『年功賃金の歩みと未来』産業労働調査所。
八代充史［2014］『人的資源管理論（第2版)』中央経済社。

第 3 章
職業を通じた「コミュニティ」を捉える
インタビューに基づく事例研究

1 ねらい

　多くの人々は，企業などに代表される組織に属して働き，その働きぶりは組織が達成しようとする目的に沿う形で位置づけられる。アメリカの社会学者ロバート・マッキーバー（Robert MacIver）は，特定の類似した関心や目的を持つ人々がそれらを達成するために形成した，企業のような人為的集団を「アソシエーション」と定義した（マッキーバー［1917=2009]）。

　「アソシエーション」としての組織は，そこに所属する人々に，組織としての目的を達成するのに必要な貢献を期待する。また，組織に所属する人々も，組織から与えられる報酬と引き替えに，組織が自分たちに期待する貢献を果たす限りにおいて，組織に関わる。組織と組織を構成する諸個人の間にこうした関係さえ形成されていれば，組織が成り立つこととその組織において人々が働くことが継続する上で十分なはずである。

　ところが組織はしばしば，そこに所属する人に対して，組織の目的を達成するのに必要な貢献を行うこと以上のことを要求する。あるいは所属する人がいないと組織そのものが成り立たないはずなのに，その人たちの存在をないがしろにするような貢献を求めることもある（例えば，過労死やメンタルヘルス不全が引き起こされるような場面を想像してほしい）。

　逆に組織に所属する人が，組織の側から求められているわけではないのに，組織の目標達成に貢献する以上の関わりを，組織と持とうとすることもある。さらには組織と強い関わりを持ち続け，組織に貢献しつづけることが，大きな「生きがい」となっている人もいる。

　また，多くの組織は様々な部署や職場により構成される。あるいは労働組合など，組織とは別に働くことに関係する集団が存在することもある。人によっては，組織よりも部署や職場，組織内に存在する諸集団の影響を強く受けて行

動することもある。

　つまり，働くことを媒介にした個人と組織の関係は，実際には，マッキーバーが「アソシエーション」という言葉で表したような，組織の目標達成の限りにおいて成立する関係とはしばしば異なる。それは一体なぜなのか。また，働くことを媒介にして実際に成立する個人と組織，あるいは個人と部署・職場・諸集団の関係はどのような影響をもたらすのか。そしてこういった関係は，より広い社会的な文脈とどのような関連を持ちうるのか。こうした疑問に，職場や組織で現に働く当事者の立場から迫っていくのが，インタビューによる事例研究である。

2　調査・研究の考え方

　ある組織で働く人々が，組織の目的達成に向けて期待される役割を果たす以上に，組織に対して思い入れを感じることや，組織から受ける扱い・与えられる報酬に従う形で必ずしも行動しないこと，あるいは組織内の諸集団から組織とは別に大きな影響を受けることなどは，労働研究史における画期的な調査研究プロジェクトの1つである，「ホーソン実験」（1924〜1932）において確認された重要な事実である（メイヨー［1933=1967］）。

　このホーソン実験の成果と意義を日本に紹介し，同様の調査研究を積み重ねてきた社会学者の尾高邦雄は，人が「職業」をもって働くという行為が，①個人の「生計の維持」，②「個性の発揮」を通じた社会への貢献，③同じまたは異なる職業で働く人々と持ちつ持たれつの関係になることによる「連帯の実現」という，3つの性格をもつと指摘する（尾高［1941］pp.10-12）。この3つの性格のうち，尾高は「個性の発揮」と「連帯の実現」を特に重視しており，「生計の維持」は，「個性の発揮」と「連帯の実現」がなされれば，自ずと実現されると捉える。そして「個性の発揮」と「連帯の実現」を可能にする「職業」は，社会と個人とをつなぐ「通路」であると言う（尾高［1941］p.19）。

　尾高の「職業」の捉え方が示しているのは，まず，人が職業をもって働くことが何らかの「連帯」を必ず生じさせるという点である。ここでいう「連帯」は，他人との社会関係・社会生活と言い換えて良い。もう1つは「職業」を通

じた「連帯」のなかで，人は自分の能力や特性といった「個性」を発揮しうる
し，発揮しようとするという点である。このことは，職業を通じて自分が属す
る連帯を，個々人が個性発揮の観点から評価しうることも示している。

　尾高が示した，職業を通じて形成される社会関係・社会生活という領域と，
その社会関係・社会生活に属する個々人への着目という視点を引き継ぎ，数多
くの調査研究活動を通じて方法として確立していったのが，尾高に師事した松
島静雄である。松島は，働く人々がどのような社会関係・社会生活を営んでい
るのかという点を明らかにすることの重要性を主張し（松島 [1952]），この社
会関係・社会生活を明らかにしていくための方法として，彼が採用したのが
「行為論的アプローチ」であった（稲上 [1987] p.5）。

　「行為論的アプローチ」は，調査研究対象となる領域で実際に活動・生活す
る当事者（行為者）の立場に立ち，行為者の意図・行為や，意図・行為につな
がる行為者の認識，彼らが作りだしている論理を捉えるというアプローチであ
る。このアプローチは，ドイツの社会学者マックス・ウェーバー（Max
Weber）が提唱した「理解社会学」の考え方に基づく。ウェーバーは社会学を
「社会的行為の理解と説明の科学」であるとし，「社会的行為の理解」とは，
「行為者の立場から行為を行った動機・目的・信念を理解すること」であると
主張した。

　行為論的アプローチにより社会的行為を行う行為者個々人についての理解を
進めることで，行為者相互の行為のやり取りや，行為者の認識や行動に影響を
与えている規範・慣行・ルールといった，働くことを通じて形成される社会関
係・社会生活の内実を明らかにすることができる。こうした行為論的アプロー
チによる調査研究の結果を実りあるものにするために松島が実施したのは，①
働くことをめぐる社会生活・社会関係の理解，あるいは日本社会の理解を進め
ることに寄与しうる格好の調査対象事例の収拾と，②その調査対象事例に関わ
る当事者（行為者）への度重なるインタビュー調査であった（松島による，イ
ンタビュー調査に基づく事例研究の代表的な業績としては，松島 [1962]，同
[1978] などがある）。このような調査研究の進め方は，社会学者を中心に多く
の労働研究者によって採用・継承されていく。

3 主な研究事例

職場における「コミュニティ」の発見

　インタビュー調査に基づく事例研究を行う労働研究者が，これまで数多く選んできた調査対象事例は，周囲の環境から区分された，①企業，②各企業に属する事業所や部署といった職場，③労働組合などの集団であった。こうした事例には，まさに尾高が言うような，職業を「通路」とした，個々人による「連帯」が形成されていたためである。以下では，国鉄（現：JR）において独自の運動方針の下，活発な活動を続けた「国鉄動力車労働組合」（以下，「動労」）に焦点を当てた稲上［1981］を取り上げ，「職業を通路とした連帯」がどのようにして捉えられるのかを見ていくこととしたい。

　稲上が調査対象としたのは，「機関区」と呼ばれる，動力車の運転・運用・整備・保守を担当する現場基地である。彼は，5つの機関区で60人近い組合員などに行ったインタビューを中心に，動労により形成されている社会関係の性格とその影響を明らかにしていった。

　各機関区で働く動労組合員の約4分の3は，電車などを運転する乗務員で占められている。また動労組合員の約9割は，自らが働く機関区が所在している都道府県の出身であった。つまり各機関区の動労組合員は，従事している職業の内容や出身地における共通性が非常に高い集団であると言える（稲上［1981］pp.278-285）。

　この高い共通性に加えて，敵対視する「奴ら」の存在が，動労組合員の間の「俺たち」意識を支えている。「奴ら」を構成するのは2つのグループである。1つは機関区を管理する区長・助役といった管理職層である。組合員のインタビューでは，管理職層に対する低評価・違和感・敵対感情が繰り返し語られる。もう1つは動労以外に国鉄に存在するいくつかの労働組合である。これら組合に対する動労組合員の発言も憎悪・罵倒・非難に溢れている（稲上［1981］pp.285-289）。

　もっとも動労の組合員は同時に国鉄の職員でもある。したがって国鉄の職員を対象とする人事管理の下，仕事への配置や昇進・昇格，処遇などをめぐって，

組合員相互の競争意識が駆り立てられ，「俺たち」意識が弱まっていく懸念もある。競争意識の発生と「俺たち」意識の弱体化を防いでいるのは，動労による「仕事の規制」であった（図表3-1）。

動労による「仕事の規制」は2つの側面から及んでいた。1つは給与面である。国鉄内には当時「職群」と呼ばれる，月給のレベルを定めた制度があった。この職群は1から10まであり，より数の多い職群ほどより高い月給に対応している。動労では，①年齢，②勤続年数，③現在の職種の経験年数を足し合わせ，その合計の大きな組合員から順番に，より高い職群に位置づけられるというルールを定め，各機関区での交渉で認めさせていた。①〜③の要素の中では，①の比重が非常に大きくなるため，このルールは，年齢のより高い組合員ほど国鉄による評価とは関係なく月給が高くなることを実現するものであった（稲上［1981］pp.319-325）。

もう1つは労働時間・労働環境に関わるものである。動労組合員の多くを占

図表3-1 動労組合員の社会関係における「奴らと俺たち」

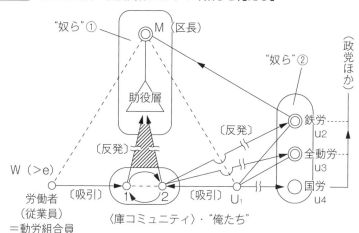

注：1）中央の斜線部分が，労使関係の原像。
　　2）W（＞e）の意味は，「従業員意識」が「労働者意識」によって圧倒されていることを示す。
　　3）"奴ら"のうち，二重マルで記したものは，その最たる者という意味。
　　4）庫コミュニティのなかの1は職種別分科会，2は動労支部を示す。
出所：稲上［1981］p.289。

める乗務員は，1つの電車などへの乗務開始から終了までの業務をいくつか組み合わせた「交番」によって作業の内容やスケジュールが決められている。国鉄がダイヤ改正などで新しい運行計画を示すたびに，動労では計画案の各乗務の内容を詳しく検討し，独自の交番案を作成していく。作成の際には，交番相互で労働時間ほかの労働条件に差がつかないことに細心の注意が払われる。異なる交番の間で労働条件を平準化してしまえば，一定期間内における組合員1人当たりの交番担当数は同様となり，組合員相互の働き方に差異は生じなくなる。その結果，国鉄による評価によって処遇の差が生じる余地がなくなる（稲上［1981］pp.332-337）。

　稲上は，「奴らと俺たち」という意識や様々な活動に支えられた，各機関区における動労組合員間の社会関係を「庫（くら）コミュニティ」と名付けた。「庫」とは，当事者たちによる機関区の通称である。マッキーバーがアソシエーションの典型とした企業等の近代組織の中にも，成員が生活の共同を通じて共通の感情や慣習を持つ，「コミュニティ」としての性格を色濃く持つような社会関係が成立しうる条件を，稲上は明らかにしたと言える。

日本企業における社会関係の特徴

　職業を通じて形成される社会関係・社会生活という領域を取り入れて，1960年代後半に国際比較研究を展開していったのが，ロナルド・ドーア（Ronald Dore），間宏，岡本秀昭といった日英の社会学研究者である。彼らは，近代的な組織において，同様のレベルの製品が作られるのであれば，その組織がどの国にあったとしても，組織内の人事管理や労使関係といった社会関係の有り様は，似通ってくるのではないかという，従来の「産業化論」で唱えられていた想定を念頭に置いていた（ドーア［1987］p.ⅲ）。

　そこで彼らは，日英の電機関係の大手企業を1社ずつ事例として選び，それぞれの会社に属する工場を2つずつ訪問して，各工場における人事管理制度の内容や運用，労使関係について調査を行った。さらにそうした制度や労使関係を，実際に企業に勤めている人々がどのように見ており，企業や職場との関係をいかに感じているのかを明らかにしていくため，日英それぞれの事例企業に勤務する400人以上の従業員にインタビュー調査を実施している。

これらの調査結果を丹念にまとめたドーア［1973=1987］，間［1974］は，共に日本の企業－従業員関係におけるコミュニティ性の強さを指摘している。彼らが「コミュニティ性の強い」日本企業から見い出したのは，①企業と従業員の間の雇用関係が単なる経済的な契約関係ではなく，従業員側の企業への忠誠と企業側の従業員の生活を守るための努力との交換を内容とする，心理的でかつ長期的な契約関係へと変化する，②「わが社」の一員であるという意識が労使の区別なく共有されている，といった集団としての特徴である。逆にイギリスの企業－従業員関係の中に彼らが見い出した特徴は，従業員の間に市場志向が強く，企業意識は日本に比べて弱い（ドーア［1987］p.293）というものであった。

では日本の職場・企業には，なぜイギリスの職場・企業に比べてコミュニティ性の高い社会関係が見られるのか。ドーアは職場・企業における雇用制度や労使関係は虚空に存在するわけではないとして，職場・企業をとりまく日本社会と，職場・企業におけるコミュニティ性の高さとの関連を検討した。その際，彼は日本社会における，家族の有り様，政治状況，教育，一般的な態度の4点に着目している（ドーア［1987］pp.332-337）。

以上のドーアの取り組みは，仔細な調査を基に明らかにした職業を通じて形成される社会関係の内容が，そうした社会関係をとりまく，より広い社会的状況（わかりやすい例としては「日本社会」など，国民国家を基盤とした社会）について検討し，その個性を捉えていくための有効なきっかけとなることを示している。

4　私の経験： 事業再生企業における人事管理・労使関係

　筆者がこれまで携わってきた調査研究の中で，インタビューによる事例研究という方法の持ち味を最も感じたのは，事業再生を図る企業の人事管理・労使関係についての調査研究においてである。この調査研究では，経営危機に陥った企業における社会関係（企業と債権者・顧客との関係，企業内の労使関係）が，経営の再生を進める過程でどのように変容し，組織や従業員にいかなる影

響を与えたのかを把握・検討するために，バブル経済崩壊後に倒産した企業20数社の関係者にインタビュー調査を行った（JILPT［2007］）。調査を進めていく中で明らかになってきたのは，経営が悪化していく中で，雇用機会や労働条件に対する従業員側の期待がどんどん下がっていき，再生の局面では，「経営上必要」として，経営側から提示される人員の削減案が，従業員からの抵抗はほとんどなく受け入れられるという事態であった。こうした事態は，事業再生という活動の目的を踏まえると，妥当であろうと筆者にも思えた。

　ただ近畿地方の機械メーカー・A社では，多くの調査事例で見られた事態と様相が異なっていた（藤本［2009］参照。A社のことをこの論文では「H社」として紹介している）。A社の経営陣は，倒産手続を申請した際，約100人いた従業員を60人前後までに削減したいという申し出を労働組合に対し行った。組合執行部はこの雇用調整案は到底受け入れられないとして拒否し，独自の経営再建案と，全員の雇用の維持を前提とした労働条件の考案を始めた。

　A社の労働組合は「再建案策定委員会」を開催し，財務や民事再生手続申請後の経営について勉強を重ねるとともに，自社の財務内容の分析や，今後の経営と労働条件との関連についての検討を行った。この間，自社の経営状況についての詳細な情報を経営陣に開示させ，全社員に伝達するとともに，社員から経営立て直しに向けた意見聴取を行い，そこから得られたアイディアを経営改善につなげていった。他のほとんどの調査事例とは異なり，A社では労働組合が再生局面における労働条件決定の主導権を握り，さらには主導権を握ることを可能にする経営への関与を成し遂げていた。

　通常は経営陣の専管事項である企業経営に関わる様々な取り組みに，A社の労働組合を駆り立てたのは，「わが社とわが社の仲間を守る」という企業コミュニティ意識であった。A社の経営陣は，経営悪化の過程や倒産手続の申請を進める中で，従業員の信頼を失っており，この上で人員削減の申し出を受け入れたら，A社が事業継続していくために必要な社会関係は崩壊すると組合では見ていた。そこで非常手段であると認識しながら，経営権を事実上掌握する形をとって建て直しを進めていったのである。

　異常とも思える事態においても，当事者の意識や行動に寄り添った調査を進めてみると，決して異常ではない明快な論理が浮かび上がってくることを，改

めて教えてくれた事例である。

5 今後の展望

　インタビューに基づく事例研究という方法を用いての労働研究は，企業，職場という場面において，職業を通じてどのような社会関係が形成され，その社会関係がいかなる働きをしているのかという点を，主に明らかにしてきた。この基本的な視点は，変わらず重要であろうと思われる。というのは，これまでの調査研究で明らかにされてきた日本の企業・職場における社会関係は，企業や職場をとりまく日本社会が大きく変わってきているために，その性格や働きを変えていることが容易に想像されるからである。

　日本社会の変化として近年よく指摘されるのが，「少子高齢化」であり，その影響を受けてここ数年は，多くの企業が「人手不足」に悩まされていると指摘されている。こうした状況は組織における「個人」の重要性を高めていくと考えられるが，個人の重要性が高まると，企業・職場における社会関係は高い「コミュニティ性」を維持できるのだろうか。

　また「個人」の重要性が高まると，職業を通じて形成される社会関係から，企業や職場といった要素が除かれることも出てくるだろう。例えば，企業は違うが仕事は同じITのエンジニアであるといった人々の間には，職業を通じてどのような「連帯」が成り立つのだろうか。

　さらに，少子高齢化に伴う人口減少から，日本でも，より一層の外国人労働者導入に向けた議論が起こりつつある。これまでになかったような規模で，日本において外国人労働者が働くようになったとき，彼/彼女らは職業を通じてどのような社会関係を形成するのだろうか。今までの日本の企業・職場にある社会関係に，彼/彼女らが参加することは可能なのだろうか。

　このように考えていくと，インタビューに基づく事例研究を支えてきた「職業を通じた社会関係の内容」という視点は，これからますます労働に関わる興味深い，時に多くの問題を孕んだ現実を捉える視点になりうると，筆者には思われる。

（藤本　真）

📖 参考文献

稲上毅［1981］「職場共同体と仕事の規制―動労の庫コミュニティ」稲上毅『労使関係の社会学』東京大学出版会，pp.277-349。

稲上毅［1987］「概説　日本の社会学　産業・労働」稲上毅・川喜多喬編『リーディングス日本の社会学9　産業・労働』東京大学出版会。

尾高邦雄［1941］「序論」尾高邦雄『職業社会学』pp.1-28，岩波書店。

間　宏［1974］『イギリスの社会と労使関係』日本労働協会。

藤本真［2009］「事業再生過程における労働組合の役割」日本労働研究雑誌，No.591。

松島静雄［1952］『労働社会学序説』福村書店。

―――――［1962］『労務管理の日本的特質と変遷』ダイヤモンド社。

―――――［1978］『友子の社会学的考察―鉱山労働者の営む共同生活体』御茶の水書房。

Dore, Ronald, P.［1973］*British Factory-Japanese Factory: The Origins of National Diversity in Industrial Relations.*（山之内靖・永易浩一訳［1987］『イギリスの工場・日本の工場　労使関係の比較社会学』筑摩書房）

JILPT［2007］『事業再生過程における経営・人事労務管理と労使コミュニケーション』労働政策研究・研修機構。

MacIver, R.M.［1917］*Community.*（中久郎・松本道晴監訳［2009］『コミュニティ―社会学的研究：社会生活の性質と基本法則に関する一試論』ミネルヴァ書房）

Mayo, E.［1933］*The Human Problems of an Industrial Civilization.*（村本栄一訳［1967］『産業文明における人間問題―ホーソン実験とその展開』日本能率協会）

第 4 章
職場の内側から調査する
エスノグラフィー・参与観察

1 ねらい

　社会の中には多くの職場・職業・組織が存在する。そして当然ながらそれぞれに独特の仕事の仕方があり，それぞれに独特の風土が形成されている。製造業とサービス業では職場の仕組みが違うだろうし，同じサービス業でも美容師の仕事と接客の仕事では違った職業観を労働者がもっているだろうし，同じ接客の仕事でも，属する組織が異なれば違った文化が醸成されているだろう。

　私たちが労働について調べようというとき，時にこういったある仕事や組織に独特な仕事の仕方，独特の文化を解明してみたいという関心をもつことがある。こうした関心をもったときに有効なのが，エスノグラフィー（民族誌）という手法である。この手法は，以下にみるように対象や認識論に関してはバリエーションを含むものの，実際に労働現場に自らの身体を置き，時には自分自身が 1 人の労働者として働きながら，その場の労働世界で起きる出来事を記録していくフィールドワークに基づいた研究という点ではどれも共通している。エスノグラフィーは人類学に端を発する方法論だが，社会学・経営学にも採り入れられている。

2 調査・研究の考え方

エスノグラフィーとは

　そもそもエスノグラフィーとは何か。佐藤郁哉によれば，エスノグラフィーという語には大きく 2 つの意味がある（佐藤［2006]）。
　①　対象についてフィールドワークという方法を使って調べた研究。
　②　調査の成果として書かれた報告書。

つまり，エスノグラフィーとは1つの研究手法の名称でもあり，かつその手法を使って書かれたテクストの名称でもある。「組織エスノグラフィー」というとき，それは組織をフィールドワークに基づいて調査していくことであると同時に，その調査の成果として対象の組織について書かれた報告書・論文・著書のことも同時に表現している。

フィールドワークという調査手法

フィールドワークは広い意味では「野外調査」を意味しており，図書館での文献研究や実験室での実験と対比される広い概念である。第1部のいくつかの章で扱われているように，現場の労働者や人事担当者等に聞き取りを行うこともフィールドワークに位置づけられるし，場合によってはアンケートなどの量的調査法も含みうる。以下でもみていくように，フィールドワークをする研究者（フィールドワーカー）は，実際には多様な調査法を組み合わせて研究を遂行していることが少なくない。

とはいえ，労働研究においてフィールドワークというときには，自らが労働現場に身を置いて，職場の人々と関係をもちながら，自らの目と身体でその現場における仕事を捉える手法のことを指している。こうしたフィールドワークは特に，参与観察と呼ばれる。

「参与」の仕方は，自らが職場における1人の労働者となって働くものから，仕事自体には参与しないが，職場の中に身を置いて人々の行動などを観察するものもあり，幅がある。しかしいずれにしても他の調査法と比べて長期間（数日から数ヶ月，場合によっては数年）現場に身を置くことによって，その労働現場におけるリアルタイムでの出来事や秩序を捉えていくことがフィールドワークという調査法の主眼である。

フィールドノーツというデータ

他の質的調査法とも比較してエスノグラフィーを特徴づけることの1つとして，フィールドノーツという記録を作成し，それをデータとして分析するということがある。フィールドノーツとは，その名の通り，フィールドワークをする中で見聞きした出来事に関するノートである。

フィールドワーカーは，現場で調査をしながら，もしくは当日における調査が終わったあとに，現場で見聞きした事柄について記録を行う。この記録には例えば以下のようなものが含まれる。

- 耳にしたり，自身が現場の人と交わしたりした会話の内容
- 現場のメンバーの行動の内容
- 会話や行動がなされた時間や場所
- 職場の中のモノや道具の配置や使われ方
- 自らが身を置く中で抱いた感想や疑問

　多くの場合，調査者はフィールドワーク開始時点では職場における慣行・言語・技術等について素人であるので，そもそも最初は「何から書けばよいかわからない」という状況に置かれることが多い。だが時間をかけて繰り返し観察することにより，雑多に見えていた現象が，徐々に秩序だって見えてくるようになる。調査の中では，当初はとにかく目についたことをすべて書き留めるという姿勢で臨み，徐々に現象が見えてくるにしたがって，記録する焦点を絞り込んでいくというスタイルをとっていくことになる。参与観察調査が時間を要するのは，調査者が現場の文化に習熟するまでに時間を要するという事情によるところが大きい。また，現場の詳細な実践を捉えるために，許可を得られた範囲で音声の録音やビデオ撮影を行うことも有効である。

「厚い記述」

　調査を終えたフィールドワーカーは，その報告書としてのエスノグラフィーを記述していくことになる。この時，調査者は単に記録したフィールドノートを羅列するのではなく，自らの問題関心に沿って，時には理論枠組みを援用してデータを解釈したり，自らが行った別の調査・別の調査法で得られたデータと組み合わせたりしながら，自らのオリジナルな知見を読者に理解してもらえるように文章を作成していくことになる。他の調査法とは異なり，エスノグラフィーには記述にどのような文体を採用するかをめぐった議論すら蓄積している（ヴァン・マーネン［1988=1999］）。いずれにしても，調査者はこのエスノ

グラフィーを作成していく作業の中で，他の手法と同じく「分析」を行っていく。

エスノグラフィーにおける分析は，「厚い記述 thick description」という概念をキーワードにして理解することができる。この概念は哲学者のギルバート・ライル（Gilbert Ryle）によって提唱されたもので（ライル［1971］），文化人類学者のクリフォード・ギアツ（Clifford Geertz）がエスノグラフィーにおける重要な方法論的概念として紹介したことで，広く知られるようになった（ギアツ［1973=1993］）。

厚い記述という概念は，おおまかにいえば詳細なフィールドワークに基づいて，人々の生活や行為における「意味の構造」を記述していく方法論を意味する。この概念は研究者としてのエスノグラファーの方針を示すものとして受け入れられていることが多いが，現場における人々自身にとっての課題でもあるとされることもある。この点については，次章のエスノメソドロジーの項目を参照されたい。

3　主な研究事例

組織エスノグラフィー

労働研究においてエスノグラフィーが積極的に採り入れられており，かつ日本での研究書や翻訳書の出版が活発なものとして，「組織エスノグラフィー」と呼ばれるものがある。組織エスノグラフィーは，その名の通り，主に企業組織を対象として，その企業文化などを詳細に解明しようとすることを目的とした研究であり，主に経営学で展開されてきた。クンダの代表的な研究では，アメリカのハイテク企業テック社におけるフィールドワークから，従業員たちが企業が称揚する文化と距離を取ろうとしながら徐々に随順していくようになることを，テック社に足繁く通いながら観察やインタビューを繰り返すことによって解明している（Kunda［1992=2005］）。また田中研之輔は24時間営業の牛丼チェーンの店舗経営についてのエスノグラフィーを展開している（田中［2015］）。田中は書籍からの情報収集，店舗の観察，インタビュー，従業員と

しての参与観察を積み重ね，効率化が進んだ職場における従業員間のコミュニケーションの重要性を指摘している。

組織エスノグラフィーにおいて特徴的なのは，従業員たちが織りなす意味の構造を記述することを通して，何らかの経営に関するインプリケーションをもたらそうとすることである。

労働過程論

主に社会学において展開してきた労働のエスノグラフィー研究として，労働過程論という分野がある。労働過程はもともとはマルクスの概念で，人間（労働者）が労働対象（生産されるモノやサービス）に働きかけていくプロセスを意味する。労働過程論は，実際に研究者が労働現場で参与観察をすることによって労働者の実践を捉え，そこから社会構造の再生産などの問題を解明しようとする。

労働過程論が発展する初期から活躍する社会学者であり，エスノグラフィーに関する方法論的著作も出版しているマイケル・ブラウォイ（Michael Burawoy）は，アメリカにおける農業機械メーカーにおける労働のエスノグラフィーを展開している（Burawoy [1979]）。ブラウォイは自らが工員として働き，労働者たちがしばしば自らが作った部品を隠したり，あえて製造のペースを落とすなどして管理者を欺く活動に没頭していることに着目した。そしてその実践が経営者が設定した賃金決定ルールに基づいていることから，資本家による剰余価値の生産（搾取）に同意することにもなっているという議論を展開した。

また伊原亮司は，トヨタと日産という自動車産業の大企業で参与観察を行い，2つの企業におけるライン労働の管理に対する抵抗や負担の実態を詳細に明らかにし，そこから管理側の施策と労働者側の抵抗が絶えず動的に展開していくことを指摘している（伊原 [2016]）。

エスノメソドロジーに基づくエスノグラフィー

組織エスノグラフィーや労働過程論は厚い記述を研究者の課題として考え，実際に重厚な研究を展開している。それに対して，意味をどう記述するかとい

う問題は研究者だけではなく，社会で生活する人々の問題でもあるとする考え方がある。これはエスノメソドロジー（第5章参照）で展開されている考えであり，この分野でも職場のエスノグラフィー研究が蓄積されている。この分野におけるエスノグラフィーは，しばしばエスノメソドロジー（EM）に基づくエスノグラフィー（Ethnomethodology informed Ethnography）と呼ばれる。

バトンとシャロックは，印刷所において紙媒体のドキュメントが，職場のメンバーによって，生産性の維持や顧客との間で結んだ〆切などとの関連でどのように用いられるかを明らかにしている（Button and Sharrock［1997]）。またハーパーらは，投資銀行においてどのような仕方で顧客対応やテクノロジーの利用を行っているかを詳細に記述している（Harper et al.［2000]）。

他の立場に比べて，エスノメソドロジーに基づくエスノグラフィーは，職場における協働やテクノロジーの使用に着目する傾向があり，情報学分野等で応用されている。

4 私の経験：アニメスタジオのエスノグラフィー

筆者は，EMに基づくエスノグラフィーに位置づく形で，アニメーション作画スタジオX社のエスノグラフィー研究を展開している（松永［2018]）。労働現場に3ヶ月間（1回5時間程度・週3回）身を置いてフィールドノートをつけ，併せてインタビューやアンケート調査，ビデオ撮影なども行った。

この職場のフィールドワークでは，調査を進めるにあたって工夫が要求された。多くの職場では業務に関する何らかの会話が観察でき，それを頼りに働く実践を捉えることができるのだが，アニメーターの主要業務がひたすら絵を描くことであるために，会話から職場の秩序を捉えるということが難しかった。

しかしエスノグラフィーの手法では，多くの非言語的な要素を捉えることができる。筆者は調査開始当初は確固たる着眼点を持てないまま，記録を繰り返していたが，それをするうちに職場のメンバーがある程度定まった仕方で空間を利用していることに気がついた。X社では何列かに分けて作業机が置かれ，その間には通路があるが，職場のメンバーは自分の机が置かれている通路以外の通路にほとんど進入しないのである。

このことを見い出した時点で，筆者は職場のメンバーの空間利用の仕方を中心に観察していくという方針を立て，調査を遂行していった。そして，アニメーターの労働のあり方と，職場の空間的な秩序のあり方が，密接に関連したものであることを論じたのである。以下は，実際に分析に用いたフィールドノートの抜粋と社内の配置図である。

2017年1月26日20時55分
社内の電話が鳴る。小松さんはカット袋を棚に戻して席に戻る。電話には坂本さんが出て，山口さんの席に移動して取り次ぐ。

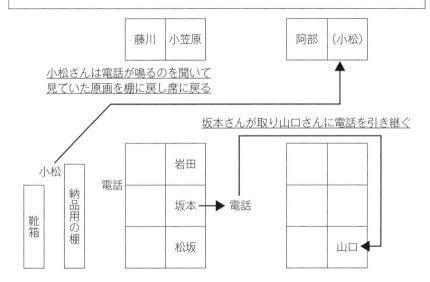

　このようなフィールドノートをリアルタイムで記述していき，分析段階で職場の配置図に各々のメンバーの行動や動きを書き込んでいき，彼らが独特の空間的な秩序を成し遂げていることを明らかにした。重要なのは，職場の何に着目するべきかは，調査者が何を調べようとするかだけでなく，その職場でなされていることの中から決まってくるということである。何に着目し，それをどのように記録するかを適宜工夫・選択していくこと，これがエスノグラフィーの難しさでもあり，同時に醍醐味ともいえる部分である。

5　今後の展望

　労働のエスノグラフィー研究は，このように様々な認識論的立場を包摂しつつ展開してきた。どのようなスタンスをとるかは読者に委ねられている。

　上記で示したトピックに加えて，今後さらに展開しうる労働のエスノグラフィー研究としては，以下のものが挙げられるだろう。

　1つは，クリエイティブ産業に代表されるような，非常に労働市場の流動性が高い業界における職業のエスノグラフィーである。こうした職業は組織を単位にすると捉えることが難しく，かつ独特の労働世界が形成されていることも多いので，詳細に意味の構造を記述していくことの意義が大きい。すでに海外ではファッションモデルやVIPクラブでの労働を対象にした優れたエスノグラフィーが登場してきている（Mears［2011；2015］）。

　もう1つは，職場におけるメンバーの行為とモノの関係を考察していくエスノグラフィーである。職場には，様々な道具やモノがあふれかえっており，これはその職場の環境を構成している。海外の研究では，社会学者のブルーノ・ラトゥール（Bruno Latour）によって，人間とモノのつながりを考察していくアクターネットワーク理論が展開しており，実際にラトゥール自身が『ハイテクのエスノグラフィー』という，自動運転地下鉄プロジェクトについてのエスノグラフィーを展開している（Latour［1993］）。実際に現場に身をおくエスノグラフィーでは，人間のやりとりだけではなく，彼らの道具や空間の使用なども直接目にすることができる。それをふまえて職場を記述していくことも，より豊かな労働のエスノグラフィーを展開するうえで興味深いテーマであるといえるだろう。

（松永伸太朗）

📖 **参考文献**

伊原亮司［2016］『トヨタと日産にみる〈場〉に生きる力—労働現場の比較分析』桜井書店。

佐藤郁哉［2006］『フィールドワーク増補版—書を持って街へ出よう』新曜社。

田中研之輔［2015］『丼屋の経営—24時間営業のエスノグラフィー』法律文化社。

松永伸太朗［2018］「アニメ作画スタジオにおける経済活動と空間的秩序—職場のモ

ラル・エコノミーの社会学的研究」2017年度一橋大学大学院社会学研究科博士論文。

Burawoy, M.［1979］*Manufacturing Consent: Changes in the Labor Process under Monopoly Capitalism*, London: The University of Chicago Press.

Button, G. & Sharrock W.［1997］"The Production of Order and the Order of Production: Possibilities for Distributed Organisations, Work and Technology in the Print Industry," *ECSCW '97*, 1-16.

Geertz, C.［1973=1987］*The Interpretations of Cultures: Selected Essays*, New York: Basic Books.（吉田禎吾・中牧弘允・柳川啓一・板橋作美訳［1987］『文化の解釈学(I)』岩波書店）

Harper, R., D. Randall & Rouncefield M.［2000］*Organisational Chance and Retail Finance:* An Ethnographic Perspective, London: Routledge.

Kunda, G.［1992］*Engineering Culture: Control and Commitment in a High-Tech Corporation*, Philadelphia: Temple University Press（金井壽宏監修，樫村志保訳［2005］『洗脳するマネジメント―組織文化を操作せよ』日経BP社）

Latour, B.［1993］"Ethnography of a "High-tech" Case: About Aramis," Pierre Lemonier（ed.）*Technological Choice: Transformations in Material Culture since the Neolithic*, London: Routledge and Kegan Paul, 372-98.

Mears, A.［2011］*Pricing Beauty: The Making of a Fashion Model*, Berkeley: University of California Press.

─────［2015］"Working for Free in the VIP: Relational Work and the Production of Consent," *American Sociological Review*, 80(6): 1099-1122.

Ryle, G.［1971］Collected Papers Vol.2, London: Hutchinson.

Van Maanen, J.［1988］*The Tales of the Field: On Writing Ethnography*, Chicago: University of Chicago Press.（森川渉訳［1999］『フィールドワークの物語―エスノグラフィーの文章作法』現代書館）

第 5 章

仕事の実践を記述する
エスノメソドロジー

1　ねらい

　仕事場での情報共有，適切な流れでの作業，意思決定といったものは，どのような手続によって可能になるのか。仕事場にある道具をいかにしてその仕事場固有の規則・常識・道徳にあわせ，手慣れたものにするのか。組織内外との連携による複雑な分業体制において，いかに連携し，滞りなく日々のワークを進めるか。これらはいずれも，仕事場で働く際に人々が直面し，どうにかして対処している実践的課題である。

　これらの実践的課題を滞りなく遂行する知識を習得し，それを適切に実践することができる能力を身につけることは，その仕事場のメンバーになることの重要な条件でもある。それにより，仕事場でのその都度の状況において，活動に参加している人々は記述可能かつ報告可能なかたちで行為を組織化し，お互いに働きかけ，その過程においてお互いの行為の理解の正しさを確認しあい，時に適切なものに修正しながら仕事を進めることができるようになる。知識や能力は，こうした協働的プロセスのなかでその都度観察可能になるものだという言い方もできよう。こうした手続の記述を通した，人々がワークを達成する「やり方」の研究は，エスノメソドロジー研究の目的のひとつである。

2　調査・研究の考え方

エスノメソドロジーとは

　エスノメソドロジーとは，アメリカの社会学者であるハロルド・ガーフィンケル（Harold Garfinkel）によって創始された，社会学の一領域である。その概要について，ガーフィンケルは「社会のメンバーがもつ，日常的な出来事や

メンバー自身の組織だった営みに関する知識の体系的な研究」（ガーフィンケル［1974：1987］pp. 17）であると述べている。

　ここでの「知識」とは,「真正な社会のメンバーであれば知っている, 社会的に是認された社会生活上の事実」（ガーフィンケル［1967］pp. 76）のことを指す。この「知識」は, 社会のメンバーの「組織だった営み」において理解可能になる。なぜなら社会のメンバーによってなされる発話や身振り, 何らかの文章の作成, 資料の掲示といった実際にやっていることは, (1)特定の場面においてなされることによって意味をもつと同時に, それ自体がその場面の構成要素になっていて, (2)ほかのメンバーにとって「見てわかる」ようになされているからである。これについては, エスノメソドロジーでは「相互反映性（reflexivity）」ということばで説明される。

　こうした手続において, 人々は互いにやっていることを提示し, 理解しあい, 何かを達成する。これはまさに社会秩序の成立である。社会学における根本問題のひとつは「社会秩序はいかに可能か」という問いである。ガーフィンケルによる上記のような考え方は, それに対するひとつの解決方法を示すものであった。社会学者が様々な手段を用いてあの手この手で説明するより前に, 社会秩序は, 人々によってその都度の状況においてどうにか対処され達成されている。ならば, そこから切り離されたかたちで一般化・抽象化して再説明する必要はない。むしろ, 社会秩序の成立は, その都度の状況において, 人々が実際にやっていることに即した記述により明らかにされるのである。このような人々によって実践され達成されている秩序のことを, ガーフィンケルは「ローカルな秩序」と呼んだ。

会話分析

　会話分析（Conversation Analysis）は相互行為におけるトーク（talk-in-interaction）のローカルな秩序の解明に照準したエスノメソドロジーの研究プログラムのひとつである。現在は日常的なやり取りだけでなく, 様々な制度的場面を対象としたやり取りの研究も進められている（串田ほか［2017］）。

　なお, 慣習的に用いられている会話分析という呼称は, この領域で展開している研究の実態をいまや正しく反映していない。この呼称のもとでなされてい

る研究の射程は，言葉のやり取りという意味での会話だけでなく，視線や身振りなど，相互行為の成立と進行にかかわっている要素すべてに広がっている。

　会話分析の最も基本的なアイデアのうち，「隣接対」について概説する。隣接対とは，「質問をしたら応答がある」，「挨拶をしたら挨拶が返ってくる」といった行為の組み合わせの知識である。この組み合わせは，前者が後者を条件付けるという特徴がある。質問をしたら応答をすべきである，挨拶をしたら挨拶をすべきである，といったことである。ここで「すべきである」という言葉が用いられているとおり，そこには規範的な期待が含まれている。ゆえに，仮に質問に対して応答がなされなかったとしても，それは単なる無音の時間ではなく，「質問に答えないでいる」という応答の不在として理解可能になる。

　併せて，「そこで何をしようとしていて，またそれが相手に実際にどのように理解されているか」という「行為の連鎖」の観点もまた重要である。なお，あくまでも言葉は行為の乗り物であって，意味が行為に先立って決まるわけではない。「おはよう」という発話が挨拶ではなく，寝坊に対する「非難」として産出される場合を考えてみればよいだろう。「挨拶」であれば「挨拶」を返すべきであることが条件づけられるし，「非難」であれば「応酬」することが条件づけられるはずだ。こうした行為の連鎖を人々は気にかけながら，やり取りをつなげていくということを成し遂げている。会話分析は，このような「言葉を用いて行為を行い，相手からの行為を引き出す知識・能力」（串田［2010］pp. 34）の探求なのである。

エスノメソドロジー的ワークの研究

　エスノメソドロジー的ワークの研究とは，仕事場におけるその都度の状況において，いかなる知識をどのようにして用いて特定の活動を協働的に達成しているのかを明らかにしようとするエスノメソドロジー研究のひとつである。

　その方針はつぎのように説明できる。いかなる仕事場にも，専門的あるいはローカルな固有の知識があり，それをその都度の状況に応じて適切に用いる「やり方」がある。これらをうまくこなすことは，当該場面のメンバーとして滞りなくワークを進める条件である。一方で，その「やり方」は常に明文化されているわけではない。だから，当該仕事場のメンバーが，その都度の状況に

おいて用いている場面に固有の方法を明らかにしようとするなら，当該仕事場において必要な専門的知識についての学習，ビデオデータの収集，インタビュー，参与観察，自分自身が当該仕事場のメンバーとして働く……といった複合的な調査が必要になる。その際，調査者の側からの価値判断や適切性判断といった態度は差し控えることが求められる。

　以上の方針に基づくエスノメソドロジー的ワークの研究は，次のようなかたちで成果としてまとめられることになる。すなわち，「現象がどのように組織化されることで，現場の人びとはその現象を「その現象」として捉えることができるのかがわかるように研究成果の読者を導くと同時に，ある状況のさまざまなことがどのように組織化されると，その現象が再現されるのかを読者に理解させるインストラクションとして研究は提示されるべきですし，またそのように読者は研究成果を読むことが期待される」（池谷［2007］pp. 252-253。傍点は筆者による）ということである。

3　主な研究事例

会話分析によるワーク・プラクティスの研究

　本項では，前節 1 項の「会話分析」によるワーク・プラクティスの研究として，クリーニング店でのサービスエンカウンターを対象とした平本・山内［2017］を紹介する。

　サービス産業の重要性が高まり続ける昨今において，サービス提供者と消費者の間の相互行為によっていかにして価値が共創されるのかという観点から，サービスの授受について分析することの意義がアカデミアにおいても認識されるようになっている。こうしたことは各企業においても当然ながら重要だと理解されており，詳細な接客マニュアルが作成され，構成員に通知・教育されることはその一例であろう。

　とはいえ，接客マニュアルに書かれた言い回しをロボットのように繰り返せばよいというわけではない。そこには，業種ごとの「サービスらしさ」を損なわない工夫があるはずだ。平本と山内は，クリーニング店の店員と客がその

サービスの「らしさ」を維持しながら，提供する／されるサービスの価値を示して／認めて対価の授受を行うことがいかに成立するかを論じる。そこでは店員が衣服の問題点を指摘し，それがまさに問題であることを店員と客のあいだで共有する手続を踏むことによって，続けて店員が「オプションサービスの提案発話」を行うことの適切性が確保されることが示される。こうした手続を経ることにより，一連のやり取りの流れを自然なサービスとして確立可能になる。

　要するに，「個別のローカルな場面で医師や店員らしく振る舞い，場面を作り上げていく秩序こそが，サービスとその価値（の共創）の具体的な現れ」（平本・山内［2017］p.28）なのである。

フィールドワークに基づいたワーク・プラクティスの研究

　本項では，前節第2項の「エスノメソドロジー的ワークの研究」の事例として，池谷ほか［2004］を紹介する。池谷らは，第3次救急医療機関でのフィールドワークを通して，当該病院にて毎朝行われている「カンファレンス（病棟において，治療グループが患者の治療方針を決める会議のこと）」を理解しようと試みることが，救急医療従事者らがどのように日々具体的にワークをするのかを理解することにつながることを見出した。

　病院では，分業体制によって個々の患者に治療活動がなされていることから，その個々の治療活動をカンファレンスにおいて上級医がモニタリングし，マネジメントすることがなされている。その際，個々の医療チームは，それぞれ個別で固有な患者の状況・状態について，現場で彼らが観察した断片的な情報を特定のパターンに組み込み理解することが可能な「証拠」とみなし，それを「ケース」として，慣習化された再構成の形式（時系列で経過を記述する，医学的知識に基づいた因果関係によって記述する等）によって報告するということを行っていた。

　このようにして再構成されたケースは，それによって実際に個々の患者の詳細を知るわけではない上級医が評価・助言を行うことを可能にする。もし上級医が評価・助言することが難しいようであれば，上級医は報告者から様々な情報を引き出しながら，協働的にケースを再構成することもある。こうしたケース化とそのモニタリングにおいて，医療の質の管理や限られたベッド数の管理

という観点から転床や転院を考えるなど，上級医はマネジメントをすることも可能になる。以上は，当該病院の医療実践に固有な方法のひとつなのである。

4　私の経験：「メンバーになる」ことによる ワーク・プラクティスの研究

　先に3「主な研究事例」として，会話分析とフィールドワークによるものを紹介した。両者はいずれも，調査者という立場からフィールドに参与するという点では共通している。本項では，それとは別のやり方，つまり「メンバーになる」ことを通したワーク・プラクティスの研究について，筆者の経験（秋谷ほか［2017］）を踏まえて簡単に紹介する。

　筆者は以前，生命科学系の研究組織の科学コミュニケーションを推進するグループで研究員を務めていた。科学コミュニケーションとは，最先端の科学技術の知識をわかりやすく社会に提示したり，科学技術と社会の間の問題をトピックとした市民対話の場を設計するといった活動の総称である。所属グルー

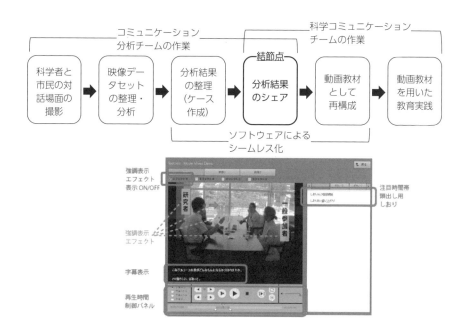

プのプロジェクトのひとつに，こうした科学コミュニケーション活動ができる若手科学者の教育プログラムの設計と実践があった。筆者は，コミュニケーション分析の専門家としてこのプロジェクトに途中参画したのだった。

　ここでは，そのプロジェクトにおける「動画教材作成」を事例に挙げる。同グループでは，科学コミュニケーションの実践の場における科学者と市民の対話場面のビデオデータを大量に記録していた。その「データセット」をコミュニケーション分析の専門家が分析し，科学コミュニケーション活動における市民対話をうまく進行させるために科学者が実践している技法の抽出と，その技法について学術的説明を与える作業を進める。その結果を踏まえて，同グループに所属していた科学コミュニケーションの専門家が，その専門的見地により教育教材としてより適切なものに落とし込む作業を進める。筆者が同プロジェクトに参画する以前から，筆者とは別のコミュニケーション分析の専門家が参画しており，その協働の結果として動画教材が作られていた。

　この動画教材作成のプロセスには，プロジェクトのメンバーそれぞれが持つ専門的知識に基盤を置きつつ，その専門的知識を持たない他の協働作業者にもわかるように配慮し，それぞれが理解・評価可能なかたちに落とし込んだものをメンバーに提示するという作業が複数回含まれていた。コミュニケーション分析の専門家は「データセット」の分析結果をその専門性を持たない協働作業者にもわかるように（そして，彼らがそれをどのように利用するかを考慮に入れつつ）「ケース」として再構成して提示する。それを受け取った科学コミュニケーションの専門家は，コミュニケーション分析の専門家による解説を踏まえ，その「ケース」を，よりよい科学コミュニケーションの実践を可能にするという意味での教育的効果・意義が受講者に理解可能になるように「動画教材」として再構成して提示する。そうすることによって，メンバー間の専門的知識のギャップはある程度解消され，みなが「ケース」や「動画教材」に対して討議可能になっていた。

　筆者が参画したとき，同プロジェクトでは，こうした分業体制による手続の一部を，ソフトウェアの開発と導入によりシームレスにしようとしていた。独自開発したソフトウェアを使用することで，「ケース」を「動画教材」にスムーズに再構成できるように必要なアノテーション（図中の「強調表示エフェ

クト」や「字幕」のこと）を付与したり，事前に設定した箇所で動画を再生したり止めたりするといった，編集作業と上映作業をひとつのソフトウェア上で行うことを可能にしようとしていたのである。

　しかし，筆者が試作品を実際の仕事のなかで使用してみたところ，大きな問題点があることにすぐに気づいた。筆者は科学コミュニケーションに指向した教育実践の知識がないために，「ケース」から「動画教材」へと「適切に」再構成することができなかったのである。この問題は，コミュニケーション分析チームと科学コミュニケーションチーム間の分業をつないでいた「ローカルな工夫」が，その作業を円滑に進めるために設計されたはずのソフトウェアにおいて考慮されなかったこと，このことに起因するものであった。

　分業体制は，協働する部門やメンバー間の個々の作業のすべてを共有しなくてもプロジェクトの運営を可能にする。ただしそれは，同プロジェクトにおいては，メンバーみなが理解・評価可能な形式に加工され，適切な説明が付されたマテリアルが分業をつなぐ結節点において適切に示されることにより，メンバー全員が両者についての一定の理解を共有することが確保されるという条件のもとで可能なものであった。しかしそれは基本的に1人が操作する「シームレス」なソフトウェアの内容や運用方針には反映されていなかった。このギャップこそが問題なのであった。

　以上の気づきが可能だったのは，筆者が当該プロジェクトのメンバーとなり，その都度のワークを成し遂げるための固有の知識を日々獲得していたことによる。もちろんメンバーになったからといって，ワークそれ自体の固有の知識についていつでもすべて言語化できるわけではない（できるようになるものも当然多いのだが）。一方で，これまで滞りなく進められていたワークが何らかの要因によってうまくこなせない状態になったときなどに，そこで用いられていた固有の知識の存在とそれによってこれまで可能になっていた出来事がクローズアップされる。その理解の成り立ちを精査することで，言語化できるようになることもある。「メンバーになる」という手法によるワーク・プラクティスの研究の面白さは，こうしたことができるようになる点にあると言える。

5 今後の展望

　仕事場におけるワークのエスノメソドロジー研究は，「ワークプレイス研究」といった旗印のもとに研究が蓄積されている（水川ほか［2017］）。一方で，組織研究においてエスノメソドロジーが参照されることは少なくないが，研究実践となると少ないということが指摘されることもあった（ルゥェリン［2014］）。

　しかし筆者は今こそ労働・職場研究においてエスノメソドロジー研究に取り組むべきであると主張したい。研究者によって議論されてきたワークにかかわる概念を人々の実践に差し戻し，特定の活動の達成の要約的表現として捉え直す。こうした方針による記述的研究は，現代的かつ個々の組織に固有な制度，環境，慣習，知識と分かちがたく結びついた「方法誌」となる。「やり方の知識」は実践とともにあるが，当事者にとって必ずしも常にその存在が言語化可能なものではない。先述した組織研究におけるエスノメソドロジー研究の少なさは，容易に言語化しえない「やり方の知識」を方法誌として蓄積する機会を取り逃してきたことを示すものであるとも言えるだろう。ならば，今こそフィールドへ出向き，いまこの「やり方の知識」を方法誌として残す作業を積み重ねていくときではないか。そうした作業の積み重ねは，労働・職場研究において連綿と議論されてきたワークにかかわる様々な概念それ自体を捉え直す契機にもなるはずである。

（秋谷直矩）

■ 参考文献

秋谷直矩・森村吉貴・森幹彦・水町衣里・元木環・高梨克也・加納圭［2017］「『社会的コンテクスト』の記述とデザイン」水川喜文・秋谷直矩・五十嵐素子編『ワークプレイス・スタディーズ：働くことのエスノメソドロジー』ハーベスト社，278-296。

池谷のぞみ［2007］「EMにおける実践理解の意味とその先にあるもの」前田泰樹・水川喜文・岡田光弘編『ワードマップエスノメソドロジー——人びとの実践から学ぶ』新曜社，252-253。

池谷のぞみ・岡田光弘・藤守義光［2004］「病院組織のフィールドワーク」山崎敬一編『実践エスノメソドロジー入門』有斐閣，192-203。

串田秀也［2010］「言葉を使うこと」串田秀也・好井裕明編『エスノメソドロジーを学ぶ人のために』世界思想社，18-35。

串田秀也・平本毅・林誠［2017］『会話分析入門』勁草書房。

平本毅・山内裕［2017］「相互行為としてのサービス：クリーニング店の接客場面の会話分析」『日本語学』36(4)，18-30。

水川喜文・秋谷直矩・五十嵐素子編［2017］『ワークプレイス・スタディーズ：働くことのエスノメソドロジー』ハーベスト社。

Garfinkel, H. ［1967］ *Studies in Ethnomethodology,* Englewood Cliffs, New Jersey: Prentice-Hall.

───── ［1974］ "The Origins of the Term 'Ethnomethodology'," Roy Turner (ed.) *Ethnomethodology,* Harmondsworth: Penguin, 15-18.（山田富秋・好井裕明・山崎敬一訳［1987］「エスノメソドロジー命名の由来」『エスノメソドロジー』せりか書房）

Llewellyn, N. ［2014］ "Garfinkel and Ethnomethodology", Paul S. Adler, Paul du Gay, Glenn Morgan, & Michael Reed (eds.) *Oxford Handbook of Sociology, Social Theory and Organization Studies: Contemporary Currents,* Oxford: Oxford University Press, 299-317.

第6章
仕事人生に耳を傾ける
ライフヒストリー

1　ねらい

　ライフヒストリーは，人々の仕事生活とその経験の蓄積を観察する際に有用である。具体的には，仕事内容や作業上の工夫・苦労，経験に基づく熟練・熟達，仕事への自負など仕事生活そのものの様相，仕事条件や職場環境，意欲・満足・離職意向など就業継続・離職に関する過程といった，仕事人生における現実の複合性（例えば，経歴だけでなく主観的な側面や，仕事以外の領域との関連）を構成する要因を，多層的・多元的に捉える。社会調査法の分類では，統計調査に対比する事例調査にあてはまる。多くの場合，収集されたライフヒストリー・データは，関連文書史資料，統計データ等と相互補完的に利用される（マルチメソッド・アプローチ）。

2　調査・研究の考え方

ライフヒストリーとは

　ライフヒストリーは，生活史，ライフストーリー，オーラルヒストリーなどの類似の用語・方法と混同されがちだが，それらのなかでは最も包括的・総称的に用いられている（詳細な整理は，江頭［2009］を参考のこと）。ライフヒストリー法には，実証主義，解釈的客観主義，対話的構築主義などの立場からのアプローチがある（桜井［2002］）。本章では，実証主義的立場から，実践的ライフヒストリー法を紹介する。その特徴は，第1に，対象とする諸個人の仕事史を社会と時代の文脈に位置づけて記述する点にある。その際，個人の仕事史と社会・時代の文脈との結節点となるのは，年齢もしくは勤続年数である。この立場は，個人のライフヒストリーを通して社会・時代を捉える民俗学のそ

れとは対照的である。第2の特徴は，仕事史を構成する多層的・多元的要素に着目し，それら諸側面の相互連関，すなわちモノグラフとして記述する点にある（有末［2012］p.2）。そのためには，第3に，「生活史における事実や証言の要素にもっとも重点を置く」（有末［2012］p.2）ことになる。証言という点では，オーラルヒストリーと区別する必要がある。ここでは以下のように区別しておく。オーラルヒストリーは公人を対象にした証言であり，文書史資料の補完機能をもつ点に特徴がある。他方，ライフヒストリーは，市井の人々の日常的な仕事史，あるいは特定の事態・状況での経験についての本人による語りである。むろん，実際には境界上のケースが多数ある。例えば，組合幹部のライフヒストリーは，オーラルヒストリーとしての側面も多分に含んでいる。

実践的ライフヒストリー法

多層的・多元的に仕事史を捉えるために，実践的ライフヒストリー法のねらいは，3点ある。第1に，事実として記録された経歴（外的経歴）（第14章「職業人生を描く」）の内側，経歴上に出現しない事情に注目して，主観的側面を含めた過程として把握する。例えば転職を考えたが結局しなかったことや，モチベーションの浮沈である。そのためには必然的に，第2として，仕事以外の他領域と関連づけてダイナミックな過程として描くことになる。例えば，家族生活，教育・学校経験，居住地域などの生活領域でのライフイベントとの関連である。言い換えれば，第3のねらいとして，対象者自身のライフイベントにとどまらず身近な他者のライフイベント経験と結びつけて捉えねばならない。

具体的な調査デザインは，対象とする時間幅によって2種に大別できる。仕事生活全般を対象とする方法と，特定の局面やライフイベントに焦点化する方法である。しかし長期間を対象としたライフヒストリーの聞き取りは現実的ではない。それゆえ後者が一般的である。例えば，仕事生活初期の定着過程，転職過程，引退前後といった局面，強制的に離職を迫られる局面等がある。さらには，バブル経済崩壊のような仕事生活を激変させる社会的出来事との遭遇に焦点をあてる場合もある。

聞き取り調査と作品化

　仕事史に関するライフヒストリーの収集は，聞き取り調査で行うが，事実に関する証言を得るためには，外的経歴情報の確認を並行して実施することが求められる。その際，質問紙調査票を用意するとよい。また，他の生活領域との関連を的確に捉えるために，ライフコース・カレンダーなどの補助材料も活用できる。ライフコース・カレンダーは，回顧法に特有な記憶の歪みの問題，特に年次や複数ライフイベントの前後関係を正確に特定する際に有用である。むろん回顧法では，過去の時点で対象者が抱いていた主観的側面を正確に捉えることは難しい。なぜなら，調査時点での対象者の状況や思いが反映されてしまうからである。これを観測時点効果というが，この問題への対処法として，当時の日記や記録などを用いて，当時の思いを想起させる方法もある。

　聞き取り調査後の作業は，少なくとも２段階ある。第１に，速やかに録音データを正確に文字に起こし，不明な点を補足し，トランスクリプトを完成させる。第２に，ライフヒストリー・データとして作品化する。作品化の方法は，研究目的に応じて異なるが，少なくとも小見出しをつける，参照資料を挿入するなどの加工が必要である。表現は，語り口調そのままの場合もあるが，手を加えることが多い。まとめ方は，時系列もしくはトピックごとなど，実際の聞き取り順序の変更もありうる。作品化の段階では，人名・地名など固有名詞の匿名化は検討事項である。ひとつの基準として，オーラルヒストリーの証言に近い位置づけの場合には，匿名化せずに実名で表記している。

　作品化したライフヒストリーは，それ自体を公表・刊行することもあるが，多くの研究では，他の種々の資料・データ（例えば外的経歴データや統計データ）と統合して，多少の分析を加えたモノグラフとして刊行する方法（マルチメソッド・アプローチ）をとる。以下に紹介する研究例から，具体的なイメージをもっていただきたい。

3　主な研究事例

　ここでは，実践的ライフヒストリー法を活用した研究例として，タマラ・ハ

レーブンの『家族時間と産業時間』（[2001]，原書[1982]）を紹介しよう。同書の対象のひとつは，1838年に米国ニューハンプシャー州マンチェスター市に誕生し，20世紀初頭には世界最大の生産高を誇る企業へと成長をとげたアモスケグ紡績会社である。もう一方は，アモスケグ社の労働者家族である。同書では，アモスケグ社の産業システム（産業時間）と労働者の家族・親族システム（家族時間）の100年にわたる相互作用の様相が多元的に活写されている。本研究を通して，産業システムと家族システムに関するステレオタイプな見解，「家族は産業化の受動的な因子であり，工業地帯への移住や工場労働の重圧のために家族や親族集団は崩壊した」（同書p. xi）に反して，産業化初期においては，家族が産業化の能動的なアクターとして作用した過程が明らかにされた。

　本研究の詳細は同書にゆずり，ここでは本研究の方法論的意義を検討したい。同書は，ライフヒストリー・データと文書史資料や統計データの相互補完的活用に成功している点でも高く評価できる。ハレーブンは，1971年にマンチェスター市でアモスケグ社の遺構を見学した際に，マンチェスター歴史協会を訪問し，そこで同社に関する豊富な文書史資料と遭遇する。これはたいへん幸運である。具体的には，アモスケグ社の企業記録や写真等の膨大な歴史学的資料であり，そのなかには7万人以上分の雇用者カード（Employment Pass）の現物も含まれていた。彼女は，このカードの記載内容を他の資料と連結して，労働者個人の職業経歴と，家族と拡大親族ネットワークの全体像を，通時的（時間の経過に沿って）に再構成することに成功した。さらに彼女ほかは，マンチェスターに残っていた元労働者300名近くに面接し，ライフヒストリーを収集した。同書に先んじてインタビュー集『アモスケグ－アメリカのある工場都市における人生と仕事』[1978]を刊行した。

　『家族時間と産業時間』は，労働者と家族の経歴データとライフヒストリーを用いたマルチメソッド・アプローチの典型例である。ハレーブンの表現を借りれば，「記録資料だけでは容易になしえない，人間的な生々しい体験，人生についての意味付け，歴史的条件に接近すること」（p.xxv）を実現した。例えば，第5章「親族の意味と活用」では，特定家族の成員たちが，長年にわたって，アモスケグ社内の特定の職場で一緒に働いていた様子が再現されている。**図表6-1**は，1917年～1922年に，ある精紡室でアンジェ家の親族たちが，頻

図表6-1 アモスケグ社で就労したアンジェ家の家族員ならびに
拡大親族員の職場配置

精紡室（職長名：Sweetser）

1917年1月	18年1月	19年1月	20年1月	21年1月	22年1月

ジョルジュ・シャンツ

アンリ・アンジェ

ジョルジュ・シャンツ

ロベラ・シャンツ

オーラ・ペルティエ

ジョルジュ・シャンツ

オーラ・ペルティエ

ハレーブン［2001］，図5-3より一部を抜粋・翻訳。

繁に異動しながら働いた経歴を示している。この様子は，以下のライフヒスト
リーと合わせることで，アンジェ家の人々による実際の経験として再現され，
私たちを図の内側へと案内してくれる。

　精紡室では，オーラ・ペルティエは姉のロベラとロベラの夫のジョル
ジュ・シャンツと一緒だった。別の時点では，ジョルジュ・シャンツはその
職場で，妻の兄であるアンリ・アンジェと一緒に働いた。約40年間に，アン
ジェ家のきょうだいとその姻戚は，多様な組み合わせで，さまざまな職場を
移動したのである。（中略）「ロベラはランドン工場の精紡室で自分と一緒に
働く仕事を私のために用意してくれましたし，兄のアンリもその上の階の作
業場で働いていました」。「私たち姉妹はいつも一緒に働いていました。私た
ちはお昼ご飯を取り替えっこしたものです」（同書p.140-1）

　このようにハレーブンがマルチメソッド・アプローチを用いて仕事史を記述
するのは，「さまざまな次元の歴史的経験はさまざまな種類の資料からでなけ
れば再構成されない」との認識からである。そして，このアプローチは，「諸
次元は，あるときは互いに強化し合い，またあるときは矛盾すること，そして
それゆえに，これらの次元が歴史的現実の複合性の理解に役立つ」（p. xxvi）

のである。つぎの引用はその象徴である。

　たとえば，80歳のメアリー・カニオンは開口一番「私がいちばん幸せだったのは，誰が何といっても工場にいたときでした」と宣言した。しかし，インタビューのあとのほうで，次のように打ち明けている。「もう一度人生をやり直せるとしたら，工場には行きたくありません。いいえ，絶対に行きません。きっとほかのところに行くでしょう。…工場は退屈でした。もちろん賃金はよかったんですが，いつも退屈でつまりませんでした」。(同書p.102-3)

4　私の経験：炭鉱労働者のライフヒストリー

　さて，私の研究を紹介しよう。読者のみなさんには唐突かもしれないが，私は石炭産業を主たる観察対象にフィールドワークを続けている。石炭産業は，地下の炭層から石炭を採掘して，地上に揚げ，選炭を経て製品化するという工程からなる資源収奪型産業である。明治期以降，日本国内の近代化・産業化を牽引する位置にあった。三菱，三井，住友といった大手財閥はいずれも石炭産業を中核に発展してきた。また敗戦後には，鉄鋼業とともに中核的産業として復興を担い，「黒ダイヤ」と呼ばれるほどの好況に沸いた。最盛期には900以上の炭鉱が稼動し，労働者数は45万人（1947年度）を超えた。

　しかし，石炭生産は，坑内の自然条件に強く依存するため，一般的に高度な機械化が難しく，前近代的生産体制からの脱却が困難であった。また，日本の場合，採掘が進むにつれ採炭現場が奥部化・深部化するため，必然的にコストが高騰する。同時に，保安条件も悪化し，災害リスクも高まった。その結果，国内の石炭産業は，経済合理性の観点から，多量の埋蔵石炭を残したまま，1950年代から衰退局面へと転じた。国主導の石炭政策下で，2002年までにほぼすべての炭鉱が姿を消した。2019年現在，北海道釧路市の釧路コールマイン社が国内唯一の坑内掘炭鉱として営業を続けているのみである。

　炭鉱の生産現場は労働集約的であり，「総業」といわれるほど多種多様な作業からなっていた。特に坑内作業は複雑かつ危険であり，「生産第一・安全第

二」に陥りやすく，災害と隣り合わせであった。三交代制で24時間操業であり，坑口周辺の炭鉱住宅で集住形式をとった。こうした炭鉱特有の労働体系は，必然的に固有の「炭鉱（ヤマ）文化」を醸成した。現在，石炭産業を対象に社会科学の広い問題関心から研究が展開されており（中澤・嶋﨑［2018]）[1]，そこでもマルチメソッド・アプローチが用いられている。

　私はこの10年ほど，過去のモノグラフ[2]や記録から往時の労働過程を理解したうえで，かつての炭鉱マンやその家族の仕事生活に関するライフヒストリーを収集しているが，容易ではない。それは炭鉱労働のもつ両義性・複合性を聞き取ることの難しさである。実際，多くの炭鉱マンが，炭鉱での仕事の肉体労働としての魅力を語っている。例えば「（炭鉱の仕事は）そんなに頭を使うことがない，体力があって元気であれば楽しく働ける」（産炭地研究会［2014] p.101）といった具合である。しかし，その一方で，事故発生の恐怖を常に抱くような過酷な労働経験でもあり，多くの炭鉱マンは，炭鉱から離れた後も長いこと坑内の（悪）夢を見続けている。例えばつぎの語りはその典型である。

　　（閉山後）ほかの炭鉱へ行く選択肢もあることはありました。（中略）けれども「もう，炭鉱はいやだ」と思ったんです。炭鉱というのは嫌になってしまうと「おっかな癖」がついてしまってダメなんです。働けないものなんです。坑内のガラッとしたところへ入って行かなくちゃだめなんですから。亀裂でも入っていたら，いつ落ちるかわからないんです。ひとたび「おっかな癖」がついたら，もうぜんぜんダメです。（中略）本当にそうなんです。仕事を辞めてからこの５年ぐらいで，ようやく炭鉱の夢見なくなったんです。それまでは，おっかない夢ばっかり見たんです。（中略）それでもようやく見なくなった。ようやく炭鉱離れしたんじゃないの[3]。

　こうした過酷な仕事生活に耳を傾け，その実情を多少なりとも理解し，共有するためには，最低限の基礎知識を事前に学習することは必須である。当時の石炭産業の状況に関する書籍・記録，あるいは写真，映像資料，小説に目を通すこと，あるいは現地を訪問し地理的配置を体感し，模擬坑道を見学することも役立つ。さらに重要な点は，想像力を最大限に作動させることである。炭鉱

労働を「つらい」仕事と決めつけることは簡単だが，どのように対象者が，日々の作業で達成感を得たり，喜びや誇りを見い出し，勤労意欲を維持したのか，彼自身の力（人間行為力）にたどりつくことが肝要である。むろん，そのためには対象者との信頼関係の構築が基盤にある。そのうえで，仕事の両義的・複合的な側面への語りがはじまり，ようやく表面的な聞き取りでは決して得られない真相・深層，すなわち，日本の近代化や戦後復興を下支えしたという自負に触れることができる。

5　今後の展望

　本章では，仕事史に関する実践的ライフヒストリー法の特性を，紡績業や石炭産業など最盛期を経て，すでに終わった産業の仕事を対象にした研究を例に紹介した。長期間を経てからライフヒストリーを収集することは，記憶のあいまいさなどのデメリットもあるが，他方で，衝撃の大きい経験についての語りを得る機会ともなる。実際，我々は，「死ぬまで口にすることはないと思っていた」経験が語られる場面にも遭遇している。産業転換によって消滅した産業を支えた労働者とその家族の経験を記録することの意義のひとつである。

　今後の展望として喫緊の課題は，ライフヒストリー・データのアーカイブ化と二次利用への提供体制の構築である。日本では1990年代からようやく文書史資料，質問紙調査データのアーカイブ化と公共利用体制が整ってきたが，ライフヒストリー・データについては，個人情報保護・匿名化方法の構築などの理由から，遅々として進んでいない。英国のようなデータ・アーカイブズの構築が望まれる。現在日本は，重量型製造業から情報産業，サービス産業への新たな産業転換期を迎えている。製造業での仕事史データの収集とアーカイビング作業を加速していくことが必要である。

（嶋﨑尚子）

[注]
1　私自身の研究課題は，主要には2点ある。第1に，石炭産業での労働過程，コミュニティ，家族生活のありようそれ自体を記述すること，第2は，炭鉱閉山と

いう大規模で，強制的かつ即時的な産業転換が生じた際に，個々の労働者・家族はどのような状況に直面し，どのような課題・選択を強いられ，それにどのように対処したのかを記述すること（嶋﨑［2018］）である。

2　例えば福島県いわき市にあった常磐炭砿を対象に1963年に書かれたモノグラフは，当時盛んだった人間関係論の視点から，労働過程を鉱務と労務による二重の管理システム上に位置づけ，両者の優劣関係，矛盾，問題点を整理している（武田［1963］所収「2章　経営組織と労働組合」）。炭鉱での経営組織の前近代性を捉えたものである。このモノグラフは，多様なデータ・材料を用いたマルチメソッド・アプローチの典型である。具体的には，研究者による参与観察，意識調査，ライフヒストリーのほかに，稼動中の会社と労組から提供された関連資料が含まれている。

3　語りは，A氏（昭和5年生まれ，昭和21年から夕張H鉱とY鉱で31年間働いた）による（2013年，2014年，2015年に新藤慶・嶋﨑でヒアリング）。

📖 参考文献

有末賢［2012］『生活史宣言：ライフヒストリーの社会学』慶應義塾大学出版会。

江頭説子［2009］「社会学とオーラル・ヒストリー」法政大学大原社会問題研究所編『人文・社会科学研究とオーラル・ヒストリー』御茶の水書房。

桜井厚［2002］『インタビューの社会学　ライフストーリーの聞き方』せりか書房。

産炭地研究会［2014］『炭鉱労働の現場とキャリア―夕張炭田を中心に』科研費報告書。

嶋﨑尚子［2018］「炭鉱閉山と家族―戦後最初のリストラ」中澤秀雄・嶋﨑尚子編『炭鉱と「日本の奇跡」―石炭の多面性を掘り直す』青弓社。

武田良三［1963］『炭砿と地域社会―常磐炭砿における産業・労働・家族および地域社会の研究』早稲田大学社会科学研究所『社会科学討究』第8巻第2・3号合併号。

谷富夫［2008］『新版ライフ・ヒストリーを学ぶ人のために』世界思想社。

中澤秀雄・嶋﨑尚子編［2018］『炭鉱と「日本の奇跡」―石炭の多面性を掘り直す』青弓社。

Hareven, T. K. ［1982］ *Family Time and Industrial Time: The Relationship between the Family and Work in a New England Industrial Community*, University Press of America.（正岡寛司監訳［2001］『新装版 家族時間と産業時間』早稲田大学出版部）

Hareven, T. K. & Langenbach R. [1978] *Amoskeag: Life and Work in an American Factory-City,* New York: Pantheon.

第 **7** 章
労働の歴史を掘り起こす
オーラルヒストリー

1 ねらい

　労働史研究は，労働にかかわる歴史を扱う分野である。労働史の具体的な研究対象は，企業の人事労務管理，労働運動や労使交渉，生産技術と労働者の関係，職人や職場のマイノリティなど多岐にわたるが，共通しているのは歴史学の手法を用いることである。歴史研究では文書史料（文字の形で残されている史料）を用いることが多い。しかし，当事者が存命で，語ることが可能な場合には，オーラルヒストリー（口述歴史）の手法に基づいて語り手の過去の経験を聞き取り，歴史史料として用いることを検討すべきである。なぜなら，オーラルヒストリーの手法を用いることで，文書史料だけでは捉えることができない情報，例えば組織における意思決定のプロセスや組織文化，人事制度が実際にはどのように運用されていたかなどの情報を獲得できるからである。また，ほかの研究者によって既に公開されているオーラルヒストリーで，自分の研究テーマに合致するものがあれば，それを利用することも可能である。なお，後述するように，オーラルヒストリーは文書史料と組み合わせたり，複数のオーラルヒストリーを比較検討したりしながら用いることが望ましい。

2 調査・研究の考え方

オーラルヒストリーとは

　政治史研究者の御厨 [2002：2007] によれば，オーラルヒストリーとは「公人の，専門家による，万人のための口述記録」である。まず，インタビュー対象者（語り手）は「公人」，すなわち公的な立場にある（あった）人物である。労働史分野でいえば，経営者や人事労務担当者，労働組合リーダー，人事コン

サルタント，厚生労働官僚など，労働に関して社会的な影響力をもつ人たちである。つぎに，インタビューを行う聞き手はオーラルヒストリーの「専門家」，すなわちオーラルヒストリーの手法を理解し，適切に使うことができる人たちである。最後に，オーラルヒストリーは適切に保存されるとともに「万人に」公開され，歴史史料として用いられるものである。

　他方，労働史には御厨［2002；2007］とは別の伝統もある。「証言」，「聞き書き」，「史談」と呼ばれてきたオーラルヒストリーである。特に，山本［1968］に代表されるノンフィクション作品や民俗学や民衆史の伝統の中には，文書の記録を残さない（残せない）人々の労働の世界を調査したものも多い（梅崎［2012］）。労働史研究としては，経営者よりも従業員，組合リーダーよりも組合員を対象とした調査である[1]。

　まとめると，労働史のオーラルヒストリーは政治史・経営史などで発達したエリート・オーラルヒストリーと，民俗学・民衆史・社会史などで発達してきたマイノリティー・オーラルヒストリーの2つの流れを汲んでいるといえよう。（詳しくは法政大学大原社会問題研究所［2009］を参照）。

　つぎに，オーラルヒストリー実施にあたっては，調査者の関心に応じて適切な調査対象者を選ぶべきである。山下［2015］は労働史におけるオーラルヒストリーの主なアプローチを3つあげている[2]。1つ目は，個人に集中的な聞き取りを行う「個人史アプローチ」である。この場合，特定の社会集団，社会階層を代表すると考えられる対象者や社会的影響力が強いと考えられる人物が調査対象となる。2つ目は争議，法制化，政策提言，リストラなど，一定の時間的まとまりの中で特定の出来事が社会的に構成されるプロセスを明らかにする「イベントアプローチ」であり，人々がどんな経験をし，それをどう評価しているかを明らかにすることが重視される。このアプローチをとる場合，その出来事に関係する様々な立場の人々を調査対象者とすべきである。3つ目は，組織や特定の労働コミュニティなどの日常的なあり方やその変化を特定の時期や時間的流れの中で捉えようとする「構造アプローチ」である。この場合，研究対象の組織やコミュニティ（特定産業，企業，労働組合，地域コミュニティ等）の構造を捉えるのに相応しい対象者を一定数以上選ぶことが望ましい。

　なお，オーラルヒストリーという用語は，①ICレコーダーやカセットテー

プなど音声の記憶媒体に記録された回想，②テキスト化した口述記録（トランスクリプト），③綿密なインタビューを伴う調査法，の３つのすべてを指す（Yow［2005=2011］）。すなわち，オーラルヒストリーは歴史学の手法であると同時にインタビュー法のバリエーションの１つであり，語り手の経験についての語りを記録したものだけでなく，それを他の人たちも利用できる形に整理し，公開したものまでを含んでいる。

３つの利点

　歴史学の史料分類に基づくと，文書史料は文書，記録，書簡，帳簿などの形で文字として残されている「文字史料」であり，口述史料は記録媒体に保存された「音声」や聞き取りの「記録」に分類される[3]（福井［2006］）。両者はともに人間の記憶を伝える史料であり，保存形式が異なるだけである（梅崎［2012］）。つまり，「書かれたもの」か「語られたもの」かという小さな違いしかない。では，口述史料であるオーラルヒストリーにはどのような利点があるのだろうか。

　第１の利点は，文書史料に記載されない情報が明らかになることである。例えば，社史や組合史を確認すれば重要な意思決定が行われた事実は明らかになるかもしれない。しかし，これらの文書史料には，意思決定のきっかけは何か，誰がかかわったのか，かかわった人たちの人間関係はどのようなものだったか，どんな意思決定のプロセスを経たのか，最初から賛成多数だったのか，という背景情報は不十分だったり，書かれていなかったりすることが多い。そのほか，組織内で明文化されていない慣習やルール，組織文化，組織外部からの影響といった，組織の意思決定に影響するにもかかわらず文書として残らない情報もあるし，組織の意思決定を語り手や組織メンバーがどのように解釈し，受け止めているかという情報も文書に残りにくい。しかし，これらの情報は，オーラルヒストリーの手法を用いて聞き手に質問すれば得ることができる。さらに，重要な意思決定自体が文書史料として残っていない場合は，当事者の語りを聞くことではじめて重要な歴史的事実を発見するケースもあるだろう[4]。

　第２の利点は，発見した文書史料の重要な部分が不明なときに，オーラルヒストリーを足掛かりにすることで，文書を作成した人たちが重要視していた事

実を理解できることである。例えば労働組合史を読むと，その労働組合の様々な活動を網羅的に書いてあり，一読しただけでは当時の労働組合がその中でどの活動を重視していたのかがわからないことが多い。しかも，組合史が数十冊もの分量に及ぶこともある。これらをすべて読みこなし，何が重要視されていたのかを確認することは気の遠くなる作業だが，その労働組合の関係者の証言を得ることで，実際に重視されていたことを捉えることができる。

第3の利点は，様々な集団に対して実施できることである。伝統的な日本的企業や労働組合に残された文書史料は，日本人の男性正社員の手によるものがほとんどである。それゆえ，その立場から記録された情報に偏っているという問題がある。それゆえ，女性や非正規従業員，外国人などの職場のマイノリティについての研究を行う場合は，オーラルヒストリーの手法を用いることで，このような人たちの視点からの情報を得ることが可能になる。

3つの限界

当然だが，オーラルヒストリーは万能ではない。Yow［2005＝2011］はこの手法の3つの限界を指摘している。第1の限界は，インタビューにより聞き手の記憶をたずねるため，狭い範囲の個別事例に偏り過ぎる可能性があることだ。また，例えばある出来事が社会全体にとってどのような意味を持ったかという，広範囲にわたる影響を調べる研究には向いていない[5]。第2の限界はサンプルの偏りである。インタビュー対象者となりうるのは存命で健康な人に限られるし，語るのが得意な人がインタビューを引き受けやすいことに注意が必要である[6]。

第3の限界は，過去にさかのぼった証言を扱うという事実である。これに関して細かく見ると，1つ目に，例えば語り手が自分をよく見せようとして，ストーリーを歪曲することがある。しかし，これは文書史料を含むすべての記録についてあり得ることであり，口述史料に特有の問題ではない[7]。2つ目に，記憶に基づいた証言であるため，語り手の健康状態，語りのテーマ，質問方法，記憶を呼び起こすのに伴う苦痛や喜び，インタビューへの積極性などによって，回想能力が変わってくることに注意が必要である。なお，人間の記憶に関する研究において，出来事や状況が個人にとって重大で，特に強い感情を伴う場合

には，かなり詳細に記憶される可能性が高いことが明らかにされている[8]。

　3つ目に，記憶に誤りがある可能性がある。例えば，過去の回想であるため，出来事や事実の内容や関係者，正確な日時などに誤りがある場合がある。しかし，これもオーラルヒストリーに特有の問題ではなく，どのような情報源を使っても，出来事や事実についての絶対的な確証を得ることはできないし，断片的な証拠でしかないため過去の出来事を完全に再構築できるわけではない。

　むしろ重要なのは，文書史料と同様に史料批判（史料の真偽や内容の信頼性の判断）をすることである。すなわち，語られた出来事や事実について誤りがないかを文書史料やほかの証言記録と比較検討する必要がある。また，口述史料の内容や解釈について複数の研究者が議論できるように，さらには将来的に別の研究者による反証を可能にするため，適切な整理・保存を行う必要がある。

基本的な流れと公開に際しての注意

　オーラルヒストリーの基本的な流れを**図表7-1**に示した[9]。手順のうち「⑨冊子印刷，公開」と「⑩保存」について補足しよう。注意点は，どのような形でオーラルヒストリーを公開・保存するかについて，事前に語り手に理解してもらうことだ。これが不十分だと，「望まない形で公開された」とか「一般に公開されると聞いていない」などとクレームがつく可能性があるし，法的問題につながりかねない（御厨［2006］）。したがって，公開・保存前に語り手に公開や保存について，著作権を含めて十分な説明をし，合意してもらう必要がある。また，あとから「合意した，しなかった」という水掛け論にならないために，説明を行う際に契約を取り交わすことが望ましい。なお，契約内容の具体例として，私が参加したプロジェクトで実際に用いた「合意書」を**図表7-2**に示した。

3　主な研究事例

　日本の労働史研究において，大規模かつ計画的に蓄積されたオーラルヒストリーとして，東京大学社会科学研究所の希望学プロジェクトが実施した釜石製鐵所関係者のインタビュー記録がある。インタビューチームは4名の研究者で

図表7-1 オーラルヒストリーの流れ

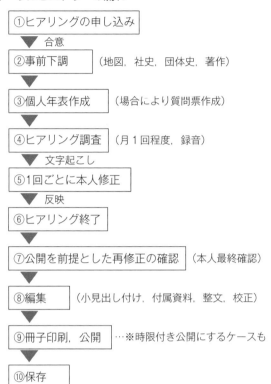

①ヒアリングの申し込み

▼ 合意

②事前下調 （地図，社史，団体史，著作）

③個人年表作成 （場合により質問票作成）

④ヒアリング調査 （月1回程度，録音）

▼ 文字起こし

⑤1回ごとに本人修正

▼ 反映

⑥ヒアリング終了

⑦公開を前提とした再修正の確認 （本人最終確認）

⑧編集 （小見出し付け，付属資料，整文，校正）

⑨冊子印刷，公開 …※時限付き公開にするケースも

⑩保存

出所：梅崎［2009］，御厨［2002］を参考に一部修正。

編成され，インタビュー対象者は釜石製鐵所の関係者，具体的には元熟練労働者21名，元労政・労働組合リーダー7名，元技術者15名，東海製鐵（現・新日鐵住金名古屋製鐵所）への配置転換を経験した元労働者11名である[10]。これら一連のオーラルヒストリーは，「希望学プロジェクト：釜石調査報告書」として，東京大学社会科学研究所により公開・保存されており，他の研究者による反証の可能性が開かれている。

青木・梅崎・仁田［2009］はこれを用いた研究である。彼らは，合理化の内容や正確な日時などは文書史料（社史や組合史）で確認したうえで，上記釜石製鐵所関係者へのオーラルヒストリーを多数引用しながら，文書史料には記さ

図表7-2　オーラルヒストリー公開に際しての許諾書のサンプル

> 許諾書
>
> （公開する機関）　殿
>
> 1．平成＿＿＿年＿＿＿月＿＿＿日から平成＿＿＿年＿＿＿月＿＿＿日までの＿＿＿回にわたって行われたインタビューにおける「速記録」，それを編集して作成された「映像・音声」（私が「著作権者」（「著作者の人格権」及び「著作権」を有する著作物））のウェブサイト上での公開，又は頒布・譲渡などの二次利用を許諾します。
>
> ［中略］
>
> 2．私が死亡したときは，死亡の時点で前記の速記録と映像・音声に係る「著作権」（著作権法第27条及び28条に規程する権利を含む財産権のすべて）を（公開する機関）に譲渡いたします。
>
> 3．尚，上記に規程されていない事項で必要が生じた場合には，協議するものとします。
>
> ＿＿＿年＿＿＿月＿＿＿日
>
> 住所　（語り手の住所）
> 署名　（語り手の氏名）　印

れていない個人および組織の意識や主観を捉えた。具体的には1960年代に東海製鐵へ転籍した従業員や製鐵所労使の意識や，1970年代後半以降の釜石製鐵所の設備休止問題に対する労使や技術者の意識と行動について検討している。

　この研究が明らかにした主要な事実は，第1に1962年の不況により業績が悪化した富士製鉄は，合理化（釜石製鐵所から東海製鐵への従業員の転出）を実施したが，転出希望者は労働組合の予想以上に多かった。彼らはオーラルヒストリーから，その主な理由は，東海製鐵は「とても近代的」だと従業員に受け止められ，若手が転出に対して新しい仕事や昇進への期待を抱いたこと，労使双方の努力により転出に伴う従業員の不安が軽減されたこと，釜石製鐵所の職場の効率化により従業員の仕事を失う不安が増大したことだったと読み解いた。第2に1970年代後半に浮上した釜石製鐵所設備休止問題に対し，釜石製鐵所の

労働組合は反対だったが，新日鐵（当時）の全社レベルの労組は他事業所で生産縮小が実施されることを懸念しており，対立関係にあったこと，同様に経営側にも釜石製鐵所−本社間の対立があり，むしろ釜石製鐵所の労使は共闘関係にあったことを，労使のオーラルヒストリーによって明らかにしている。

4　私の経験：
　ゼンセン同盟二宮誠氏のオーラルヒストリー

　筆者を含む研究グループは，これまでゼンセン同盟（現UAゼンセン）の組合リーダーのオーラルヒストリーを15年以上にわたって蓄積してきた。中でも二宮誠氏は長年，ゼンセン同盟による労働組合づくり（組織化）の第一線に立ち，多くの労働組合を結成させたオルガナイザー（組織化担当者）である。

　従来，労働組合のオルガナイザーの活動，特に組織化のプロセスは文書に残せないことが多く，本人やオルガナイザー仲間だけしか知らないことが多かった。二宮氏のオーラルヒストリー（二宮［2012］[11]）は，具体的な組織化のプロセスの解明だけでなく，オルガナイザー，組織化対象の労働者，経営者や人事労務担当者などのアクター間の相互作用の分析を可能にし，オルガナイザー自身が組織化活動をどう捉えているかを解釈できる貴重な史料である[12]。例えば，二宮氏は組織化を成功に導く秘訣として，経営トップに「もう一度会いたいと思わせること」をあげている。

二宮　…（経営トップに）最初に会ったときには，人間関係づくりと言うんですか，「この男と会って話をすればおもしろい」という印象を持ってもらう。（中略）労務担当の役員が，業界紙とかトップからの話で聞いていないような，それこそ（業界の）生の情報を小出しにする。（中略）そのうちに労働組合があるところの企業の話をするわけです。「労働組合というのは，そんなに経営側といろんな情報交換をしているのか」という話になるわけですね。

　続いて，二宮誠オーラルヒストリーの準備から実施，公開までのプロセスを紹介する。二宮氏の調査を行ったきっかけは，既にインタビューを実施してい

た佐藤文男氏，和田正氏（いずれも二宮氏の先輩）に，次世代の有力なオルガナイザーを紹介してほしいと依頼し，二宮氏を紹介してもらったことである。両氏を通して実際に二宮氏と事前に面会し，調査の趣旨とインタビュー記録の整理・公開について説明し，その場で調査を引き受けていただいた。インタビューは2010年9月から2011年2月にかけて計6回実施した。調査開始以前に『全繊（ゼンセン）同盟史』や二宮氏に提供していただいた略歴などの資料をもとに，「二宮氏関連年表」を作成しておいた（その一部分を**図表7-3**に示しておく）。

　調査チームは筆者を含めた3名で，筆者がメインインタビュアーとして年表をもとに出来事の時系列に沿って質問した。なお，インタビュアーは1名ではなく複数のほうが望ましい。メインインタビュアーは，事前に用意した質問項目を聞き漏らしたくないという意識が強くなり，深い質問をするより次の話題に進めたくなることがあるからだ。また，メインインタビュアーとは異なる観点から質問をすることで，オーラルヒストリー記録の記述が厚くなるというメリットもある[13]。

　各回のインタビューが終わったら，速記録を作成し，インタビュアーと語り手がそれを修正する。調査時点で思い出せなかった人名を埋め，記憶違いを修正し，公開できない内容を削除する。最終的には，毎回のインタビュー記録に小見出しをつけてまとめ，資料解題（読解のポイント），年表，関連資料をつけて冊子の形で刊行する。我々は，完成した冊子は労働史の研究者や大学図書館，国会図書館に寄贈し，将来にわたって利用者が参照できるよう配慮している。

5　今後の展望

　オーラルヒストリーを用いた日本の労働史研究はまだ多くない。人事制度の変遷や労働運動史，技術革新など，残された研究テーマは膨大だ。また，IT技術の発展により，より手軽に映像データを保存・蓄積できるようになったため，オーラルヒストリーの映像記録の公開が今後進むことも予想される。近年，日本でも紙媒体による公表だけでなく，映像や音声による公開も行われるよう

図表7-3　二宮誠氏関連年表（一部分）

西暦	（和暦）	年齢	個人史	ゼンセン（全繊）同盟・UIゼンセン同盟	その他
1949年	（昭和24）	0歳	・11月　大分県大分市に生まれる	・7月　全繊会館へ本部を移転（港区三田四国町）	
1970年	（昭和45）	21歳		・2月18日　流通部会発足。5組合12,410名	
1972年	（昭和47）	23歳	・3月　全繊同盟入局，拓殖大学卒業 ・11月　全繊同盟福井県支部常任		
1978年	（昭和53）	29歳		・11月1日　前年除名された鐘紡労組がゼンセンに復帰	・1月20日　同盟大会，民間先行による労働戦線統一方針を決定
1980年	（昭和55）	31歳	・9月　ゼンセン同盟愛知県支部常任	・5月28日　ゼンセン中央委，「臨時・パートタイマー組織化方針」を決定	
1981年	（昭和56）	32歳	・4月　ゼンセン同盟愛知県支部一宮地区事務所長		
1982年	（昭和57）	33歳	・11月　ゼンセン同盟愛知県支部三河地区事務所長	・4月　愛知県地労委の定例総会で尾張地区にて労組法18条の拡大適用の適用が決定	・12月14日　全日本民間労組協議会（全民労協）発足
1983年	（昭和58）	34歳	・9月　ゼンセン同盟鹿児島県支部長		

出所：二宮［2012］を一部修正。

になってきた。労働史の分野では，「労働史オーラルヒストリープロジェクト」[14]がオーラルヒストリーの収集，整理・保存に取り組んでおり，その一環として2011年よりインタビュー映像の公開を行っている[15]。

　さらに過去の労働史オーラルヒストリーのアーカイブを構築することも課題である[16]。現在までに実施されたオーラルヒストリーの多くは，インタビュー実施者だけがその元史料を保管している状態であり，歴史研究に不可な史料批判ができない。特に英米ではいくつものオーラルヒストリー・アーカイブが存在するが，アーカイブ化は今後の課題だろう[17]。

　オーラルヒストリーは労働史研究において有力な手法だが，関係者の存命中しか実施できない。また，準備・実施・整理・公開には時間がかかる。効率的にインタビューを蓄積するには研究者間の連携が必要である。その大前提としてオーラルヒストリーの手法を用いる労働史研究者の増加を期待したい。

（南雲智映）

[注]

1　この点について，例えば山本［2009］は，自らが実施したオーラルヒストリーは，政治史のように「公人」を対象にすることはまれで，「自らの意見・利害・事跡等を表明し追求する個人的手段にかける無名の人々，あるいは集団的行動によってのみ自らの利害を表明しうる社会階層の実態に光をあてる手段でもあった」とし，造船労働者，読売争議のリーダー，日雇労働者，大手電機メーカーの「関連中層企業」を対象にしたオーラルヒストリーを紹介している。

2　この3つのアプローチは相互に他の方法を排除しない（山下［2015］）。

3　もっとも，梅崎［2012］が指摘するように，音声が書き起こされて文書になったものは，文書史料に分類される。

4　現在，企業や労働組合の内部情報は電子化される傾向にある。会社のイントラネット上の議事録は通常公開されないし，Eメールでのやりとりもほぼ保存されない。それゆえ，将来的に労働史にかかわる文書史料が不足する可能性があり，オーラルヒストリーによる情報収集の重要性・必要性が増すと考えられる。なお，同様の指摘は政治史の分野でもある（御厨［2006］）。御厨によれば，従来は立法プロセスにおいて，当初の原案から役所の内外で議論を重ねて修正されていった様子が，一綴りになった紙媒体として役所内に残されていたが，現在では「電子データ化されて，ほとんど紙になっていない」状態である。そして「電子データ

の非常に危ないところは，プロセスが残らない点」であり，IT化による資料環境の激変は証言記録の必要性を高めていると述べている。

5　逆に，ある出来事が個人にとってどのような意味があったかを探れることがオーラルヒストリーの強みである。

6　もっとも，量的調査でも同様に，回答できる状態にある人の回答しか回収されないという偏りは存在する。

7　また，語り手が語りたくないことについて，全くあるいはほとんど語らないこともある（御厨［2006］）。

8　このことを含めて，Yow［2005＝2012］の2章には，人間の記憶に関する研究成果の詳細な記述がある。

9　ここでは紙幅の関係から，それぞれの手順の詳細を紹介できないが，御厨［2002］に詳しく紹介されているので参照されたい。

10　これらのインタビュー記録の詳細は青木［2012］を参照。

11　このオーラルヒストリーは二宮氏の自費出版により公開されたものであるが，複数の大学図書館や労働政策研究・研修機構（JILPT）内の労働図書館などで閲覧することが可能である。

12　二宮誠氏のオーラルヒストリーの内容を基に書籍化したものとして二宮［2017］がある。

13　御厨［2002］も同様の理由から，インタビュアーの人数は3人が望ましいと述べている。

14　このプロジェクトについては梅崎［2016a］が詳しく説明している。

15　同プロジェクトのWebサイト（URL: http://shaunkyo.jp/oralhistory/）にて実際のインタビュー動画を閲覧することができる。

16　なお，我々の研究グループは，2011年より映像史料を含めた労働史のオーラルヒストリーのアーカイブ構築を，「労働史オーラルヒストリープロジェクト」のWebサイト上で進めている。詳細は梅崎［2016b］を参照されたい。

17　英米の複数のオーラルヒストリー・アーカイブの現状をまとめたものとして梅崎［2016b］がある。

📖 参考文献

青木宏之［2012］「オーラルヒストリーによる労働研究への貢献—希望学釜石製鐵所調査を中心に」『社会政策』第4巻第1号。

青木宏之・梅崎修・仁田道夫［2009］「第2章　組織の希望—釜石製鉄所の過去と現在」東大社研・玄田有史・中村尚史編『希望の再生—釜石の歴史と産業が語る

もの（希望学［2］）』東京大学出版会。

全繊同盟史編集委員会編［1965］『全繊同盟史』第2巻。

——————［1966］『全繊同盟史』第3巻。

——————［1967］『全繊同盟史』第4巻。

——————［1968］『全繊同盟史』第5巻。

——————［1975］『全繊同盟史』第6巻。

ゼンセン同盟史編集委員会編［1978］『ゼンセン同盟史』第7巻。

——————［1982］『ゼンセン同盟史』第8巻。

——————［1986］『ゼンセン同盟史』第9巻。

——————［1995］『ゼンセン同盟史』第10巻。

——————［1998］『ゼンセン同盟史』第11巻。

——————［2003］『ゼンセン同盟史』第12巻。

福井憲彦［2006］『歴史学入門』岩波書店。

御厨貴［2002］『オーラル・ヒストリー－現代史のための口述記録』中公新書。

——————［2007］「第1章　オーラル・ヒストリーとは何か—「語り手の浸透」から「聞き手の育成へ」」御厨貴編『オーラル・ヒストリー入門』岩波書店。

二宮誠著，南雲智映・梅崎修・島西智輝編［2012］『二宮誠オーラル・ヒストリー』

二宮誠［2017］『オルグの鬼—労働組合は誰のためのものか』講談社＋α文庫。

大門正克［2009］「第2章　オーラル・ヒストリーの実践と同時代史研究への挑戦—吉沢南の仕事を手がかりに」法政大学大原社会問題研究所編『人文・社会科学研究とオーラル・ヒストリー』お茶の水書房。

法政大学大原社会問題研究所編［2009］『人文・社会科学研究とオーラル・ヒストリー』お茶の水書房。

梅崎修［2009］「第7章　労働研究とオーラルヒストリー」法政大学大原社会問題研究所編『人文・社会科学研究とオーラル・ヒストリー』お茶の水書房。

——————［2012］「オーラルヒストリーによって何を分析するのか—労働史における〈オーラリティ〉の可能性—」『社会政策』第4巻第1号。

——————［2016a］「労働史オーラルヒストリー・アーカイブの試み—映像化の取り組みと史料の利用可能性を中心に—」『社会政策』第7巻第3号。

——————［2016b］「英米のオーラルヒストリー・アーカイブから何を学ぶか」『カレントアウェアネス』No.330。

山本潔［2009］「第6章　労働調査（聴取り調査）とライフ・ヒストリー」法政大学大原社会問題研究所編『人文・社会科学研究とオーラル・ヒストリー』お茶の水書房。

山下充［2015］「労働研究におけるオーラルヒストリーの方法的可能性」『日本労働研究雑誌』No.665。

山本茂実［1968］『あゝ野麦峠―ある製糸女工哀史』朝日新聞社。

Yow, V. R.［2005］*Recording Oral History: A Guide for the Humanities and Social Sciences (Second Edition)*, AltaMira Press.（吉田かよ子監訳・訳，平田光司・安倍尚紀・加藤直子訳［2011］『オーラルヒストリーの理論と実践―人文・社会科学を学ぶすべての人のために』インターブックス）

第8章
資料の中に人々の思いを探る
テキスト分析

1 ねらい

　仕事の世界には，働く人へのインタビューや職場の観察だけでは十分に捉えきれない側面が存在している。例えばそれは，過去の労働者の意識や思想，あるいは働くことに関わるイデオロギーや規範などである。本章ではこうした対象を分析していく方法として，テキストをデータとする知識社会学的アプローチについて説明する。

　従来日本の労働・職場調査研究では，インタビューや参与観察，アンケート調査や労使関係制度の分析といった，仕事の世界の実態を直接把握するための方法が主流であり，ここで取り上げるイデオロギーなどを対象とする方法は活発には行われてこなかった（下田平ほか［1989］）。

　なおテキストをデータとする研究方法という点では，ソフトウェアを用いてテキストを計量的に分析する「計量テキスト分析」（樋口［2014］）や，ある時代や社会において認識しえること・言いえることを制約している「言説」の規則を明らかにする「言説分析」（Foucault［1969＝2012］，佐藤・友枝編［2006］）などもある。また一般的な歴史研究においても，テキストは利用されている。しかしこれらはそれぞれが異なる理論的前提を持っているため，すべてを網羅的に説明することはできない（詳しい解説は引用文献を参照してほしい）。

　かわりに，少数ではあるが，仕事の世界を対象とした研究のなかでも重要な知見を蓄積してきた知識社会学的アプローチの面白さや有効性を示すことが，本章のねらいである。

2 調査・研究の考え方

テキストへの知識社会学的アプローチとは，一般的には新聞・雑誌・書籍といった様々な形態のテキストをデータとして，意識や思想，概念といった広い意味での「知識」を，それを生み出した特定の社会集団や社会状況との関係において明らかにしようとする方法である。

このアプローチを労働・職場調査研究として用いた場合，それはテキストを読み解くことを通じて，働く人々の思いや働くことについての社会的な考え方（知識）が，仕事の世界（社会状況）とどのように関わっているのかを探っていく方法ともいえる。

第3節で紹介していくように，労働・職場調査研究においてもこのアプローチに分類できる研究がいくつかなされてきた。それらは例えばある特定の集団（労働官僚）の持っている認識枠組みであったり，特定の産業の労働者たち（繊維女工）の意識であったり，ある労働組合のもつイデオロギーの変遷を描いたものであったりする。そこで明らかにされている様々な「知識」は，仕事の世界のあり方と結びついているのである。

こうした具体例にふれる前に，知識社会学的アプローチを実践していくための前提となる考え方と，研究に用いるデータがもつ特性を把握するためのテキストの分類について検討しよう。

アプローチの論理

知識社会学はもともと，20世紀初頭にドイツの社会学者マックス・シェーラーやカール・マンハイムによって展開されたものである。現在では様々な立場が緩やかに存在しているが，重要な特徴はつぎのようにまとめられるだろう（McCarthy［2000］）。

1つは，知識社会学的アプローチが対象とする知識は，イデオロギーや思想だけでなく，人々がもつ意識や認識の枠組みといった，認知行動に関わる対象も含むという点である。したがって著名な思想家や経営者，運動家の体系化された思想や理論，特定の集団の利害に基づいて作られたイデオロギーだけでなく，日常生活で用いられている概念や観念，特定の時代の人々が共有している

意識や世界観といったものも対象となりえる。例えばある人々が働くことに関してどのような意識を持っていたのか，労働組合が掲げるイデオロギーの論理はいかなるものだったのかまで，問題関心によって具体的な分析対象は柔軟に設定することができる。

　もう1つは，このような知識を，現実の様々な出来事を反映したり状況に規定されるものとしてだけでなく，何が現実なのかを構築するものと見なす点である。仕事の世界のあり方に当てはめていえば，産業構造や法制度，労使の対立といったものだけでなく，人々が用いる言葉や概念が，何を利害として認識するか，誰を特定の集団のメンバーと見なすのかといった，現実を構築する過程を明らかにすることが重要となる（Hacking［1999=2006]）。

　知識社会学的アプローチはこうした観点から，知識を社会的状況との関係のなかで分析していく。その際に知識を捉えるための具体的な素材となるのが，様々なテキストである。知識社会学的アプローチを実践するためには，実際に知識の内実を解釈し記述する前に，用いているテキストの特徴を理解し，いかなるデータがそこから引き出せるのかを理解していなければならない。

データの性質：テキストのタイプ

　テキストには，個人の日記や新聞や会議の議事録まで様々なものが存在している。それゆえ多様なテキストのあり方を理解しておくことが重要になる。ここでは包括的なテキストの分類を行っているジョン・スコットの議論を参照しよう（Scott［1990]）。

　図表8-1はスコットが設定した「アクセス」と「著者性」という軸によるテキストの分類を示したものである。アクセスには非公開から公開までの4段階があり，著者性は個人的なものと公的なもの，そのうち後者の私的なものと国家的なものがある。したがって全部で12タイプに分類できる。

　もちろんすべてのテキストが12のタイプに完全に排他的に分類されるわけではない。それは時間の経過やテキストの位置づけの変化によっても変わりうる。

　まずアクセスが非公開のテキストは，個人の日記や家計簿（タイプ1），企業の業務書類や病院のカルテ（タイプ5），政府の外交文書や機密文書（タイプ9）などがある。これらは文章を作成した当事者やその関係者以外にはアク

図表8-1 テキストのタイプ

アクセス	著者性		
	個人	公的	
		私的	国家的
非公開Closed	1	5	9
制限Restricted	2	6	10
収蔵Open-archival	3	7	11
公開Open-published	4	8	12

出所：Scott［1990］p. 14。Figure 1.2より一部変更して転載。

セスすることができない。しかし著名人の日記や手記，また貴族や名家，有名企業の有する文章，社会にとって重要な出来事に関わる公文書などは，時間の経過や社会的な要請によって文書館や図書館に寄贈され公開されることもある（タイプ3，7，11）。

　既に述べたように，知識社会学的アプローチの対象となる知識は，社会集団や社会状況と相互に結びついたものであった。それゆえ，このような知識の媒体として重要なのは，私秘的な非公開テキストよりもアクセス性が高く，また多数の人間に関わりえるものになる。それは特に商品としてのテキストである新聞や雑誌やパンフレット（タイプ8），あるいは団体が発行するレポートや白書，議会の議事録など（タイプ8，12）である。なかでも多くの問題関心にとって身近なデータとなりえるテキストである新聞と雑誌が持っている性質について確認しておこう。

データとしての新聞と雑誌の特徴

　佐々木［1983］によれば新聞は，情報の「速報性」や「多種多様」さの他に，「輿論」「世論」の代弁者としての性質，センセーショナルな書き方を行うといった性質を持っている。また新聞におけるある現象についての情報は，その現象のごく一部に過ぎないという制約がある。それゆえ新聞は，限られた紙面と編集者による選択によって構成された，ある出来事や現象についての社会的な認識が一定程度表現されているものである（石川［2016］p. 8）。新聞をデータとして用いる際には，こうした点に留意する必要がある。

つぎに雑誌は，様々な調査法にとって基礎的な資料の1つであるが，その特性としては，内容の多様性，新聞と図書との中間的性格，発行期間の継続性があげられる（長尾［2016］pp. 29-30）。雑誌をデータとして分析する場合は，創刊から終刊まで，あるいは創刊から問題関心に対応した時期区分の直前までの号を，通して見ていくことが重要になる（梅沢［1983］p. 324）。

以上見てきたようなテキストの性質を理解したうえで，仕事の世界を構築している知識に迫っていくのが知識社会学的アプローチの姿勢である。

3　主な研究事例

第1節で述べたように，仕事の世界を対象とした研究においても，知識社会学的なアプローチによる研究がなされてきた。それらがいかなる問いをたて，いかなるデータからどのような知見を導いているかを見ていこう。

戦前期の労働政策思想：官僚たちの認識枠組み

1つ目は下田平裕身による明治期の工場法成立過程の研究である（下田平［1972；1973］）。下田平はそこで「しつこいまでの言説分析」を通じて「＜国家＞が＜労働者＞をどのように把握し，＜労働者＞という存在に対して，どのような政治策を構想していたのかを明らかにしようとした」（下田平［2006］pp. 14-15）。ここで下田平が「言説分析」と言っているのは，本章で知識社会学的アプローチと呼んでいるものに近い。データとなっているのは，明治期の工場法をめぐる議論が掲載された新聞や雑誌，官僚の発言を記録した議事録などである。

分析からは，工場法として結実する政策案は，それを構想する官僚が有する同時代の工場労働に関する認識や，労働者とはいかなる存在なのかという労働者像に規定されていたことが明らかにされる。こうした下田平の研究は，現在の労働基準法の原型ともされる工場法の成立においても，経済構造や政治的権力関係，あるいは工場労働や労使関係の実態といった要因だけでなく，それらが官僚によってどのように了解されたのかといった認識枠組み，すなわち仕事の世界における知識の重要性を描いたものだと言える。

安定成長期労働組合の理念：「生活」概念の隘路<ruby>隘路<rt>あいろ</rt></ruby>

　下田平が労働官僚の認識枠組みを明らかにしたのに対して，労働組合に着目したものとしては森［1992］がある。

　森はまず「相手の言い分を逆手に取ったり，相手の使うシンボルの意味を読み替えたりするといった《言語》をめぐるせめぎあいが，労使関係の展開を促す重要な要因となる」とする。そして「労働組合の用いた論理を検討し，それが内在的にはらんでいた問題を明らかにするという方法」（森［1992］p. 40）を用いて，1970年代における総評，IMF・JC，日経連，政府の諸主体が展開したイデオロギーを分析している。焦点となるのは，組合側イデオロギーの中核であった「生活」概念の内実である。データとなっているテキストは，団体の報告書や答申，業界新聞や雑誌，評議会や大会の議事録である。

　森は1970年代の総評を始めとする労働組合が，インフレ下での賃上げを正当化するために，低所得者層の生活防衛という理念（「国民春闘」）を提示しながら，それによって組合構成員である大企業労働者の生活自体を問題化する契機を失っていく過程を明らかにした。すなわち労働組合が展開したイデオロギーにおける生活概念の論理自体が，現実の労使関係のあり方に影響を与える局面を描いたのである。

見落とされてきた労働者意識：「繊維女工」の語り

　官僚や労働組合だけでなく，労働者の意識を取り上げたものとして，戦前期繊維産業の女工の語りに着目した三輪［2009］がある。

　戦前期繊維産業の労働条件や労務管理については厚い研究蓄積があるが，女工自身がそうした管理をどう認識していたのかについては，『女工哀史』（細井和喜蔵著）などを除いて十分に明らかにされてこなかった。こうした問題をふまえて三輪は，1906年から20年にかけて発刊された『工手の母』という週刊新聞をデータとして，同時期の紡績企業における寄宿舎女工の意識を描こうとしている。それは「労働者の外側にむけて表出される反応や行動よりは，そのありようを内側から制約・決定づける，あるいは内面においてとりしきる心の働き」（三輪［2009］p. 29）への着目である。

分析からは，女工たちは工場での日々の生活の中で，目上の者との密着した人間関係を築いていたこと，また勤勉や修養を通じた自己陶冶（人格を育てること）によって労働者としての評価を高めようとする規範が存在していたこと，そしてこの修養を通じた労働者としての自律という価値は，他方で「有閑階級」に対する反発（三輪［2009］p. 95）といった形で表出されていたことが明らかにされる。そこでは，修養主義や上位者への人格的な傾倒によって職場に統合されている女工の姿が描き出されている。女子労働者に対する労働組合の組織化が浸透しなかった背景には，単なる劣悪な労働条件といった問題だけでは見えてこない，このような女工たちの労働者意識があったと考えられるのである。

4　私の経験：会社と個人の関係をめぐる新聞記事のデータ分析

　最後に新聞をデータとして用いた筆者自身の研究について紹介しよう（中川［2011］）。この研究の問題関心は，1970年代の安定成長期以降の企業社会に対する批判として，どのような論理がありえたのかにあった。もう1つは少し抽象的理論的なもので，個人が組織に属する際に生じる人間類型として，日本社会にはどのようなものが存在しているのかというものであった。

　最初からすんなり思いついたわけではないが，こうした2つの関心を結びつけたものとして，「会社人間」という人間類型に対する社会的な認識すなわち「会社人間論」が，70年代以降どのように変化したのかを分析することで，企業社会への批判の類型を描けるのではないかと考えたのである。

データとしての新聞

　このような集合的な表象である会社人間論のデータとして，『朝日新聞』，『読売新聞』，『毎日新聞』を用いることにした。主要全国紙はオンラインデータベースで記事を検索・閲覧することができる（『聞蔵II』，『ヨミダス歴史館』，『毎索』）。ただし記事本文が検索できるのは1980年代以降のものに限られる。したがってそれ以前のものは「見出し」に「会社人間」が含まれるもの，そし

て80年代から執筆当時（2009年頃）までは本文と見出しに「会社人間」が含まれる記事を検索した。また記事のなかには，著作権などの関係でオンラインでは本文が公開されていないものも存在している。そういう記事については，図書館にいき，縮刷版をコピーした。

　こうしてすべての記事の一覧表を作成し，これを「会社人間論」を構成するデータとして分析していった。最終的な記事数は『朝日新聞』が539件，『毎日新聞』が274件，『読売新聞』が403件の合計1,216件だった。

分析の流れ

　分析はまずすべての記事を年代順に読むことからはじめた。つぎに1件の記事を1単位として設定し，その記事を1つのカテゴリー（主題）にコーディングしていった。もちろんコーディングのやり方は，問題関心によって異なるものである。筆者の場合，カテゴリーやコーディングの基準は会社人間や日本の企業社会，労働社会に関する様々な二次文献や，新聞記事を用いた別の研究などを参考にしながら，記事を読み返すなかで設定していった。

　分析によって「雇用制度批判」，「健康問題」，「余暇・労働時間」，「ボランティア・地域社会」，「家族関係」，「その他」の6つのカテゴリーが析出できた。詳しくは論文を参照して欲しいが，それぞれに分類される記事の割合が，1970年代から2000年代にかけてどのように変化していったのかという点から，会社人間論の展開を考察したのである。

　こうした研究を通じて，日本の企業社会に対する批判の根拠としてどのような主題が存在しているのか，またそれがどのように変化し，どのような限界をもっているのかの一端を明らかにすることができた。

5　今後の展望

　冒頭でも触れたように，これまでの日本の労働職場研究では知識社会学的なアプローチは少数派であった。それは具体的な労働現場の実態を重視する伝統からの，テキストのみを用いた方法への健全な懐疑の表れといえるかもしれない。しかし両者は決して排他的なものではなく，仕事の世界を明らかにしてい

くための不可欠な方法となりえると思われる。

　今後知識社会学的アプローチが有効なテーマとしては，経済合理性や法的規制などでは説明しえない，仕事の世界に関わる知識の次元の解明が挙げられるだろう。例えば様々な労働現場に存在している独自な労働者カテゴリー（例えば，企業が決めている肩書や呼称や身分から，職場で生じる非公式な役割など）がどのように構築され，それが働き方をどのように規定しているのか。エスノグラフィーやエスノメソドロジーとも連携しつつ，特にその歴史的な構築過程を明らかにすることが重要なテーマとなるだろう。

　もう1つは，仕事の世界に関わるイデオロギーの国際的な比較というテーマである。例えばアメリカの経済社会学者マウロ・ギーエンは，アメリカやイギリス，スペインなどを対象に経営イデオロギーの比較社会学を行っているが（Guillén［1994］），今後はこうした比較研究の枠組みに日本を位置づけていくことが，仕事の世界の解明にとってより重要になるだろう。

（中川宗人）

📖 参考文献

石川徳幸［2016］「史料としての新聞」『メディア史研究』39号pp. 6-25。

梅沢ふみ子［1983］「雑誌」中村隆英・伊藤隆編『近代日本史研究入門（増補版）』東京大学出版会。

佐々木隆［1983］「新聞」中村隆英・伊藤隆編『近代日本史研究入門［増補版］』東京大学出版会。

佐藤俊樹・友枝敏雄編［2006］『言説分析の可能性』東信堂。

下田平裕身［1972］「明治労働政策思想の形成—明治35年工場法案の成立過程の分析　上」『経済と経済学』31号pp. 1-116。

―――――［1973］「明治労働政策思想の形成—明治35年工場法案の成立過程の分析　下」『経済と経済学』32号pp. 1-47。

―――――［2006］「書き散らかされたものが描く軌跡」『信州大学経済学論集』54号pp. 1-85。

下田平・八幡・今野・中村（章）・川喜多・伊藤・中村（圭）・佐藤［1989］『労働調査論—フィールドから学ぶ』日本労働協会。

中川宗人［2011］「会社と個人の関係をめぐる反省」『年報社会学論集』24号pp. 144-155。

長尾宗典［2016］「史料としての雑誌」『メディア史研究』39号pp. 26-42。

樋口耕一［2014］『社会調査のための計量テキスト分析』ナカニシヤ出版。

三輪泰史［2009］『日本労働運動史序説』校倉書房。

森建資［1992］「労働組合と国民生活―オイル・ショック前後の労使関係」栗田健編
『現代日本の労使関係―効率性のバランスシート』労働科学研究所出版部。

Foucault, M.［1969］*L'archéologie du Savoir,* Gallimard.（慎改康之訳［2012］『知の
考古学』河出書房新社）

Guillén, M, F.［1994］*Models of Management,* Chicago University Press.

Hacking, I.［1999］*The Social Construction of What?* Harvard University Press.（出
口康夫・久米暁訳［2006］『何が社会的に構成されるのか』岩波書店）

McCarthy, E. D.［2000］"The Sociology of Knowledge," Borgatta E. F. & R. J. V.
Montgomery（eds.）*Encyclopedia of Sociology,* Macmillan Reference USA, pp.
2954-2960.

Scott, J.［1990］*A Matter of Record,* Polity Press.

第 9 章
一緒に課題に取り組む
アクションリサーチ

1 ねらい

　現場で「実践者と一緒に課題に取り組む」ということと，「研究をする」ということは，一見相容れないことのように感じる人がいるかもしれない。加えていえば，研究をするのであれば，できるだけ対象に関与せず，調査したほうがよいと考える人もいるだろう。たしかに，そのような前提に立つ研究は多い。しかし，本章で取り扱うアクションリサーチは，それらの考えとは異なる。

　アクションリサーチは，研究者が現場の実践に対して距離を置くのではなく，むしろ積極的に現場と関わる。研究者が実践者とともに，課題に取り組むことを通して，実践をよりよくしようとする。そして，その事例から，研究者・実践者双方に共有可能な研究知見を生み出そうとするものである。アクションリサーチは，基礎研究としてではなく，現場で応用できる実践的な知見の導出を志向した方法といえる。よって，この方法に適した人は，現場の実践を観察するだけでなく現場で一緒に課題に取り組むことに関心がある人や，具体的な1つの事例に関与するからこそわかる知見の導出に興味を持つ人ということになる。

　本章ではアクションリサーチの基本的な考え方やサイクルについて概観する。ただし，実際にアクションリサーチを行う際には，他章で紹介されているインタビューや質問紙調査，観察など複数の手法を組み合わせて行うことになる。そのため，アクションリサーチは，これらの方法と並列するものというよりも，研究者の実践に対するあり方や態度を示すものとも捉えられる。本章で基本的な考え方を理解した上で，他章の内容を合わせて学習されたい。

2　調査・研究の考え方

アクションリサーチとは何か

　アクションリサーチの定義は様々あるが，研究者が具体的に何をするかについては，以下の定義がわかりやすい。

　　「実践の場で起こる問題，実践から提示された問題を分析して探究し，そこから導かれた仮説にもとづき次の実践を意図的に計画実施することにより問題への解決・対処をはかり，その解決過程を含めて評価する研究方法」（秋田・市川［2001］）

　アクションリサーチの定義に共通するのは，「現実に起こっている事象についての改善，問題の解決，変化などの変革を志向している」という点である（中村［2008］）。より具体的にいえば，単に「実践現場の観察」にとどまらず，「実践にかかわること」を通した研究といえる。参与観察などのフィールドワークも，現場に入って研究を行うが，これらは「実践についての研究」であり，意図的な介入を行わないという点で，アクションリサーチとは異なる（秋田・市川［2001］）。一般的に調査を目的とした研究では，中立的な価値観をもとに行うことが多いが，アクションリサーチは価値志向的な研究といえる（藤江［2007］）。

　研究者の現場に対する関わり方は，①研究者と当事者の協同をベースに，現場に対して間接的にコンサルテーションをする立場として関わる場合や，②自ら実践者として全面的に実践に関わる場合など，関与度の程度は様々ある。これらはいずれも「実践を通しての研究」という点で，アクションリサーチと捉えることができる（秋田・市川［2001］）。

4つのステップ

　先ほど示した定義をもとに，アクションリサーチの具体的なステップについて紹介する。アクションリサーチは，一般に「計画−実行−評価」の循環的・

第9章

一緒に課題に取り組む—アクションリサーチ

111

螺旋的なサイクルからなる。詳細なステップについては，様々な捉え方があるが，実際に現場でアクションリサーチを行う際には，大きく4つのステップを想定すると理解しやすい。

（1）診断（現状把握）

最初に，取り組もうとしている課題についての現状把握や問題の分析を行う。インタビューや，観察，質問紙などを用いてデータ収集をする。その上で，収集したデータをもとにその場で起こっている問題は何かについて，理論や概念をもとに分析を行い，取り扱うべき問題を明らかにする。

（2）計　画

（1）のステップをもとに，実際に誰が，具体的にどのような方法で行うかについて計画する。

（3）実　行

計画した介入やアクションを実際に行う。実行中にも，そこで何が起こっているかについては観察を行う。

（4）評　価

介入によって目指すべきゴールに近づいたかの効果を検証する。診断のステップと同様に，インタビュー，観察，質問紙調査など様々なデータを活用する。

以上のサイクルを循環的・螺旋的にまわしていくことが，アクションリサーチの基本的なサイクルとなる。評価は，実践が改善されたかという「実践としての評価」と，実践を通して共有可能な知見が生まれたかという「研究としての評価」という2つの側面が必要となる（藤江 [2007]）。

3　主な研究事例

起　源

アクションリサーチは社会心理学者であるクルト・レヴィン（Kurt Lewin）が体系づけ，提唱した（レヴィン [1946]）。レヴィンの残した有名な言葉に

「よい理論ほど，実践に役立つものはない」（レヴィン［1943］）や，「システムを知りたければ，変えてみることだ」などがある。この言葉にあるように，レヴィンは，実践に資する研究，そして，実際の社会に変化を生み出すような研究のあり方を志向した。これらの思想が込められたアクションリサーチという方法は，組織開発，教育，看護，コミュニティ開発の分野に広がっている。紙面の都合上，すべての分野の事例は紹介できないため，以下では特に本書の読者に関連度が高く，筆者の専門に近い領域の事例を紹介する。

組織開発

　レヴィンがアクションリサーチに取り組んだ事例として有名なのが，コネチカット州で実施されたワークショップである（Marrow［1969］）。このワークショップの目的は，人種問題に関するリーダーシップの訓練であった。50人のコミュニティ・ワーカーに対して，実際の介入を行い，その評価をもとに，さらなる実践が行われた。この実践が行われた次の年に，Tグループ（Training Groupの略称）と呼ばれる手法が開発される。Tグループとは，人間関係に関するトレーニング方法である。具体的にはメンバー約10名とスタッフでグループを組み，合宿形式で集中的に，人間関係そのものを題材にして，お互いの成長を目指すものである。Tグループを用いたアクションリサーチは，組織開発の中核に位置づいていく。

　組織開発とアクションリサーチの関係については，中村［2008］が詳しい。組織開発におけるアクションリサーチでは，研究者は外部の専門家として，クライアントである組織内メンバー（当事者）とともに，変革に取り組むというケースが多い。ただ中村は，本来的には研究者が当事者として主体的に変革に取り組むように移行していくことが望ましいと述べている。

教　育

　教育におけるアクションリサーチは，1960年代に理念が形成され，イギリス行政によるトップダウンのカリキュラム改革に対して，教師主導のカリキュラム改革を支える理論として発展してきたという背景がある（秋田［2005］）。教育分野では，現場の教師が個人で実践と研究を行うだけでなく，大学の研究者

と教師，もしくは学校全体が協働して，共同生成的なアクションリサーチを行うように発展してきた。日本国内では，例えば，佐藤学が1985年頃に，滋賀県の豊郷小学校で，授業改革の支援を行うアクションリサーチを行っている。これをきっかけに現在までに1,000校以上でアクションリサーチを実施している（佐藤 [2005]）。これらの研究は，企業を対象にした研究ではない。しかし，教育分野ではアクションリサーチに関する書籍が多数出版されており，手法について理解する上でも参考になると思われる。

近年の研究

　最後に，近年の労働・職場に関する分野でのアクションリサーチを取り入れた研究について紹介する。まず「研修の開発・実施」に関する研究が挙げられる。例えば，中原淳は異業種 5 社による「地域課題解決研修」の企画・監修を行い，その効果を検証した研究を行っている（中原 [2015]）。また，その他に，樫野潤による職業相談の担当者に対する効果的な研修プログラムの開発に関する研究などがある（樫野 [2015]）。

　研修開発に関する研究以外にも，現場の実践に関わることで新たな研究知見を生み出そうとする研究がある。伊藤は，創業期のベンチャーにアクションリサーチをすることで，企業家学習の過程と成果を解明した（伊藤 [2018]）。この研究では，創業経営者による自らの使用理論の省察と，経営理念の制作に研究者が関わることによって，その過程を明らかにした。

　ここで紹介した 3 つの研究はいずれもアクションリサーチを採用しているが，実際の分析については，インタビューや対話逐語録をM-GTAを用いて分析するなど，様々な研究手法を用いている。そのことからも，アクションリサーチを行うために，本書の他章の内容も学ぶ必要性がわかる。

4　私の経験：大学のリーダーシップ教育の実践と評価

　筆者は，自らが実践者であり，研究者という立場で，立教大学経営学部BLP（Business Leadership Program）の設計と評価を行っている。リーダーシップ教育におけるアクションリサーチとしては，萌芽的事例であるが，以下に具

体的なプロセスについて示す（詳細は舘野［2018］を参照）。

BLPは立教大学経営学部のコアカリキュラムであり，「自分らしさを活かした全員発揮のリーダーシップ」を学習目標においている。この学習目標を達成するために，複数の教職員・学生と協同しながら，実践の改善を行い，その結果の評価を行っている。

筆者がこの実践に関わったのは2012年からである。関わってから5年が経過しているため，アクションリサーチのサイクルは複数回まわっている。最初は，現状把握のために，様々な対象者に対して，複数の手法を組み合わせて調査を行った。例えば，学生の実態を把握するために，授業アンケートの内容を修正し，現状の理解度や学習状況の実態把握を行った。また，数名の学生に対して，授業に対するインタビューを行うことで，現状の授業の問題点を明確にした。学生以外にも，教職員や学生スタッフに対してヒアリングをしたり，今後の方向性について話し合うワークショップなどをしたりすることで，現状の把握・問題の診断を行った。

診断のプロセスを実施することで，取り扱うべき問題が授業レベル，カリキュラムレベル，組織レベルと，複数のレベルから見出される。最初は授業レベルに焦点を当て，「学習者がよりよいリーダーシップ行動がとれるようになること」を目的とした授業改善を行った。

具体的な計画としては，現状把握の結果やリーダーシップ開発に関する研究からの知見をもとに，「よりよい振り返りを支援するための活動」や「リーダーシップチェックシート」の導入などを計画し，実行した。その結果として，学習者の「リーダーシップのイメージ」が変化するといった成果（舘野［2017］）や，「効果的なリーダーシップ行動がとれるようになった」（舘野［2018］）といった成果が得られた。これらは実践的な価値を持つとともに，研究成果としても発表を行っている。

評価の結果は，次なる実践・研究につながっていく。例えば，リーダーシップ行動に関する介入と調査では，具体的に改善が見られた行動とそうでない行動が明らかになった（**図表9-1**）。

このように，アクションリサーチを行うことで，授業そのものの改善が行われるだけでなく，大学生のリーダーシップ行動の特徴を研究として把握するこ

図表9-1 リーダーシップ行動に関する調査結果

大きな改善が見られた行動	今後改善が必要な行動
●お互いを認め合う ●よい雰囲気をつくる ●仲間を助ける	●理想を共有する ●目標を設定する ●役割・指示を与える ●やる気を引き出す

出所：舘野［2018］。

とにつながる。そのことが「診断」となり，次なる「計画」,「実践」へつながる。

　今回の事例では，リーダーシップ行動における「理想の共有や目標設定」という活動や，「仲良しになる」だけでなく，よりタスクを前に進め，周りを巻き込む「同僚支援・環境整備」の活動を行う必要性が明らかになった。BLPは，複数の授業で実施するプログラムであるため，結果を教職員・学生スタッフで共有し，調査を行った「BL0」という授業の次に行われる，「BL1」という授業へ引き継ぎ，「目的を設定する意義や方法」,「問題を分解して，それを伝える方法」の強化につながる方法を計画している。

　アクションリサーチは多くの実践者と協同しながら「計画・実行・評価」のプロセスをまわし，実践をよりよくしながら，研究成果につなげていけるというのが醍醐味である。もちろん，多くのメンバーとの協同や，複数の手法でデータを取得・分析をするということは，非常に多くのリソースが必要になるが，研究知見とともに新たな実践を生み出せるという点が魅力である。

　今後の研究としては，授業レベルの変化だけでなく，組織レベルの波及効果について明らかにしていきたいと考えている。舘野［2018］では，リーダーシップ教育について，授業レベルからチームレベル，組織レベルに波及していく様子を,「リーダーシップ教育の三層モデル」（**図表9-2**）として提示したが，データをもとに詳細に論じることができていない。今後はこうしたプロセスについて，介入しつつ，データをもとに研究として詳細に論じていきたいと考えている。

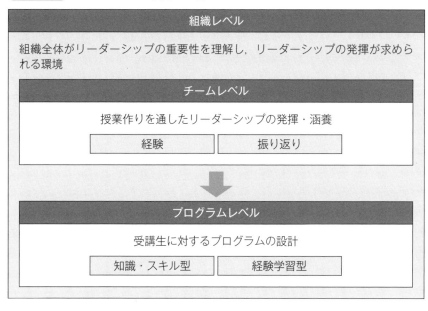

図表9-2 リーダーシップ教育の三層モデル

組織レベル

組織全体がリーダーシップの重要性を理解し，リーダーシップの発揮が求められる環境

チームレベル

授業作りを通したリーダーシップの発揮・涵養

| 経験 | 振り返り |

プログラムレベル

受講生に対するプログラムの設計

| 知識・スキル型 | 経験学習型 |

第9章 一緒に課題に取り組む—アクションリサーチ

5　今後の展望

　最後に，アクションリサーチを用いた研究の展望について述べる。アクションリサーチは，現場に介入し，実践をよりよくしながら，研究成果につなげるという点で，実践に資する研究をしたい人にとって魅力的な方法だといえる。

　一方，アクションリサーチは，他の研究と比べて難しい側面も併せ持つ。その1つは「科学的厳密性」という問題である。アクションリサーチでは，フィールドごとの個別具体的な課題を扱い，その課題も状況によって変化するため，「信頼性」を保証することができない（藤江［2007］）。また，「実行のハードル」といった問題がある。アクションリサーチでは，現場の問題を直接的に扱い，多くの人たちと共同することになるため，その場に関わる責任に加え，多くの時間が必要になる。さらに，研究では複数の研究手法を組み合わせる必要があり，それぞれの手法の習得が必要になる。こうした側面から，研究の期限が決められた中で実施する卒業論文や修士論文で採用するにはハードル

が高いといった指摘もある（藤江［2007］）。このように，多くの困難があるのは事実である。

　ただ，それでも今後アクションリサーチは重要な研究手法になると考えられる。現在の労働・職場を巡る環境はまさに変化の最中にある。働き方改革などの議論も，研究者に求められている役割は現状の把握だけでなく，実践者とともに新たな働く環境を構築するものであると考えられる。研究者が実践に関わることで，理論に基づく新たな実践の構築につながるだけでなく，その効果の検証も行うことができる。それにより，研究者・実践者が共有可能な知見を生み出すことができるのである。

　「一緒に課題に取り組む」というアクションリサーチという手法は，研究者と実践者が協同し，理論を活用していく中で，実践そのものを変えていけるという点で，他の手法にない醍醐味がある。研究者が実践に関わることで，新たな研究知見だけでなく，新たな実践そのものを生み出すことを期待したい。

（舘野泰一）

📖 参考文献

秋田喜代美［2005］「学校でのアクション・リサーチ」秋田喜代美・恒吉僚子・佐藤学編『教育研究のメソドロジー』東京大学出版会。

秋田喜代美・市川伸一［2001］「教育・発達における実践研究」南風原朝和・市川伸一・下山晴彦編『心理学研究法入門─調査・実験から実践まで』東京大学出版会。

伊藤智明［2018］「創業経営者による使用理論の省察と経営理念の制作：創業期のベンチャーにおけるアクション・リサーチ」『組織科学』51(3), pp.98-108

榧野潤［2015］「職業相談のアクションリサーチ：効果的な研修プログラムの研究開発」『日本労働研究雑誌』57(12), pp.32-47

佐藤学［2005］「教室のフィールドワークと学校のアクション・リサーチのすすめ」秋田喜代美・恒吉僚子・佐藤学編『教育研究のメソドロジー』東京大学出版会。

舘野泰一［2017］「第5章　大学生のリーダーシップ開発」中原淳編『人材開発研究大全』東京大学出版会。

─────［2018］「大学におけるリーダーシップ教育の事例」中原淳監修，舘野泰一・高橋俊之編『リーダーシップ教育のフロンティア　高校生・大学生・社会人を成長させる「全員発揮のリーダーシップ」』北大路書房。

中原淳［2015］「異業種5社による「地域課題解決研修」の効果とは何か？：アク

ションリサーチによる研修企画と評価」『名古屋高等教育研究』(15)，pp.241-266。

中村和彦［2008］「アクションリサーチとはなにか」『人間関係研究』(7)，pp.1-25。

藤江康彦［2007］「第11章　幼少連携カリキュラム開発へのアクション・リサーチ」秋田喜代美・能智正博監修，秋田喜代美・藤江康彦編『事例から学ぶ「はじめての質的研究法」―教育・学習編―』東京図書。

Lewin, K.［1943］Psychology and the Process of Group Living. *Journal of Social Psychology*, 17, 113-131.

───── ［1946］Action Research and Minority Problem. *Journal of Social Issue*, 2, 34-46（レヴィン著，末永俊郎訳［2017］「アクション・リサーチと少数者の諸問題」『社会的葛藤の解決―社会的葛藤の解決と社会科学における場の理論』創元新社。

Marrow, A. J.［1969］*The Practical Theorist: The Life and Work of Kurt Lewin.* New York：Basic Books.（望月衛・宇津木保訳［1972］『クルト・レヴィン』誠信書房）

第 **10** 章
働く人の学びを捉える
質的データからのカテゴリー析出

1 ねらい

　今日，企業を取り巻く環境はめまぐるしく変化し，働く人の働き方や学びの
あり方も急速に変わりつつある。変化する現実をすくいとるためには，あらか
じめ設定した仮説を検証する仮説検証型の研究だけではなく，新しい事象や
テーマについて，ボトムアップで理論構築をめざす仮説生成型の研究が重要に
なる。実際に働く人にインタビューをしたり発話を記録したりする質的な研究
は，こうした仮説生成型の研究に適した研究手法である。

　しかし，みなさんは，膨大なインタビューデータを前に，どう分析してよい
のか困ったことはないだろうか。貴重な発話データも，そのままでは研究成果
として形にすることはできない。一人ひとりの活き活きとした語りを損なうこ
となく，データから新たな概念やカテゴリーを導き出すにはどうすればよいの
か。本章では，質的な研究の考え方と，インタビューなどの質的データを用い
た研究において，得られたデータからカテゴリーを取り出すための様々な手法
について説明する。

2 調査・研究の考え方

　個々の分析手法について説明する前に，質的研究で大切な考え方として「当
事者の視点を活かす」ことと，「カテゴリーを取り出す過程を明確にする」こ
とを挙げておく。

当事者の視点を活かす

　質的な研究は当事者の視点を活かした研究手法であり，研究される現象や出
来事を当事者の語りや記録などをもとに「内側」から理解することを目指すも

のである（フリック［2002］）。例えば，企業で働く人がどのような内容を1週間に何時間くらい学んでいるかは，数値や量的な調査で把握することが適している。しかし，企業で働く人が，そこで実際に何を学んでいるのか（学んでいると考えているのか），どのように学んでいるのかなどは，当事者の語りで明らかになることであり，質的な研究が適している。このため，質的な研究を行う際には，研究で明らかにしようとしているリサーチクエスチョンが当事者の視点を活かすべきものであるかどうかをまず確認しなくてはならない。

カテゴリーを取り出す過程を明確にする

インタビューなどの質的データを研究に活かすためには，まずインタビューデータからカテゴリーを取り出すことが必要である。しかし分析者が勝手にカテゴリーを作ってしまえば，分析者の主観に基づく恣意的な引用や解釈と言われかねない。そこで研究では，インタビューなどの質的データから，カテゴリーを取り出す手続を明確化することが求められる。分析の手続を明確にし，他者と分析過程を共有できるようすることが必要となるのである。

カテゴリーを取り出し，仮説を生成するまでのプロセスが**図表10-1**である。このように質的研究は，データと対話をしながらカテゴリーを取り出していくこととなる。

インタビューや発話など質的データの分析には様々な手法があるが，以下で

図表10-1 カテゴリーを取り出すプロセス

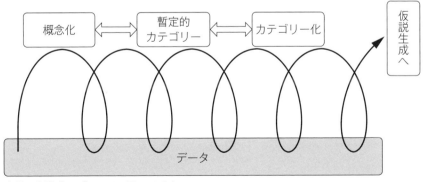

出所：大村［2000］p.103 図4-2より。

は，KJ法，カテゴリー分析，グラウンデッド・セオリー・アプローチ（GTA），
修正版グラウンデッド・セオリー・アプローチ（M-GTA）について説明する。

KJ法

　最もシンプルなカテゴリー化の手法が，KJ法である。KJ法は人類学者・民
族地理学者の川喜多二郎によって考案された手法で，名前のイニシャルからそ
の名がつけられた（佐藤［2008］）。データをカードなどに記述し，そのカード
を使ってインタビューや発話などの質的データをカテゴリーにまとめていく。
もともとは発想法の1つとして考案され，短い語句やキーワードで表された多
様な発想を分類・整理し，新しいアイデアを生み出すための手法といえる。

カテゴリー分析

　KJ法のようにインタビューや発話データ内容を分類し，カテゴリーを取り
出す手法である。理論や先行研究からあらかじめカテゴリーを設定したり，複
数の研究者でカテゴリーの一致率を見たりするなど，取り出したカテゴリーの
客観性や妥当性を高める工夫がなされる。しかし，カテゴリーを取り出す過程
でデータとの対話はそれほど行われない。主に心理や教育などの研究分野で用
いられることが多く，インタビューや発話のデータなど質的データからカテゴ
リーを取り出し，データを分類，縮約するのに適した方法である。

グラウンデッド・セオリー・アプローチ（GTA）

　グレイザー（Barney G. Glaser）とストラウス（Anselm L. Strauss）によっ
て開発された，データとの対話を重視し，データに根ざした理論（グラウン
デッド・セオリー）を導き出そうとする分析手法である。GTAは現実からの
理論構築を意識した手法である点が，他の質的な研究手法とは異なっている
（若林［2015］）。
　具体的な分析手続は，インタビューや発話等の質的データを，一文やまとま
りごとに切り出し（切片化），ラベルを付与する。その後，いくつかのラベル
をまとめながらカテゴリーにしていく（戈木［2008］）。GTAでは分析の過程
でデータ同士を比較しながら，新たなカテゴリーが出なくなる（理論的飽和）

まで分析を繰り返す。このようにGTAはデータと対話を繰り返しながらカテゴリーを取り出す手法といえる。

　グレイザーとストラウスによって開発されたGTAはその後分化し，現在では様々なバージョンが存在する。しかしデータに密着した分析から理論を構築しようとする点，分析とデータ収集とを並行させ継続的比較を行う点，人間行動の説明と予測に有効である点などはどのバージョンにも共通している（木下[2003]）。

　その後，木下[2003；2007]によって考案されたのが，修正版GTA（M-GTA）である。GTAが発話などの質的データを文脈から切り離して切片化するのに対し，M-GTAはデータを切片化せずに，研究者の問題関心に基づき，文脈ごとに分析する立場を取っている点が大きく異なる（森[2009]）。こうした違いはあるが，M-GTAもGTAのバージョンの1つと考えることができる。

　GTAもM-GTAも，「実践的活用を明確に意図した研究方法」（木下[2003]）であり，日本では主に看護や教育など，分析結果を現場で役立てることを目的とした実践的な研究において研究数が増えている。労働研究においてGTAやM-GTAを用いた研究数はまだ少ないが（若林[2015]），働く人の学びや成長を支えるための実践的な研究分野において，今後有用な研究手法の1つといえるだろう。

3　主な研究事例

　では働く人の学びについて，これまでにどのような質的研究が行われてきたのか。働く人の学びについて最近は，研修や制度だけでは捉えることのできない，インフォーマルな学習への関心が高まり，質的な研究が積み重ねられている。その中でも以下では，人が経験から学ぶ過程に着目する「経験学習」を中心に主な研究事例を紹介する。

　人が経験から学ぶ過程に着目したのが，組織行動学者のデイビッド・コルブ（David A. Kolb）である。コルブ（Kolb[1984]）は問題解決学習を提唱した哲学者・教育学者のジョン・デューイ（John Dewey）の思想を背景とし，人

が経験から学ぶ「経験学習」のサイクルを，⑴具体的経験，⑵内省的観察，⑶抽象的概念化，⑷能動的実践，という４つのステージでモデル化した。

経験学習の理論に影響を与えているのが，哲学者ドナルド・ショーン（Donald A. Shön）の省察（reflection）概念である。ショーン［1983］はデューイの「反省的思考」概念を踏まえ，医師や弁護士，教師といった専門家の仕事を観察し，その発話の分析から，専門家の専門性の本質は，行為の過程で複雑で多様な状況との対話を通じて自らの行為を振り返る「行為の中の省察（reflection in action）」であることを論じた。

以後，働く人の経験に着目し，当事者の語りから学びにつながる経験をカテゴリー化する研究が行われてきた。リーダーシップ開発の研究で有名なモーガン・マッコール（Morgan McCall）は，企業の上級役員に対するインタビューから，リーダーに必要なスキルの形成を促す経験とは，変化を生み出す仕事や高レベルの責任を負う仕事など，日々の業務の中で行われる活動であることを明らかにした（マッコール［2002］）。日本でも経営学者である金井壽宏が企業の経営幹部20人に対するインタビュー調査を行い，新規事業・新市場開発など，仕事をゼロから立ち上げた経験が，リーダーとして「一皮むけた経験」であることを明らかにしている（金井［2002］）。これらの研究は，経験からの学びや仕事における専門性について，当事者の語りに着目することでそれらを内的に理解しようとした研究といえる。

その他，松尾［2006］はIT技術者を対象にGTAを用いて，知識・スキルや経験に関するカテゴリーを析出している。また森［2009］は，ワークショップ実践家を対象にM-GTAを用いて，実践家が熟達する過程を明らかにしている。石山［2018］もまたM-GTAを用いて，社外プロジェクトに参加したメンバーの能力に関するカテゴリーを析出している。GTAやM-GTAに関心のある方はこれらの研究も参照してほしい。

4 私の経験：インフォーマルな学習についての インタビュー調査におけるカテゴリー析出

質的研究の難しさは，論文を読んでも，どのように分析したかという分析過

程がなかなかわからない点である。紙幅の都合もあり，論文には分析過程をすべて載せることはできないからである。そこで以下では，筆者の研究（荒木[2009]）を事例として，インタビューデータからカテゴリーを析出する過程について説明する。筆者が用いたのはカテゴリー分析であるため，GTAやM-GTAの具体的手続きについては戈木[2008]，木下[2007]を参照してほしい。

　筆者が行ったのは，企業で働く人のインフォーマルな学習に関するインタビュー調査である。荒木[2007]では，企業で働く人のキャリア確立（自分の専門領域やテーマが明確になり展望を持っている状態）には，社内外の勉強会などインフォーマルで自発的な学習コミュニティへの参加が有効であった。そこで，学習コミュニティでの参加者の学びを明らかにするため，質的研究を行った。

　まず，インフォーマルで自発的な学習コミュニティに参加する社会人30名にそれぞれ1時間〜1時間半ほどの半構造化インタビューを実施し，インタビューデータをすべて文字化した。その後，コミュニティに参加することで得た変化や学びに関する発話データを切り出し，カテゴリーを取り出した（**図表**

図表10-2 分析に用いたカテゴリー

	カテゴリー	定　義
キャリアの確立	1．情報・知識の獲得	自分の仕事，専門領域や所属組織に関する情報，知識を獲得する。専門領域やテーマに関する関心が高まる。
	2．社会的役割の獲得	現在の自分と同じような立場（所属組織，役職，職種，仕事内容）にあるほかのメンバーと，興味関心や悩みを共有し，共感する。
	3．今後のキャリアに対する意欲と展望	今後の自分の仕事やキャリアについてモチベーションが向上する。今後の自分の仕事やキャリアについて展望を持つ。
リフレクション	4．自分の仕事や組織に対する振り返り（内省）	自分の仕事や所属する組織を他の仕事や組織と比較し，客観的に捉えたり，俯瞰したりする。自分自身や自分の仕事・所属組織の内容，仕事の仕方，これまでの前提や信念について振り返る。
境界越え	5．仲介	コミュニティ同士を橋渡しする。コミュニティで得た知識や経験を別のコミュニティ（会社など）に持ち込む。自らの仕事の仕方や社内での振舞い方が変わる。新しい試みを始める。

10-2）。

　カテゴリーを取り出す過程で，カテゴリーの妥当性を確かめるため，筆者以外の研究者1名の協力を得て，発話データにカテゴリーを付与してもらった。研究協力者には事前にカテゴリーの説明を行った上で，キャリア確立に関わる発話データを切り出した表を手渡した（**図表10-3**）。2名で独立にカテゴリー

図表10-3　カテゴリー分析に用いたワークシートの一部

会話番号	会　話	カテゴリー
1	この世界（キャリアに関する領域：筆者註）は面白いなとすごく思いました。	
2	(コミュニティのメンバーを見て)，後は結構，どこも同じ悩みがあるなっていうのは，その，（コミュニティに参加している他の）メンバーなんか，あんまりキャリアについて非常に先進的な会社に入ってなかったんで，あったり。	
3	そこで（コミュニティで：筆者註）いろいろ考えたり新しい情報を入手できたり，いろんな会社の人事の人の問題意識を知ることができるのはすごく面白い。	
4	本当に内的なキャリアだとか，キャリアってそういうものなんだっていうのを浸透させていきたいなっていうのが私の中の思いで，割とそれをこう意識しながら研修なんかでは話しをしてきているんですけれども，で，そこら辺を考えるのに，やっぱり他の会社ではどういうことをやってるかとか，後はそこでやっぱり仕事を本当に通じて伸ばしていける，伸びていける人っていうのは，異動とかなんじゃないんだなっていうのをいろんなインタビューの結果とか見ても感じることが多かったので，その辺は考えるきっかけにはなりますね。	
5	(コミュニティの他のメンバーと)気心がもう知れてるっていう感じはすごくしました。世代的に上の人もいれば，もっと若い人もいてなんですけれども，何かずっと一緒にいろんなテーマを考えてきたり，そもそもの物事の考え方とか人事としてのスタンスとかそういうところが近い感じがするんですよね。	
6	ここでは言うことが楽しかったり，勇気を出して言ってみると聞いてくれる人がいたりというのが，すごく自分にとっては励みになったというか，あ，キャリアに関して私が考えている意見って，なるほどって聞いてくれる人がいるんだっていうのが自信につながったっていうのがありますね。	
7	例えば今年新人研修の担当を一部していて，で，そこでキャリアについて話す機会とかがあったんですね。で，そういう時に少しここでいろいろ議論してきたことなんかを参考にしながら新人向けに話しをしたりだとか，そういうことで役立てたりしてますね。	

を付与した後，一致率を確認し，意見の一致しなかったものは話し合ったうえ
で，カテゴリーの修正を行った。

　研究では，各学習コミュニティについてメンバーの学習経験のカテゴリーと
量をまとめ，参加メンバーに学びが多く起きているコミュニティ（高群）とあ
まり学びが起きていないコミュニティ（低群）とを比較し，参加者の学びを促
すコミュニティの学習環境について考察した。

　このようにカテゴリー分析は，インタビューや発話などの質的データをカテ
ゴリーごとに分類，縮約する手法である。GTAのように現実のデータからボ
トムアップで理論構築しようとするものではないが，発話における特定のカテ
ゴリーの出現頻度を量的に把握するなど，質的研究の初学者にとっては取り組
みやすい手法といえよう。

5　今後の展望

　人生100年時代と言われる現代，生涯に複数の仕事を経験する人も珍しくな
くなりつつある。このように仕事やキャリア形成のあり方が複雑化，多様化す
る中，これからの私たちには，生涯学び続けることが求められるようになって
いる。労働研究には今後，どのような経験や関わりが働く人の成長や学びに影
響を与えるのかといった，学びのプロセスを丁寧に分析した新たな研究が求め
られるだろう。当事者の視点を大切にしながら，その語りからカテゴリーを取
り出し理論構築する質的な研究が，今後ますます求められる。

（荒木淳子）

📖 参考文献

荒木淳子［2007］「企業で働く個人の「キャリアの確立」を促す学習環境に関する研
　　究—実践共同体への参加に着目して—」『日本教育工学会論文誌』31(1)：15-27。
————［2009］「企業で働く個人のキャリアの確立を促す実践共同体のあり方に関
　　する質的研究」『日本教育工学会論文誌』33(2)：131-142。
石山恒貴［2018］『越境的学習のメカニズム—実践共同体を往還しキャリアを構築す
　　るナレッジ・ブローカーの実像』福村出版。
大村彰道［2000］『教育心理学研究の技法』福村出版。

戈木クライグヒル滋子編［2008］『質的研究法ゼミナール増補版―グラウンデッドセオリーアプローチを学ぶ』医学書院。

金井壽宏［2002］『仕事で「一皮むける」』光文社新書。

木下康仁［2003］『グラウンデッド・セオリー・アプローチの実践』弘文堂。

―――［2007］『ライブ講義M-GTA　実践的質的研究法』弘文堂。

佐藤郁哉［2008］『質的データ分析法』新曜社。

松尾睦［2006］『経験からの学習―プロフェッショナルへの成長プロセス』同文舘出版。

森玲奈［2009］「ワークショップ実践家のデザインにおける熟達過程―デザインの方法における変容の契機に着目して―」『日本教育工学会論文誌』33(1)：51-62。

若林功［2015］「グラウンデッド・セオリー・アプローチ―労働研究への適用可能性を探る」『日本労働研究雑誌』665：48-56。

Frick, U.［1995］*Qualitative Forchung,* Rowohlt Taschenbuch Verlag GmbH.（小田博志・山本則子・春日常・宮地尚子訳［2002］『質的研究入門』春秋社）

Glaser, B.G. & Strauss, A.L.［1967］*The Discovery of Grounded Theory: Strategies for Qualitative Research,* Aldine Pub. Co.（後藤隆・大出春江・水野節夫訳［1996］『データ対話型理論の発見―調査からいかに理論を生み出すか』新曜社）

Kolb, D. A.［1984］*Experiemtial Learning,* Prentice-Hall.

McCall, M. W., Jr.［1998］*High Flyers: Developing the Next Generation.* Harvard Business Press.（金井壽宏監訳［2002］『ハイ・フライヤー　次世代リーダーの育成法』プレジデント社）

Shön, D.［1983］*The Reflective Practitioner,* Basic Books.（佐藤学・秋田喜代美訳［2001］『専門家の知恵―反省的実践家は行為しながら考える』ゆみる出版）

第2部　数量的に把握する

第 11 章

制度の仕組みと機能を明らかにする

企業・従業員調査

1 ねらい

「制度」とは何か。一般的には，種々の法律・条例，さらには組織のルールや規程といった，文章などの形で明示され，人々に対して一定の拘束力を持つものが想像されるだろう。しかし社会科学における定義は，それよりも広い。すなわち制度とは，人々に意味あるものとおおむね見なされつつ，安定的に繰り返される相互作用そのものを指す。有意味で安定的な相互作用，つまり組織や社会は，それを担う人々にとって自然だからこそ，有意味で安定的なものとなる。その自然さは，種々の目に見える規程に加え，目に見えないばかりか日頃は意識もされない規範や価値観によって支えられている（佐藤・山田[2004]）。

本章では，人事管理を題材に，労働・職場のあり方を形づくる制度の成り立ちや力について論じたい。それは，労働・職場のあり方についての経営側の意図が人事管理に最も鮮明に現れるからである。労働・職場のあり方が完全に経営側の意図によって規定されるわけではないが，その影響力は極めて大きい。ここでいう制度としての人事管理とは，人事管理を行う側あるいは受ける側によって知覚された，人事管理の目標，規則，活動，帰結を指す。

人事管理の実態については，当事者（人事管理を行う側あるいは受ける側）ですら把握しにくい，あるいはそもそも日頃から意識していないことは，決して珍しくない。調査者は，当事者ですら把握や意識がしにくいものについて，質問票調査（いわゆるサーベイ，アンケート）やインタビューを通じて再構成しなければならない。調査対象の特徴を描写するこうしたプロセスは，先行研究で示されてきたものなど，何らかの理論に即して行われる。何らかの理論に裏づけられた尺度，すなわち質問項目によって，観察対象についての情報が当事者から引き出されるのである。

本章では，企業やそこに属する従業員を対象とした質問票調査を通じ，人事管理という社会制度の成り立ちと帰結を記述するための，基礎的な，しかしすべての研究が押さえておくべき重要な観点について紹介したい。

2　調査・研究の考え方

人事管理をどう捉えるか

一言で人事管理といっても，それは様々な要素の集合体であり，人事システム全体として従業員や組織全体に対して影響を及ぼす。これまでの研究では，人事システムの全体あるいは部分を捉えるための様々な理論，さらにはそれを体現する尺度，すなわち質問項目が開発されてきた。どのような尺度を用いるべきかについては，調査者の関心に応じて変わってくる。

▶様々な活動領域

人事管理を通じ，組織は「職務体系の設計」を行い，従業員を「確保」し，ある職務や地位に「配置」し，ある能力や意識を「育成」し，組織への貢献に応じた「処遇」を提供する。調査においては，こうした様々な活動領域[1]ごとに，人事管理の姿を捉えるための質問項目を設けることができる。例えば，「職務体系はどの程度標準化されているのか？」，「採用した従業員における新規学卒者の比率は？」，「人材育成に関してどのような取組みが実施されているか？」，「月例賃金における個人業績の反映度合いはどの程度か？」などである。すべての活動領域について「広く浅く」尋ねることもできるし，特定の活動領域の「深掘り」もできる。

▶様々な提供価値

「人事管理の実務担当者が何をしているか」ではなく，「人事管理が組織や従業員に何をもたらしているか」に着目することによっても，人事管理の実態を測ることができる。例えば，守島は，人事管理の提供価値について，「組織の視点～従業員の視点」，「短期的目標～長期的目標」という2つの軸を組み合わ

せ，「戦略達成への従業員の貢献を高める（組織の視点×短期的目標）」，「将来の戦略を構築する従業員の能力を高める（組織の視点×長期的目標）」，「公平で透明性の高い処遇を行う（従業員の視点×短期的目標）」，「キャリアを通じた従業員の成長を支援する（従業員の視点×長期的目標）」の４つを提示した（守島［2004］）。これらにどの程度注力しているかは，組織によって，あるいは組織内の各職場によって異なってくる。提供価値の一つひとつは，人事管理の複数領域での活動が折り重なって実現する。

▶様々な抽象度

　どのような人事施策が存在するか，あるいは，それぞれの人事施策がどの程度利用されるかについて具体的に尋ねるやり方がある。しかしそれは，人事管理のあり方を捉える唯一の方法ではない。それぞれの施策や実際の活動の背景には何らかの思惑，すなわち人事管理の方針（ポリシー）があると考えることは，それほど不自然なことではない。そのため，例えば，従業員の「能力」，「仕事への意欲」，「貢献への意欲」を向上させるための取り組み度合い（Gardner et al.［2011］）を測ることで，各組織の人事管理の方針を捉えられる。人事管理上の方針・施策・活動については，先述の活動領域や提供価値ごとに尋ねてもよい。

▶因果連鎖における様々な段階

　Purcell & Kinnie［2007］で示された人事管理が従業員や組織全体に及ぼす影響についての因果連鎖によると，一言で人事管理といっても，その内部では「(1) 意図された人事管理上の取組み」→「(2) 実現した人事管理上の取組み」→「(3) 人事管理についての従業員の知覚」といった因果関係が見られる。(1) は，人事管理上の方針や施策についての，経営者や人事部門による計画・構想を指す。(2) は，(1) を受けて，職場の管理職のような人事管理の実務担当者が，方針をどれだけ実現しているか，施策をどれだけ当初の計画・構想通りに運用しているか，に関わるものである。そして (3) は，人事管理上の計画・構想の中身，そして現実の人事管理のあり方について，職場の従業員によってどのように理解・解釈されているか，に関わるものである。組織全体と

しての人事管理上の意思決定のあり方に関心がある場合には（1）に，現実の管理活動に関心がある場合には（2）に，従業員や組織に人事管理が及ぼす影響についてより厳密に特定したい場合には（3）に，それぞれ着目するのがよいだろう。

▶様々な従業員区分

ある組織に所属する従業員のすべてが，同じ人事管理を経験するわけではない。例えば，管理職は非管理職と比べ，育成内容において俯瞰的視野や戦略的洞察に力点が置かれ，主体的な学習姿勢がより求められる。また，人事評価の着眼点においては，実際の業績，しかも個人的というよりは管轄部門におけるそれに，より焦点が当てられる。従業員には，彼らの就労ニーズのみならず，保有・発揮することが期待される能力に応じて，正社員，契約社員，パート・アルバイトなど，異なる雇用形態が割り当てられることが多い（Lepak & Snell［1999］）が，この場合にも実際の人事管理のあり方は分化する。そのため，実際の調査にあたっては，どの従業員区分に特に着目するのかを明確に意識した上で質問内容を確定するか，同じ質問を複数の従業員区分を念頭に繰り返し尋ねることが求められる。

人事管理内部での補完性

人事管理を成り立たせる各要素は，従業員個人，職場，あるいは組織全体に対し，個別的に影響するとは限らない。「三人寄れば文殊の知恵」といった補完的な効果は，人と人の間だけではなく，人事施策と人事施策の間，人事方針と人事方針の間などでも生じうる。人事管理上の別の取り組みが同時に行われることで，ある取り組みの効果はそれ単独で行われるときより大きくなる。

人事管理の機能性についての実証的な検討は，まず，人事方針や人事施策など人事管理についての個別の要素に関する変数と従業員〜組織レベルでの成果に関する変数，すなわち説明変数（原因）と目的変数（結果）の間の相関関係の確認から始まる。例えば，人事方針Aと人事方針Bが組織の生産性に及ぼす影響を検討する式は（1）の形をとる。

$$生産性 = a_1 方針A + a_2 方針B + b + e \cdots (1)^2$$

この式は，人事方針Aの影響と人事方針Bの影響が互いに独立していることを前提としている。しかし，2つの人事方針は実際には補完的である可能性がある。このことを確認したい場合，人事方針に関する2つの変数の積を求め，(2) のような式を検討することができる。そして，式 (2) を整理することで，人事方針Aの影響が人事方針Bによってある程度左右される（調整される）ことが図式化され，質問票調査の結果から，調整効果の大きさを推定することができる（式 (2a)）。特に下線部）。

$$生産性 = a_1 方針A + a_2 方針B + a_3 方針A^*方針B + b + e \cdots (2)$$
$$= \underline{(a_1 + a_3 方針B)} 方針A + a_2 方針B + b + e \cdots (2a)$$

情報源はどこにあるか

人事管理を捉えるために持つべき着眼点が様々であることを踏まえると，人事部門の人事専門職から情報を集めさえすれば，常に実態が捉めるとは言い難い。例えば，ある施策の利用実態や，人事管理に関する管理者の真摯さについて尋ねる場合には，従業員に尋ねることがより的確である。

「誰に，何を尋ねるのか」を設定する段階では分析単位を明確に意識しなければならない。例えば，従業員を分析対象とし，特定の企業の中で「どういう人事管理上の経験をすることが，職務や組織への態度（例えば，コミットメントや離職意図）を引き出すのか」という分析をするとする。この事例の場合，人事管理についての質問項目においては，企業全体としての人事管理上の方針や施策リストについて質問することは有効ではなく，人事管理についての従業員の知覚に焦点を当てるのが理にかなっている。

また，分析単位として組織を置き，各職場での人事管理の実行，人事管理についての従業員の知覚についての全組織的な傾向を測定したいとする。この場合，調査に協力してもらうのは職場の管理者や従業員ということになる。

図表11-1 人事施策の有無や適用対象についての質問例

	正規従業員	契約社員	臨時的雇用者	パートタイマー（短時間）	パートタイマー（その他）	出向社員
1）目標管理制度	1	1	1	1	1	1
2）仕事の成果を賃金に反映させる制度	2	2	2	2	2	2
3）ストックオプション制度	3	3	3	3	3	3
4）年俸制	4	4	4	4	4	4
5）自己申告制度	5	5	5	5	5	5
6）社内公募制度	6	6	6	6	6	6

3 主な研究事例

　以下では，実際の人事管理の測定について，実際の研究事例をもとに紹介したい。労働政策研究・研修機構［2005］では，質問票が配布された各企業で，どのような人事施策が，どのような雇用形態の従業員を対象にして存在しているかについて，聞き取りが行われた。つまり，正規従業員，契約社員，臨時的雇用者，パートタイマー（短時間），パートタイマー（その他），出向社員，といった6つの雇用形態ごとに，「目標管理制度」「社内公募制度」「配置・処遇に関する苦情相談制度」「自己啓発に関する支援制度」「専門職制度」「在宅勤務制度」「育児・介護等を理由に退職した従業員を対象とした再雇用制度」などの28の人事施策の有無が尋ねられている（**図表11-1**）。

　Gardner et al.［2011］では，人事施策の有無よりは，その運用実態についての質問が，一般従業員に対して配布された。項目の内容自体は，日本の文脈からすると合わない部分もあるが，こうした設計意図自体は参考になる。元々の研究では，頻度や実時間を尋ねる質問を除き，「はい，いいえ，不明」の3点で答えるようになっている。ただし，「当てはまる，やや当てはまる，どちらとも言えない，やや当てはまらない，当てはまらない」という5点尺度を用いることで，より詳細な実態把握もできる。また，この研究では一般従業員が

図表11-2 現実の人事管理に関する質問例

能力の向上を目指した取組み	1. 求職者に対して構造化されたインタビューがなされる（職務関連の質問，すべての応募者に等しく尋ねられる質問など） 2. 求職者に対して公式的な試験が課される（筆記試験など） 3. 平均的に見て，従業員に対して公式的な教育訓練が年間で何時間ほど提供されるか？ 4. 従業員の教育訓練内容を決める際には，業績評価の結果が参考材料となる。
仕事への意欲の向上を目指した取組み	5. 従業員に対して定期的に（年1度以上）行動や業績についての公式的な評価が行われる。 6. 同一職務内での昇給は，その従業員の職務上の行動や業績に基づいている。 7. 従業員には，生産性などの個人的な行動・業績に基づいたボーナスが提供される機会がある。 8. 従業員には，所属する職場の業績に基づいたボーナスが提供される機会がある。 9. 条件を満たした従業員には，より高い水準の報酬や責任を伴う地位への内部昇進機会が設けられる。
組織貢献への意欲の向上を目指した取組み	10. 合理的で公正な異議申し立て機会が従業員に与えられている。 11. 従業員には，品質向上や問題解決のための集団・対話集会，その他の提案のための仕組みなどの意思決定への参画機会が，公式的に与えられている。 12. 従業員に対して，所属組織についての情報がどの程度提供されるか？（経営目標，操業上の成果，財務上の成果，競争上の成果）

回答者であったが，経営者や人事専門職といった組織全体を視野に置く人々を回答者とする場合，それぞれの取組みの適用対象となる従業員の比率を尋ねることもできる。なお，**図表11-2**は，Gardner et al.［2011］で用いられたものの大半を紹介しているが，これらの項目は必ずしも網羅的ではないため，研究上の関心や必要性に応じ，項目の追加や削除をした方がよいだろう。

4 私の経験：正規・非正規間の待遇の均等度と人事管理方針の多様性の分析

筆者は，先に紹介した労働政策研究・研修機構［2005］のデータを用いた分析を行った（江夏［2012］）。この研究では，企業に所属する正規従業員と非正

規従業員の間の待遇の均等度に着目し，第1に，調査対象となった28の人事施策のうち，「1．正規従業員への転換制度」の有無に着目した。転換制度が存在する企業では均等待遇が意識されていると判断した。第2に，それ以外の人事施策の導入度合いが正規従業員と非正規従業員の間でどの程度同等であるか

図表11-3 人事管理方針を構成する次元

	エンプロイヤビリティ重視	個別化された能力開発	実力・貢献主義的処遇
自社の職務を従業員がうまく遂行するためには，幅広い企業で価値を持つような意欲や能力が必要である	0.810	−0.014	0.061
従業員には，幅広い企業で価値を持つような意欲や能力を蓄積・発揮することを求めるべきである	0.797	−0.046	−0.034
幅広い企業で価値を持つような意欲や能力を発揮しうる応募者を採用している	0.649	0.000	0.077
人材確保・組織強化のため，従業員の仕事上・生活上のニーズに柔軟に対応できる人事管理を目指すべきである	0.624	0.021	0.021
人事管理のあらゆる活動を通じて，企業から従業員一人ひとりへの期待を明確に発信すべきである	0.587	−0.028	0.066
幅広い企業で価値を持つような力を保有・発揮しているか否かを，従業員の昇降格の基準としている	0.472	0.228	−0.140
現在～将来の戦略達成のために必要な能力を従業員一人ひとりに合わせて定義し，成長支援を行っている	−0.180	0.944	0.089
従業員が現在の仕事における成果を最大化できるよう，成長支援を行っている	0.083	0.585	0.066
幅広い企業で価値を持つような能力を定義した上で，成長支援を行っている	0.262	0.532	−0.132
現在～将来の経営戦略を念頭に人材要件を個別化・具体化し，それを満たす応募者を採用している	0.016	0.489	−0.043
個人の属性に囚われず，現時点の実力や成果の大小に応じた評価や報酬を，全ての従業員に与えている	0.000	−0.064	0.859
個人の属性に囚われず，現在～将来の戦略達成への貢献度の違いに応じた評価や報酬を，全ての従業員に与えている	0.075	0.087	0.744

について、「2．インセンティブ」、「3．自律的な職務・キャリア」、「4．能力開発」、「5．福利厚生・WLB（ワーク・ライフ・バランス）」といった人事管理領域ごとに数値化した。これら5つの領域の取組みにおける均等待遇の程度が同等である、すなわち数値の分散が小さいほど、その企業の人事管理は首尾一貫していると言える。

　分析の結果、正規従業員と非正規従業員の間の均等待遇が進められる程度において、人事管理領域間でのばらつきが中程度である場合に、企業の業績（営業利益率と競争力）が最大化することが、ある程度示された。すなわち、均等処遇を首尾一貫して進めすぎることも、ある領域のみで極端に偏って進めることも、企業が望む結果を生み出さない。均等待遇を進めることは、正規従業員と非正規従業員の双方において、「賛成派」と「反対派」を生じさせる。そういう意味で、「均等待遇を全体的に進めるが、ある人事管理領域で特に注力し、その代わり他の領域ではやや弱める」といった「ダブルスタンダート」により、組織内の利害対立を最小化したり、多様な価値観や能力を取り込むことで経営環境からの複雑なニーズに対応できる、という解釈を行った。

　江夏［2019］は、日本企業の人事管理の現状を知るために、筆者を含む複数の研究者と民間の研究・調査機関が共同で行った調査を分析したものである。質問票の設計段階において、筆者は、今日の日本企業の人事管理方針の多様性を捉える軸を見い出すため、人事管理の活動に関する20の質問を設定した。因子分析という統計分析の手法を用いることで、20のうち12の質問と深い関わりを持つ、3つの人事管理方針が見い出された（**図表11-3**）。これらの方針をどれだけ追求するかによって、各企業の人事管理を特徴づけることができる。

5　今後の展望

　第2節で見たように、組織の人事管理をどう捉えるかについては、百家争鳴の状況にある。多様な議論があること自体は決して悪いことではないが、調査を実際に行う際には、「人事管理の何を捉えたいのか」という自らの研究関心を踏まえた上で先行研究のレビューを行い、尺度についての取捨選択を行うことが求められる。

　調査を行う上で最大の障壁となるのが，十分な調査協力者の確保であろう。例えば，分析単位を組織に置きつつ，各組織の人事管理の運用実態についての一般的傾向を捉えようとした場合，現場の管理者や一般従業員からなるある程度の数の協力者を得ないと，適切なサンプリング（標本抽出）を行ったとは言い難くなる。同様に，各組織でどのような人事管理上の方針や施策が置かれているのかについて，単一の人事専門職や経営者に聞いたところで的確に把握できるとは限らない（Gerhart et al.［2000］，Huselid & Becker［2000］）。

　もっとも，特に分析単位を組織とする調査の大半では，各組織からの十分な数の調査協力者の確保がなされていないのが現実である。より多くの組織からの調査協力を得ることと，各組織から十分な協力者を確保することの間には，トレードオフの関係がある。しかも，計量的な調査事例が過去と比べて社会全体で格段に増加したことの結果として，以前ほどの回収率が期待しにくくなっている。サンプルサイズが十分に確保できなくても統計的に有意な結果を得るためには，十分な理論的裏付けを持った質問票の設計が不可欠になる。

（江夏幾多郎）

[注]
1　本文中で用いた活動領域の区分の仕方は，あくまで一例に過ぎない。
2　a_1とa_2は，それぞれ人事方針Aと人事方針Bの影響の大きさを表す。絶対値が大きいほど，生産性に及ぼす正または負の影響が大きくなることを意味する。また，bは切片を，eは誤差をそれぞれ意味する。

📖 参考文献

江夏幾多郎［2012］「人事システムの内的整合性とその非線形効果—人事施策の充実度における正規従業員と非正規従業員の差異に着目した実証分析」『組織科学』45(3)，pp.80-94。

―――――［2019］「人事ポリシーと従業員の働きがい」上林憲雄・平野光俊編著『日本の人事システム—その伝統と革新』第2章，pp.42-62。

佐藤郁哉・山田真茂留［2004］『制度と文化—組織を動かす見えない力』日本経済新聞社。

守島基博［2004］『人材マネジメント入門』日経文庫。

労働政策研究・研修機構［2005］『人口減少社会における人事戦略と職業意識に関す

る調査』調査シリーズ No.12.。

Gardner, T. M., Wright, P. M., & Moynihan, L. M. [2011] The Impact of Motivation, Empowerment, and Skill-enhancing Practices on Aggregate Voluntary Turnover: The Mediating of Collective Affective Commitment. *Personnel Psychology*, 64, 315–350.

Gerhart, B., Wright, P. M., McMahan, G. C., & Snell, S. A. [2000] Measurement Error in Research on Human Resources and Firm Performance: How Much Error is there and How does it Influence Effect Size Estimates? *Personnel Psychology*, 53: 803–834.

Huselid, M. A., & Becker, B. E. [2000] Comment on "Measurement Error in Research on Human Resources and Firm Performance: How Much Error is there and How does it Influence Effect Size Estimates?" *Personnel Psychology*, 53: 835–854.

Lepak, D. P., & Snell, S. A. [1999] The Human Resource Architecture: Toward a Theory of Human Capital Allocation and Development. *Academy of Management Review*, 24, 31-48.

Purcell, J., & Kinnie, N. [2007] *HRM and Business Performance*. In Boxall, P., Purcell, J., & Wright, P. (Eds.), *The Oxford Handbook of Human Resource Management*, Oxford University Press, 533-551.

第12章
働く人々の価値観を捉える
社会意識調査

1 ねらい

労働の意味の多様性を捉える

　労働・職場調査においてなぜ人々の意識や価値観に着眼するのか，それは当事者である労働者や経営者にとって働くことの意味が多様だからである。

　例えば，「1日に12時間働く」という事実を1つ取り上げても，その捉え方には多様性がある。その仕事が苦しいものであったら長いと感じるだろう。反対に，やりがいのある楽しい仕事であれば短く感じるに違いない。長時間労働を「勤勉の美徳」と考える人もいる。

　もちろん本人がどのように思っていても1日12時間もの労働が常態化していることは健康に良くない。その意味で，本人が良いと思っていれば良いと一概にはいえない。だが，当事者の意識を抜きに労働時間短縮を議論しても，長時間労働を悪いことだと思っていない人は余計なお世話だというに違いない。つまり，本人が現状を肯定的に捉えているか否かによって対策の進み方や成果は変わる可能性がある。

変化の方向性を見定める

　「1日12時間も働きたくない」という意識は「もっと短時間で仕事を終わらせたい」，「終わらせるべき」という理想と現状のギャップの表れとみることができる。社会学者の見田宗介は主著『価値意識の理論』[1966]に「欲望と道徳の社会学」という副題をつけているが，これになぞらえていえば，労働研究における社会意識調査の意義は，労働について「こうしたい」という欲望と「こうあるべき」という道徳を明らかにすることだといういい方もできるだろう。

　当事者が望ましいと思う方向への変化は受け入れられやすい。その意味で，

社会や組織の潜在的な変化の方向性を見定めるために，人々の意識への着眼は特に重要であるといえる。

　稲上毅は『労使関係の社会学』[1981]において，日本のブルーカラーが企業内部での昇進に関心をもち，経営参加にも積極的であることを明らかにし，背景としてブルーカラーのキャリアの内部化と仕事に対する発言力，ホワイトカラーとの格差が小さい賃金を指摘している。この労働者意識のホワイトカラー化は労使の階級的対立や労働疎外に着眼する伝統的な労働研究の認識枠組みが時代遅れになりつつあることを示唆していた。

　近年は，学術研究だけでなく，企業の人事労務管理においても従業員の意識調査はよく行われている。このことは，研究のみならず，制度を立案する実務においても，雇用・労働のルールや制度をつくったり理解したりする上で，当事者視点を踏まえることの重要性を物語っている。

2　調査・研究の考え方

よい労働とは何か

　社会意識調査の基礎となる考え方はドイツの有名な社会学者マックス・ウェーバー（Max Weber）に求めることができる。彼は主著『プロテスタンティズムの倫理と資本主義の精神』において近代資本主義社会が他のどの地域でもなく西欧において成立した理由を，勤勉に働いて貨幣を蓄積することを善とするプロテスタンティズムの倫理に求めた。生産の拡大が技術的に可能であっても，それを良いことだと思うのか，それとも良くないと思うのかは社会・文化によって異なる。この価値意識が社会のあり方を規定することをウェーバーは示した。

　ウェーバーは，特定の目的を達成するために行う行為を「目的合理的行為」，目的の達成の如何にかかわらず正しいことをしようとする行為を「価値合理的行為」と呼んだ。つまり，経済的豊かさを求めて働くことは目的合理的であり，勤勉それ自体を美徳として働くことは価値合理的であるといえる。

　留意したいのは，目的合理性と価値合理性が一致したときに社会は大きく動

く可能性があることである。目的合理的な文脈で利益になることであっても価値合理的な文脈で正しくないことは社会に広がらない。逆に，正しくても利益にならないことは社会に広がりにくいという面がある。

例えば，現代日本における雇用機会の男女平等は当初性差別禁止という倫理的な問題，つまり価値合理性の問題として議論されていた。しかし近年，女性労働力の活用が経済成長や企業の競争力強化につながる，つまり経済活動としての目的合理性があるという考え方が広がり始めると，産休や育休等，女性を雇用することにともなう施策の負担感を口にする企業の声は後退し，女性労働者の定着と登用に企業は進んで取り組むようになった。

共有された意識

加えて，社会意識調査は，個々人がどのような意識を持っているかではなく，社会集団としてどのような意識が人々に共有されているかに焦点を当てているということをポイントに挙げておきたい。

前述の例に戻れば，1日に12時間も働く理由やそのことへの評価を一人ひとりの労働者に尋ねれば，同じ社会集団の成員であっても，個人個人その内容は様々だろう。しかし，社会意識研究では社会集団の中の「誰がどのような意識を持っているか」ではなく，「どのような集団がどのような意識を共有しているか」を問題にする。例えば，男性よりも女性は長時間労働を望まない傾向にあるが，社会意識調査は，女性一人ひとりの意識や気持ちではなく，社会集団を構成する女性というサブグループにおいてそのような意識が共有されていることを問題にする。その点が心理学と異なるところである。そして，女性労働者が長時間労働を好まない理由として，個人個人の心理ではなく，社会規範（例えば性別役割規範）の問題に焦点を当てる。

ウェーバーの社会学は「方法論的個人主義」と一般に呼ばれるが，勤勉性に関する個々人の価値観ではなく，カトリックとプロテスタントというキリスト教の宗派ごとの価値意識の違いを問題にしている。同じように，現代の社会意識調査においても調査の過程で価値意識を聞き取る単位は個人であっても調査結果としては，例えば性別，年齢，企業規模，業種等々，集団において，どのような価値意識がどの程度共有されているかを問題にしている。

ウェーバーが用いたのは文献という質的資料であったが，今日では数量的な手法で人々の価値観を捉える調査研究が様々に行われている。そこでは，ウェーバーが取り上げた宗教のように，社会規範として強固な意識だけでなく人々がもっと素朴に持っている生活実感としての意識も取り上げている。そうした意識はしばしば移ろいやすく，一貫性に欠ける。例えば，実態調査に表れる客観的な行動は「仕事をしているか否か」というようにイエスかノーかを問うことができる。だが，意識に着眼すると仕事をしたくないがしている人や逆に仕事をしたいがしていない人が現れる。それどころか，ある質問では「仕事をしたくない」といいながら，別の質問では「現在の仕事を続けたい」と一見矛盾した回答をする人もいる。

こうしたことから，意識調査は信用できないと思うかもしれないが，それは早計である。立ち止まってその心情を察してみれば「仕事よりも優先したいことがあるから，できれば仕事はしたくない」が，「今の仕事は好きだから続けたい」という気持ちをもっていても不思議ではない。1つの事実は複数の側面を持っており，どこに着眼するかで回答も変わり得る。労働という営みにはイエスかノーかで割り切れない面がある。その割り切れなさを把握できることもまた意識調査の強みである。

3　主な研究事例

勤労生活に関する調査

労働は人々の社会生活全体の中で重要な位置を占める営みであることから，労働分野に特化した調査に限らず，NHK放送文化研究所の「日本人の意識調査」や統計数理研究所の「日本人の国民性調査」，内閣府の「国民生活に関する世論調査」など，様々な調査が労働に関する意識を取り上げてきた。

労働・職場調査の代表例としては，日本労働研究機構（現JILPT）が全国20歳以上の男女4,000人を対象に1999年から継続的に行っている「勤労生活に関する調査」がある。この調査は，バブル崩壊後の景気低迷を背景に，日本的雇用慣行の改革が論議される中で設計された。その内容は，日本的雇用慣行をは

じめとする雇用・労働のルールに関する意識，広い文脈でみた産業社会の仕組みに関する意識，そして人々の生活意識に表れる新たな社会の胎動という3部構成になっている。主な質問は以下のとおりである。

▶雇用・労働のルール：日本的雇用慣行についての意識

質問：日本的な働き方について，あなたのご意見をお聞かせください。

（1） 1つの企業に定年まで勤める日本的な終身雇用について，どうお考えですか。

（2） 勤続年数とともに給与が増えていく日本的な年功賃金について，どうお考えですか。

（3） 「社宅や保養所などの福利厚生施設を充実させるより，その分社員の給与として支払うべきだ」という意見について，どうお考えですか。

（4） 「組織や企業にたよらず，自分で能力を磨いて自分で道を切り開いていくべきだ」という意見について，どうお考えですか。

（5） あなたは会社や職場への一体感をもつことについて，どうお考えですか。

　各質問の回答は「1　良いことだと思う，2　どちらかといえば良いことだと思う，3　どちらかといえば良くないことだと思う，4　良くないことだと思う，5　わからない」。

▶産業社会の仕組み：分配原理についての意識

質問：どのような人が社会的地位や経済的豊かさを得るのがよいか，という点について，あなたはどのように思いますか。

（1） 実績をあげた人ほど多く得るのが望ましい。

（2） 努力した人ほど多く得るのが望ましい。

（3） 必要としている人が必要なだけ得るのが望ましい。

（4） 誰でも同じくらいに得るのが望ましい。

　回答はそれぞれ「1　そう思う，2　どちらかといえばそう思う，3　どちらかといえばそう思わない，4　そう思わない，5　どちらともいえない，6　わからない」。

▶新たな社会のルールへの胎動：生活意識

質問：あなたにとって，つぎのような気持ちや考えは，どの程度あてはまりますか。

（１） まごまごしていると他人に追い越されそうな不安を感じる。

（２） うかうかしていると，自分がこれまでに獲得したものを失ってしまいそうな不安を感じる。

（３） もっと多くを手にするよりも，これまでに獲得したものを維持することの方が重要である。

（４） 他人が自分と異なった考えや生活様式を持っていることが気にならない。

（５） もっと多くの富や地位を求めてがんばるより，自分の納得のいく生活を送りたい。

（６） 自分には，仕事以外で他人に誇れるものがある。

（７） これからは，物質的な豊かさよりも，心の豊かさやゆとりのある生活をすることに重きをおきたいと思う[1]。

　回答はそれぞれ「１　よくあてはまる，２　ややあてはまる，３　あまりあてはまらない，４　まったくあてはまらない，５　どちらともいえない，６　わからない」。

　1999年の第１回調査を分析した今田幸子は勤労意識が次のような２つの層に分かれていることを指摘している。「一つは，終身雇用と年功制を支持し，分配ルールについては，努力，必要，平等への志向が強く，生活意識の面では，現状維持への志向が強く，自分自身に自信が持てないという層。二つは，自己啓発型の能力志向を持ち，実績主義への志向が強く，物にも地位にもこだわらず，自己への自信が強いという層。この二つの層は，抱える課題，不満，意欲等の面で明瞭に異なる状況にあることを示しており，今後の制度変革や支援策において，こうした勤労者の意識やニーズの相違をふまえた諸施策が望まれることを示唆している。」（今田［2000］）。

　第１の層は日本的雇用慣行を支持する保守層，第２の層は日本的雇用慣行の改革を支持する革新層といえるが，こうした雇用・労働に関する意識が，社会のルールや生活に関する意識と結びついていることを明らかにした。2001年の第３回調査では雇用慣行における「組織との一体感」（会社や職場への一体感

を持つ），分配原理は「努力原理」（努力した人ほど多く得るのが望ましい），生活意識については「脱物質主義」（物質的な豊かさよりも，心の豊かさやゆとりのある生活をすることに重きをおきたい）が，「第1の層」と「第2の層」の両方から支持されるようになっており，これら3つの意識は「第1の層」と「第2の層」をつなぎ，今後の勤労生活を再編するルールのキーワードになりうると報告書は結論づけている（JILPT［2003］）。

調査結果とその後の制度改革

「第1の層」が支持する日本的雇用慣行の中でも終身雇用への支持は根強いが，年功賃金を支持する割合は相対的に低い。「終身雇用は良いが年功賃金は良くない」という人が少なからずいる。その意味で，「日本的雇用慣行への支持」も一枚岩ではない。「第2の層」との関係では「自己啓発型能力開発」（組織や企業に頼らず，自分で能力を磨いて自分で道を切り開いていくべき）の支持が第1回調査から一貫して高い。

その後の日本企業の人事制度改革や働き方改革の議論をみると，こうした勤労意識の動向と整合的な面が少なくない。終身雇用（長期雇用）をやめて雇用の流動化を進めるような動きは活発化していないが，年功制は見直されている。また，日本の企業は配置・異動に関して人事部の裁量が大きく，労働者は会社の命令に柔軟に従うことが求められる。その意味で，労働者の企業内キャリアは会社主導的であるが，昨今では社内公募制や自己啓発支援のような形で社員の自発的なキャリア形成を支援する企業も目立つ。「組織との一体感」については働き方の個人化のマイナス面を自覚し，従業員のコミュニケーションの活性化に取り組む企業が増えている。分配原理については成果主義に表れるような実績原理が人事評価にも浸透しつつある一方，プロセス評価のような形で努力を評価することも変わらず行われている。「脱物質主義」はワークライフバランスへの関心の高まりとして理解することができる。

もちろん意識の上で望ましいことがすべて実現するわけではないし，実現の仕方も一様ではない。だが，なぜ一部の論者が雇用流動化の必要性を説いても長期雇用は維持されるのか，その一方で年功的な賃金設計の見直しは進んだのか，人々が共有する価値意識の動向を見れば納得できるに違いない。

図表12-1 介護のために必要な連続休暇期間の割合―男女別―

	必要なし	2週間未満	2週間以上1カ月未満	1カ月以上3カ月未満	3カ月以上	N	x^2値
全体	84.9	7.6	1.7	3.2	2.6	344	―
男性	94.6	2.2	2.2	0.0	1.1	93	11.709*
女性	81.3	9.6	1.6	4.4	3.2	251	

注：＊5％水準で有意。
出所：JILPT［2006］「仕事と介護に関する調査」，池田［2010］から引用。

4　私の経験：介護休業のニーズについての質問紙調査

介護休業の必要性

　政府系研究機関で政策の立案や評価に関係する調査を行っている筆者にとって，人事制度に対する当事者の受け止め方は重要な意識と考える。一例として介護休業のニーズについて筆者が行った調査の経験を述べよう。

　育児・介護休業法という法律があるように，介護休業は育児休業と並んで仕事と家庭の両立支援制度の柱という位置づけがなされていた。しかし，その利用者は極めて少ない。その理由を明らかにする調査を2006年に実施した[2]。

　当時は，子育てにおける育児休業（育休）についても取得率が高いとはいえず，育休を取得しにくい職場のあり方が問題になっていた。同じように介護休業についても当事者のニーズはあるが取得しにくい職場の態勢に問題があるのではないか，そのように思われていた。だが，育休に比べて介護休業は期間が短い，にもかかわらず休業取得率は育休と比べても著しく低かった。

　そこで当事者が介護休業を必要としているのか，介護休業を取っていない介護者はどのように仕事と介護の両立を図っているのか，介護休業を取らない人は離職しているのかを調査することにした。はじめに10人の介護者にインタビュー調査を行い，仕事と介護の両立実態に関する聞き取りを行ったが，介護休業を取らずに仕事を続けている者もおり，介護休業を取らないと就業継続が難しいとは必ずしもいえないという印象を受けた。そこで，介護休業が想定するようなまとまった期間の休み（連続休暇）を当事者は必要としているのか，

その意味で介護休業のニーズはあるといえるのか，量的調査で確認してみることにした。調査対象は要介護者と同居している30〜59歳の男女である。介護のための連続休暇の必要に関する質問は次のとおりである。

質問：あなたは介護のために，どのくらい連続した休みが必要でしたか。

1	連続した休みは必要なかった	5	連続して3ヶ月〜6ヶ月未満
2	連続して2週間未満	6	連続して6ケ月〜1年未満
3	連続して2週間〜1ヶ月未満	7	連続して1年以上
4	連続して1ヶ月〜3ヶ月未満		

　このデータから，介護のための連続休暇を必要としていない介護者の割合が高いことが明らかになった（JILPT［2006］）。こうした質問を取り上げたのは，この時が初めてであった。インタビュー調査を通じた当事者の雰囲気をアンケート調査の意識調査項目に入れてみることで，潜在的な社会意識の掘り起こしに成功したといえる。

　しかし，この結果をもって介護休業が必要ないというのは早計である。少数であっても介護のための連続休暇が必要だったという者は介護開始当時の勤務先を辞めていることも判明しており，限定的であっても介護離職の防止にとって必要な制度であることを明らかにしている（池田［2010］）。

　なお，この調査では実際に介護休業を取得したか否かについても質問しているが，取得者は1.5％であり，取得の有無による離職行動の差を比較するには取得者のサンプルサイズが小さすぎた。だが，意識項目を代理変数として利用することにより，介護休業制度の潜在的な離職抑制効果を明らかにすることができた。

5　今後の展望

　労働者の行動を捉えた実態調査にはまだ表れていない潜在的な社会の動向を捉える上で社会意識調査は有効である。研究事例として紹介した「勤労生活に関する調査」は日本的雇用慣行のゆくえを占う調査として設計されたが，雇

用・労働のルールを見直す動きは止むことがない。近年の動向を踏まえるなら「働き方改革」の成功の是非を占うような社会意識調査は重要なテーマとなるだろう。長時間労働の是正，同一労働同一賃金，副業，高度プロフェッショナル制度等々，働き方改革のメニューに含まれる様々な問題に対して，実際に働く人々はこれをどう受け止めているのか，これらの施策は当事者である労働者や使用者が望んでいるものなのか，これらの改革を当事者はどのように受け止めているのか，調査してみる必要があるだろう。

（池田心豪）

[注]

1 産業社会の仕組みや生活意識については，日本社会学会が1955年から10年おきに実施している「社会階層と社会移動に関する全国調査」（略称 SSM調査）でも同様の質問を行っている。また，「物の豊かさよりも心の豊かさ」（脱物質主義）に関する質問は内閣府の「国民生活に関する世論調査」でも取り上げている。

2 調査結果はJILPT（2006）として公表されている。

📖 参考文献

池田心豪［2010］「介護期の退職と介護休業―連続休暇の必要性と退職の規定要因―」『日本労働研究雑誌』No.597。

稲上毅［1981］『労使関係の社会学』東京大学出版会。

今田幸子［2000］「働き方の再構築―多様化し混迷する勤労意識のゆくえ」『日本労働研究雑誌』No.479。

見田宗介［1966］『価値意識の理論―欲望と道徳の社会学』弘文堂。

JILPT［2003］『勤労意識のゆくえ―勤労生活に関する調査（1999，2000，2001年）』労働政策研究報告書No.2。

――――［2006］『介護休業制度の利用拡大に向けて―「介護休業制度の利用状況等に関する研究」報告書』労働政策研究報告書No.73。

Weber, M.［1904-1905］*Die Protestantische Ethik und der 'Geist' des Kapitalismus.*（大塚久雄訳［1989］『プロテスタンティズムの倫理と資本主義の精神』岩波文庫）

第13章
働く人々の心理を捉える
心理統計・OB（Organizational Behavior）

1　ねらい

　「事業は人なり」は松下幸之助の言葉であるが，実際にビジネスの成功・失敗は人の働きぶりに依るところが大きいことは多くの人が理解していることだろう。では，具体的に組織に貢献するような働きぶりとはどういったものだろうか。意欲的に働いたり，効率的に働いたり，あるいは率先して周囲に協力するような働き方と，様々なものが例に挙がる。こうした仕事態度は①どうしたら備わるのか，②そしてどのように成果に結びつくのか，という疑問について答えるのが組織行動論（Organizational Behavior: OB）という分野である。要するに人・集団の心理に着目し，労働の現場について考える領域である。

　会社が好きで仕事に熱心に取り組む姿と，独立・起業をしたくて早く技術を身につけるために仕事に熱心になる姿は，行動では区別がつかないが，その意味するところは大きく違う。両者を区別するために，組織行動論では"統計学"の力を借りることが多い。目に見えない態度（潜在変数）を数値で判別しようとするのである。言うなれば目に見えないものを"見える化"するわけであるから，コツがいる。その点について以下で説明していきたい。

2　調査・研究の考え方

心理統計とは

　心理統計学とは，統計学を駆使して心理学の問題に取り組む領域である。組織行動論は人・集団の心理に着目する関係から，心理統計学を用いることが多い。しかし，必ずしも心理統計学を使わないと人の心理を議論できないわけではない。例えば，観察法や面接法などの方法でも可能である。

では，敢えて心理統計を使うのはどうしてかと言えば，①調査（アンケート）が短時間で終わる，②１度に多くのデータを集めることができる，③結果の一般化がしやすい，といった点がメリットとして挙げられるからである（横内［2007］）。それに対して，心理統計を使う注意点もある。回答者が偽った回答をする可能性があること，回答にバイアスがかかってしまう可能性があることである。この注意点については後ほど改めて議論する。

つまり，うまく心理統計を使うことで「Aはこうやって出世したけど，稀なケースだよ」といった偶然を引き当てる危険性を下げ，むしろ「出世するための法則」のような誰にでも当てはまる結果を引き出すことができる。

潜在変数を扱う

心理統計で取り上げる態度や感情は目に見えないが故にその特徴を測定するのに苦労をする。例えば，仕事モチベーションは「目標に向けて行動を方向づけ，活性化し，そして維持する心理的プロセス」と定義される（池田・森永［2017］）。このような複雑な特徴を測定しようと思うと「あなたは仕事を頑張っていますか」という単純な質問では不十分である。池田・森永は仕事モチベーションを４つに分類し，その中の競争志向的モチベーションについて「同僚よりも優れた成果（業績，評価）をあげることは，今の私にとって大きな喜びである」，「私は，同僚に負けないために，一所懸命仕事をしている」，「私は，現在の仕事で同僚に負けたくないと思っている」といった項目で測定している。抽象的な概念であるため，多角的に質問をしていかなくてはいけないのである。

上記の質問項目に通常は多段階評価（1.全くそう思わない～5.とてもそう思う）で回答を求める。この回答のバラつきが統計学では重要な意味を持つ。とりわけ，心理学では態度や感情には個人差があり，当然変数間の関係にも個人の特徴が表れると考える。

したがって，例えば職務満足を「あなたは今の仕事に満足していますか」という単一項目で聞き５段階評価で回答を求めると，５通りの結果しか得られない。だが，職務満足を３項目で質問すれば組合せは125通りになる。このように複数項目で質問をすると個人の特徴を分析に反映させやすく，変数間の関係をより正確に明らかにできる。

ちなみに，"因子分析"という手法を用いると多角的に測定した結果から共通因子，つまり潜在変数を抽出することができる。潜在変数を導出するために平均値を計算するよりも，一層概念の特徴を数値に反映させることができる。

バイアスを知る

　統計分析を行う際の大前提は，回答に偽りがないことである。しかし，偽りでなくともアンケートを実施するとしばしば回答にバイアスがかかってしまう。これを反応バイアスと言うが，非常に種類が多いため，ポドサコフらの研究を参照しつつ代表的なものを紹介しよう（Podsakoffほか［2003］）。

　離職意思を測定する際に，「あなたは会社を辞めたいと思っていますか」と直接的に質問すると回答者は「自分の回答が上司に見られるかもしれない」という可能性を危惧し，仮に転職活動中の従業員であったとしても，離職意思を低く答える傾向にある。これを「社会的望ましさバイアス」と呼ぶ。

　第2に，複数の質問を用意した際，回答者は自分の答えに一貫性を持たせたいと思ってしまう。そうなると，項目間に本来よりも高い相関（逆に低い相関）が出てしまう傾向にある。これを「一貫性動機バイアス」と呼ぶ。

　第3に，アンケートを答えていくうちに回答者は"空気"を読んでしまう。「さっきは上司のリーダーシップの質問で，今度はモチベーションの質問だな。じゃあ優れた上司の下ではモチベーションが高まると調査者は考えているんだろう」と推論し，それを支持するような回答をしてしまう。これを「錯誤相関バイアス」と呼ぶ。

　こうしたバイアスは工夫次第で未然に防ぐことができる。まず，上司と部下関係を分析するのであれば，無理に部下に上司評価をお願いするのではなく上司にも回答して貰えばいい。因果をひとりの回答者で完結させない工夫をすればバイアスもある程度防ぐことができる。

　だが，それができるのも自分以外が評価者になる変数を分析に用いるときだけである。例えば，パーソナリティが職務満足に与える影響を検討した場合，回答者個人にしか頼ることができない。その際，原因と結果で測定するタイミングをずらすという方法が有効である。職務満足は厳密には今ではなくこれまでの職務に満足しているわけだから，パーソナリティは過去に測定したものを

使わなくてはいけない。そのため，両変数の測定を1ヶ月空けるという工夫によって，一貫性動機バイアスや錯誤相関バイアスを防ぐことができるだろう。

　この原因と結果を測定するタイミングをずらすというのは，バイアス回避だけでなく分析上とても重要な行為である。しばしば，私たちが関心を示すのは「どうして業績が上がるのか」，「どうしてストレスが解消されるのか」といった因果関係である。因果関係の分析には"回帰分析"という手法を使うのが一般的である。その際にももちろんだが，因果関係全般を検証するときには以下の3つの条件を満たさなくてはいけない（刈谷［1996］）。

　　第1条件：原因は結果よりも時間的に先行していなければならない
　　第2条件：原因と見なされている現象も，結果と見なされている現象も，と
　　　　　　ともに変化していることが確認できている
　　第3条件：原因以外に重要と思われる他の要因が影響していない

　統計の力を借りれば，第2条件と第3条件を満たすことはできる。しかし，第1条件だけはアンケート実施時点で決まってしまうため難しい。そのため，見えないものを分析する際には，念入りの事前準備が必要となる。

3　主な研究事例

　近年，ビッグデータという言葉をよく耳にするように，数字の持つ説得力が認められるようになった。それは学術の世界でも言えて，知りたいことを統計学から"厳密"に示そうという傾向が強くなっている。このことを伝えるために，まず基本的な統計手法を使った研究を紹介し，その後より高度化した手法を紹介する。

基本的な統計手法の事例

　労働の現場とは，従業員と組織の関係を前提とした状況である。この関係を作り維持することも組織行動論の分析対象であり，その代表的な研究を組織コミットメントという。

この概念は，従業員が組織との関係を続けるという心理状態を指し，「どうして関係を続けるのか」という疑問に答える形で２つのコミットメントに分類される。第１に，組織に愛着があるから関係を継続させる「情緒的コミットメント」である。第２に，今この組織を辞めたら損をするから，まだ関係を継続させる「功利的コミットメント」である。

鈴木はこの２つのコミットメントがキャリアを通じてどのように変化するのかを"分散分析"によって検討している（鈴木［2002］）。この手法は平均値の比較を行うもので，心理学では一般的なものである。結果は情緒的コミットメントが入社10年を過ぎた頃から明らかに高まっていくことが示された。これは正社員データの分析結果であり，非正規社員では明らかな変化は見られていない。

他方，功利的コミットメントの場合，正社員はやはり10年目を過ぎた頃から明らかに高くなる傾向を示したのに対し，非正規社員は２年を過ぎた頃から明らかな高まりを見せる。このように，コミットメントでも情緒と功利でその特徴の違いはデータからも把握することができる。

発展的な統計手法の事例

では，同じ概念をより高度な手法で分析をした事例を紹介しよう。竹内は，新卒新入社員が，どのように組織コミットメントを形成していくのかを分析している（竹内［2012］）（**図表13-1**）。ここでは共分散構造分析（Covariance Structure Analysis: CSA）という，上記の因子分析や回帰分析などを同時に行う手法を用いている。しばしば研究者によっては，CSAを構造方程式モデリング（Structural Equation Modeling: SEM）と呼ぶこともある。この手法

図表13-1 共分散構造分析のモデル例

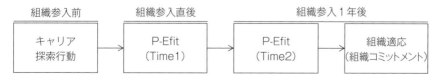

出所：竹内［2012］を筆者修正。

を採用するメリットは，プロセスをそのまま分析できる点にある。

　分散分析や回帰分析は，直接的な原因と結果の関係しか分析することができず，仮に両者の間に介在する変数があったとしても，一度にその影響を検証することはできない。言い換えれば，複雑なモデルを分析するには分解する必要があり，その作業によって分析結果の厳密性が損なわれる危険があるのだ。そういった事情からCSAは近年多くの研究で用いられる。

　竹内は，以下のような流れで仮説モデルを構築している（竹内［2012］）。就職活動時に自分の将来を色々と考えるキャリア探索行動を重ね，そういった行動を経て入社を決めた組織には「この会社・仕事は自分に合っている」と思い込む。この認識をP-E fit（Person Environment fit: 個人と仕事環境の一致）と呼ぶ。実際に仕事を経験していく中でこの認識は修正され，より正確さを高めていく。つまり，「やっぱりこの会社・仕事は自分に合っている」と改めて思うことにより，組織への愛着（組織コミットメント）が増していく。

　なお，仮説モデルを修正し，キャリア探索行動から入社1年後のP-E fitに直接影響するモデルや，入社直後のP-E fitが組織コミットメントに直接影響するモデルも想定し，どれがデータと当てはまりが良いのか比較検討している。こうした複数のモデルと比較を細かく行えるのもCSAの特徴である。結果として，仮説モデルと代替モデルに目立った差が認められず，倹約性（parsimony）の原理から仮説モデルを分析に用いている。

　分析結果は次の通りである。キャリア探索行動が入社直後に組織ではなく職業に対するフィットを認識させる。その認識は，後々の組織とのフィット，職業とのフィットを高め，最終的に組織コミットメントを高める。

4　私の経験：異動経験と帰属意識の関係についての　　データ分析

　筆者はCSAを用いて，異動経験が従業員の帰属意識に与える影響を検討した（林［2017］）。正確には帰属意識ではなく組織的同一化（Organizational Identification）という概念を用いたが，説明の簡便のためにここでは帰属意識と呼ぶ。

生活協同組合Aでの大規模調査から得られたデータを用いているが，この論文での特徴は異動経験の測定方法にある。上記に挙げた研究ではどれもアンケートによる"主観データ"を分析に用いてきた。そのため，様々なバイアスが問題視されたが，ここでは異動経験を人事データから得ているため"客観データ"となる。客観的事実を用いることでバイアスを回避している。

分析結果は，異動経験が増えれば所属組織への帰属意識が高まるという単純なものではなく，昇進・昇格の経験を介して影響するというものだった。CSAの1つの問題点は，原因と結果を線形関係でしか捉えられないことにある。つまり，「異動経験が増えれば帰属意識が高まる」という関係は検討できるが，「異動を数回経験するまでは帰属意識は低く，その後は回を重ねるごとに高まっていく」といった複雑な動きは調べられない。

そこで，筆者は分散分析を併用した。人事異動の経験回数を少・中・多の3段階，かつどのくらいの頻度で異動を経験してきたかについても間隔が狭・

図表13-2 分散分析の結果例

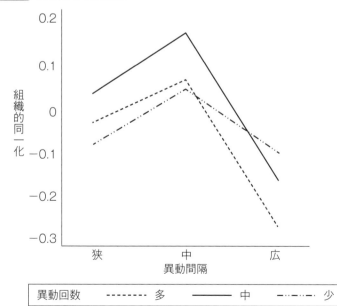

出所：林［2017］。

中・広という３段階にサンプルを分けて，帰属意識がどう変化するのかを見ている（**図表13-2**）。

　分散分析からわかったことは，異動経験が多ければ良いということではなく，中程度の経験を積ませるときに平均的に帰属意識は高まるということである。また，頻繁に異動をさせたり，なかなか異動をさせなかったりという辞令の出し方ではなく，中程度の頻度（論文では４－７年という期間）で辞令を出すと最も帰属意識が高まりやすいこともわかった。

　基本，統計分析はアンケートに用意した質問項目からしかデータを得ることができない。林［2017］は例外的に人事データを用いているが，心理統計の場合，ほとんどが実験かアンケートでデータを集める。この事前準備が分析結果に制約を設ける。つまり，事前に予想もしていなかったことは分析結果から得られないのである。

　そのため，心理統計では予想したことがどれだけ正しいのかを確かめることはできるが，正しくなかった場合に，代わりに何が正しいのかはわからない。この点を補う目的で林［2018］は，統計分析の結果からわからなかった新たな問題点をインタビューにより分析し，議論している。

5　今後の展望

　近年の傾向として，まず複数の手法を１つに集約したものの研究が盛んである。多くの統計手法は，集めたサンプルが平均値を中心に最も多く集まっており，釣り鐘を描くように平均値から離れた値ほどサンプルが少なくなるような分布（いわゆる正規分布）を前提とする。そうでない分布を描くデータは分析できない手法が多いが，どんなデータでも扱える手法も近年開発されてきている（例えば，一般化線形混合モデル；Bolkerほか［2009］）。

　もう１つ近年の心理統計に見られる傾向として「シミュレーションをする」という点が挙げられる（Wagenmakersほか［2010］）。つまり，手元には100人分のサンプルしかないが，そのデータから１万人分のデータを推定するのだ。こうして大規模データを作ることでより分析結果に妥当性が増すことになる。

　なぜなら，統計学とは推定の手段であるからだ。例えば，日本人の性格と労

働生産性の関係を知りたいとしよう。アンケートを作成し，集められたデータは250人だったとして，母集団である全国の労働力人口をそこから推測するのは心許ない。そこで250人を仮に1万人に増やしてから分析をすれば，ある程度確かな関係を割り出すことができるだろう。

　どうしても労働研究（あるいは経営学研究）では心理学や経済学などで新たな手法が開発されてから，それを用いるという順序がある。そのため，上記手法についてもまだまだ基礎学問から遅れをとっている面は否めない。だが，だからこそそうした手法を積極的に活用していくことで，これから労働研究において新しい発見が十分に期待できる。

（林　祥平）

📖 参考文献

池田浩・森永雄太［2017］「我が国における多側面ワークモチベーション尺度の開発」産業・組織心理学研究，30(2)，171-186。

苅谷剛彦［1996］『知的複眼思考法』講談社。

鈴木竜太［2002］『組織と個人』白桃書房。

竹内倫和［2012］「新規学卒就職者の組織適応プロセス：職務探索行動研究と組織社会化研究の統合の視点から」學習院大學經濟論集，49(3)，143-160。

林祥平［2017］「異動経験が従業員の同一化に与える影響」組織科学，50(3)，89-100.

─────［2018］『一体感のマネジメント：人事異動のダイナミズム』白桃書房。

横内光子［2007］「心理測定尺度の基本的理解」日本集中治療医学会雑誌，14(4)，555-561。

Bolker, B.M., Brooks, M.E., Clark, C.J., Geange, S.W., Poulsen, J.R., Stevens, M.H.H., & White, J.S.S.［2009］Generalized Linear Mixed Models: a Practical Guide for Ecology and Evolution. *Trends in Ecology & Evolution,* 24(3), 127-135.

Podsakoff, P.M., MacKenzie, S.B., Lee, J.Y., & Podsakoff, N.P.［2003］Common Method Biases in Behavioral Research: A Critical Review of the Literature and Recommended Remedies. *Journal of Applied Psychology,* 88(5), 879-903.

Wagenmakers, E.J., Lodewyckx, T., Kuriyal, H., & Grasman, R.［2010］Bayesian Hypothesis Testing for Psychologists: A Tutorial on the Savage-Dickey Method. *Cognitive Psychology,* 60(3), 158-189.

第 14 章

職業人生を描く
経歴・パネル調査

1 ねらい

　人生における様々なイベントを記録する代表的な方法に，写真と動画がある。写真はその一瞬の出来事を切り取り，記録する方法であり，古くから利用されてきた。これに対して動画は，言わば"連続写真"であり，一連の動きを記録する方法だと言える。

　この写真と動画を比較した際，決定的に異なるのは，その情報量だ。動画は写真の積み重ねであり，対象の動きやその変化を把握することができる。このため，対象の実態をより知るには，写真よりも動画の方が優れている面がある。

　我々の職業人生をデータといった形で記録する際，その種類によってはここでみた写真と動画のような違いが生じる。従来，仕事に関する調査を実施する際，一時点のみや過去の経歴を聞く場合が多かった。しかし，仕事を取り巻く環境は日々変化するため，一時点の調査ではその変化についていけない。この課題に対処するためにも，近年利用が増えているのが同一個人を複数時点に渡って調査するパネルデータ（Panel data）だ。

　パネルデータは，従来の調査の持つ課題に対処しており，多くの利点がある。中でも豊富な情報量が魅力だ。近年では利用可能な国内のパネルデータの増加だけでなく，パソコンの性能向上やデータ分析のための統計ソフト（STATA等）の普及によって，パネルデータを活用した分析が一層増えている。このため，パネルデータに関する理解は必要不可欠になりつつある。そこで，本章では労働に関連したパネルデータの内容を中心に解説する。

2 調査・研究の考え方

横断面データ・回顧データ・パネルデータ

　労働調査において，パネルデータが普及する前に使用されていたのが横断面データ（Cross-section data）や回顧データ（Retrospective data）だ[1]。横断面データは1時点における調査であり，調査対象者に対して様々な質問を行い，その現状を把握する際に実施される。この形態の調査は，企業や政府をはじめとした多くの組織で実施されており，調査対象者数や質問項目もまちまちだ。企業の消費者調査のように少数のモニターを対象とした場合もあれば，総務省が実施する『労働力調査』のように何万もの人を対象とする場合もある。質問項目数は調査による違いが大きく，1ページに収まる場合もあれば，10ページを超える場合もある。

　ところで，横断面データは調査対象者の「今」を把握する上で有効だが，調査対象者の過去や今後の変化を把握することはできない。言わば変化を追わず，現状把握に特化したデータだ。例えば，横断面データでは出産前後における女性の就業行動がどのように変化したのかといった点や不況によって企業業績が悪化した際，労働者の賃金や労働時間がどのように変化するのかといった点を把握することが難しい。これは横断面データの大きな課題であり，調査対象の変化を追うためには別な種類の調査が必要となる。

　そこで利用されてきたのが回顧データだ。回顧データは横断面データと同じく1時点における調査であるものの，過去の経験を中心に質問することによって様々な変化を把握できる。言わば，現在から過去に遡ってその変化を調べる方法だ。この調査を用いれば，既に出産を経験した女性のその当時の就業状態の変化や過去に不況を経験した労働者の賃金や労働時間の変化を知ることができる。実際の調査では，横断面データの中に過去の経験を聞く質問項目を設け，調査対象者の現在だけでなく，過去の変化を把握する場合が多い。例えば，リクルートワークス研究所が実施している『ワーキングパーソン調査』では現在の就業状態だけでなく，過去の初職状況や転職経験を把握し，横断面データの欠点を補完している。このような調査を用いれば，調査対象者の現在だけでな

く，過去の変化も把握できるようになるため，分析の幅も格段に増える。

　このように回顧データを用いることで横断面データの課題に対処できるものの，回顧データには2つの欠点がある。1つ目は過去を振り返るといった調査方法に起因した誤回答の発生だ。回顧データではその設計上，どうしても過去の出来事を質問する。直近のことであるならば調査対象者もしっかり記憶しているかもしれないが，何年も前のこととなると間違って記憶している恐れがある。このような誤回答の発生は，回顧データでは必ず懸念される問題であり，調査結果の信頼性を損なうものになりかねない。2つ目は過去から現在の変化しか把握できないといった点だ。調査の目的が過去の変化にある場合は問題ないが，今年から来年，再来年といった今後の変化にある場合，回顧データでは対処できない。これらは回顧データの大きな課題であり，調査対象の今後の変化を検証するためにはさらに別な種類の調査が必要となる。

　そこで利用されるようになってきたのがパネルデータだ。パネルデータは横断面データや回顧データと違い，同一個人を複数時点にわたって調査する。この調査方法であれば現在から今後の変化を把握できる。労働関連のパネルデータでは1年おきに調査を実施する場合が多く，調査期間が長くなるほどデータが蓄積されることとなる。

パネルデータのメリット

　現在，日本をはじめとした先進国においてパネルデータの利用が進んでいるが，その背景にはパネルデータにいくつかのメリットがあるためだ。

　1つ目のメリットは，複数時点の調査を実施することで，調査対象者の変化を知ることができる点にある。調査時点が多ければ多いほど，多くの変化を把握でき，得られる知見も増える。このような多時点における変化が観測できる場合，因果関係の有無を検証しやすくなるといった分析上のメリットも出てくる。例えば，失業者に対して職業訓練を行うことがその後の就職や賃金にどのような影響を及ぼすのかといった点を検証するとしよう。この場合，職業訓練実施時点から数年間にわたってパネル調査を実施し，訓練受講者と非受講者の間でその後の就職や賃金の状況を比較すればよい。この分析では職業訓練を原因，その後の就職や賃金を結果と捉えており，原因となるイベントが結果の前

に発生していることが明確となっている。このため，因果関係が把握しやすい。

　2つ目のパネルデータのメリットは，観測数の増加である。パネルデータでは複数時点にわたって追跡調査を実施するため，必然的に調査対象者の観測数も増える。例えば，100名を調査する場合，1回目の観測数は100であるが，2回目の観測数は200，3回目は300，4回目は……と徐々に増えていく。このような観測数の増加はデータの情報量の拡大につながり，統計分析を行う際の結果の安定性に寄与する。

　3つ目のパネルデータのメリットは，データ上では観測できない個人の固定的な要因をコントロールし，因果関係の検証の精度を高められる点だ。この点はややテクニカルな面もあるため，ある営業マンの労働時間と仕事の成果（営業成績）の例を用いて説明しよう。

　ある会社がコンサルタントを雇い，どのような営業マンが高い成果を出すのかを調べてほしいと依頼したとする。そこでコンサルタントは営業マンの労働時間，特に残業時間と営業成績の関係に注目したとしよう。コンサルタントは残業時間が長いほど，営業成績も高まるのではないかといった仮説を考えた。この仮説を立証するために，営業マンの毎月の残業時間と営業成績を調べ，月次のパネルデータを構築した（**図表14-1**）。

　ここでコンサルタントが残業時間と営業成績の関係を単純に調べることで，その因果関係を適切に検証することができるのだろうか。実はこれが難しい。なぜならば，残業時間と営業成績が共通の第3の要因から影響を受けている可能性があるためだ（**図表14-2**）。一般的に言って，残業時間は，無作為に決定されるとは考えづらい。やはり仕事に対する意欲の高い人ほど，残業時間も長い可能性が高いだろう。この仕事に対する意欲の高い人ほど，普段から一生懸命仕事に取り組んでおり，もともとの営業成績が良い可能性があるのだ。この場合，単純に残業時間が長い人と短い人で営業成績を比較しても，残業時間の純粋な効果を把握することが難しい。要は働く意欲の分だけもともと営業成績が良い可能性があるため，この点を考慮しない限り本当の残業時間の効果を見ることができないのだ。

　この問題に対して，パネルデータの活用は有効となる。具体的には，ある2時点間の残業時間の変化と営業成績の変化の関係に注目すればよい。個人の仕

図表14-1 残業時間と営業成績に関するパネルデータ

個人ID	月	残業時間	営業成績	学歴	年齢
Aさん	1月	10.5	100	大卒	42
Aさん	2月	9	70	大卒	42
Aさん	3月	20	120	大卒	42
Aさん	4月	1	70	大卒	42
Aさん	5月	2	80	大卒	42
Aさん	6月	3	70	大卒	42
Aさん	7月	10	90	大卒	42
Aさん	8月	12	120	大卒	42
Aさん	9月	8	80	大卒	42
Aさん	10月	7	70	大卒	43
Aさん	11月	6	60	大卒	43
Aさん	12月	4	40	大卒	43
Bさん	1月	10	100	大卒	30
Bさん	2月	15	150	大卒	30
Bさん	3月	20	200	大卒	31
Bさん	4月	25	250	大卒	31
Bさん	5月	13	130	大卒	31
Bさん	6月	14	140	大卒	31
Bさん	7月	9	90	大卒	31
Bさん	8月	7	70	大卒	31
Bさん	9月	5	50	大卒	31
Bさん	10月	6	60	大卒	31
Bさん	11月	3	30	大卒	31
Bさん	12月	2	20	大卒	31
・	・	・	・	・	・
・	・	・	・	・	・

事に対する意欲は時間を通じて変化しないと考えられるため，残業時間の変化と営業成績の変化の関係に注目すれば，その影響を除外できる。このような計測手法は一階差分モデル（First difference model）と言われている。これ以外にもパネルデータでは，固定効果モデル（Fixed effect model）や変量効果モデル（Random effect model）といった手法も利用可能となる。固定効果モ

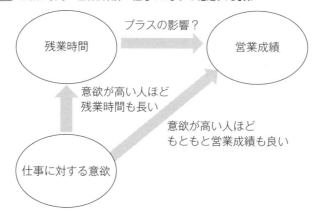

図表14-2 残業時間・営業成績・仕事に対する意欲の関係

残業時間

プラスの影響？

営業成績

意欲が高い人ほど
残業時間も長い

意欲が高い人ほど
もともと営業成績も良い

仕事に対する意欲

デルでは各変数の平均値との差分を作成することで観察できない固定要因を除去する。変量効果モデルでは観察できない固定要因が推計結果にバイアスをもたらさない場合に使用される。

パネルデータのデメリット

　パネルデータにはデメリットも存在する（樋口ほか［2006］）。1つ目は調査実施から成果を得るまでに長い時間と多額の費用がかかる点だ。仮に毎年パネル調査を実施することになると，5回分の調査結果を収集するまでに5年はかかってしまう。また，パネルデータの構築には質問票の作成，配布，回収，データ打ち込みといった作業が毎回必要となり，どうしても作業コストが高くなってしまう。ある程度の調査対象者数を確保したパネルデータを構築することになると，研究者個人では実施が難しく，調査会社の協力を得る必要も出てくる。

　2つ目のデメリットは，調査対象者が途中で回答を辞めてしまう脱落の問題だ。調査回数を重ねていくと，どうしても途中から調査に回答できない人も出てくる。その理由は様々だ。転居や結婚・出産・離婚といったライフイベントが原因の場合もあれば，単純に回答することが面倒になって辞めてしまう場合もあるだろう。また，稀な例ではあるが，調査対象者が死亡してしまうといっ

た場合もある。

　以上のような理由で調査対象者が脱落していく際，問題となるのが脱落者の属性だ。脱落が個人属性と関係なく，無作為に発生している場合，パネルデータに大きな影響を及ぼさない。しかし，脱落者の属性が特定の層に偏っている場合，パネルデータにバイアスをもたらす恐れがある。例えば，学歴や所得の低い層ほど脱落しやすい場合，残ったサンプルの平均的な学歴や所得が初めの調査時点よりも高くなってしまう。また，逆に学歴や所得の高い層ほど忙しく，調査から脱落しやすい場合，残ったサンプルの平均的な学歴が初めの調査時点よりも低くなってしまう。このように脱落者の個人属性に偏りが見られると，残ったサンプルの属性が当初想定したものと異なってしまい，パネルデータを用いた検証結果にバイアスをもたらす可能性が出てくる[2]。

日本の代表的なパネルデータ

　パネルデータにはメリットが多く，活用の場が広がっているが，ここでは労働と関連の深い代表的な調査を紹介したい。

『消費生活に関するパネル調査』

　1つ目は，公益財団法人家計経済研究所が実施した『消費生活に関するパネル調査』だ（現在は慶応義塾大学パネルデータ設計・解析センターが調査を実施）。この調査は1993年に開始され，主に若年女性を調査している。2018年の現時点でも調査は継続されており，日本で最も長い期間実施されているパネル調査だ。このデータを用いた分析は数多く存在しており，特に女性の就業と出産の関係を検証する際に使用されることが多い。女性就業に関する分析を行う際，まずこのデータの使用を検討するといいだろう。

『働き方とライフスタイルに関する全国調査』『高校卒業後の生活と意識に関する調査』『学校生活と将来に関する親子継続調査』

　2つ目は，東京大学社会科学研究所が実施している4つのパネル調査だ。『働き方とライフスタイルに関する全国調査』では若年層（第1回目調査時点で20～34歳）と壮年層（第1回目調査時点で35～40歳）を追跡調査しており，

『高校卒業後の生活と意識に関する調査』では2004年3月に高校を卒業した人々を追跡調査している。『学校生活と将来に関する親子継続調査』では2015年に中学生であった人を2017年の高校生時点でも追跡調査したパネルデータとなっている。これらのパネルデータは幅広い年代を調査しており，分析目的に応じてデータを選ぶことができるといった利点がある。

『21世紀出生児縦断調査』『21世紀成年者縦断調査』『中高年縦断調査』

　3つ目は，政府が調査を実施している『21世紀出生児縦断調査』，『21世紀成年者縦断調査』，『中高年縦断調査』だ。21世紀出生児縦断調査では2001年または2010年に出生した子どもとその親の状況を追跡調査している。21世紀成年者縦断調査では2002年に20〜34歳の男女および2012年に20〜29歳の男女を追跡調査している。また，中高年縦断調査では2005年に50〜59歳の男女を追跡調査している。これら調査の最大の特徴は，いずれも調査対象者数が万単位であり，豊富なサンプルを利用できる点にある。中でも『中高年縦断調査』はデータ構造が比較的にシンプルで使い勝手が良い。高齢者の就業を扱う際には『中高年縦断調査』の使用を検討するといいだろう。

3　主な研究事例

　パネルデータを用いた労働に関する研究は数多く，その内容は多岐にわたる。この中でもパネルデータを用いた好事例として，武内［2002］を紹介したい。

　武内［2002］は夫の所得が高いほど妻の就業率が低下することを示す「ダグラス＝有澤の法則」を『消費生活に関するパネル調査』を用いて再検証した。この論文の重要性は，「ダグラス＝有澤の法則」では余暇への選好が強い女性ほど所得の高い男性を配偶者として選んでいる可能性があり，その点を考慮したところにある。つまり，夫の所得が高いほど妻が働かなくなるといった背景には，もともと働きたくないと考える女性ほど所得の高い男性と結婚している可能性があり，この影響を除去しないと本当の因果関係がわからないと指摘したのだ。

　実際の分析では，妻の余暇への選好をデータでは観察できない固定要因であ

ると仮定し，固定効果モデルを用いてその影響を除去した。分析の結果，固定効果モデルを使用しないと確かに夫の所得が高いほど妻が就業しなくなるという関係があるが，固定効果モデルを使用すると，そのような傾向が見られなくなることがわかった。この結果から，武内［2002］は，「ダグラス＝有澤の法則」は妻の余暇への選好から影響を受けている可能性があることを指摘している。

4　私の経験：女性の就業促進についてのパネルデータ分析

　次にパネルデータを用いた筆者の研究を1つ紹介したい（佐藤［2012］）。筆者は女性就業，中でもどのような要因が女性就業を促進するのかといった点に興味・関心があった。ここで目を付けたのが夫の失業である。夫が失業し，家計の経済状況が逼迫した際，妻の就業が促進されると考えられる。これは付加的労働者効果といわれており，国内の既存研究も少なかった。そこで，夫婦の就業行動の変化がわかるパネルデータの『慶応義塾家計パネル調査』を用いて分析した。

　分析で問題となったのは夫の失業サンプルの数だ。日本の失業率は海外と比較して低く，データ上でも1年間に失業する有配偶男性の数は少ない。このため，データの全期間を使っても統計的な分析が可能となる夫の失業サンプルを確保できなかった。

　このままでは分析できないと焦り，様々な方法を検討した結果，『慶応義塾家計パネル調査』の特徴の1つである就業履歴表を活用するといったアイデアを思いついた。この調査では第1回目に調査対象者と配偶者の18歳以降の就業履歴を聞いており，これを活用すれば過去に遡って夫の失業や妻の就業行動の変化を把握できる。この就業履歴をパネルデータ化し，調査開始以降のデータと結合することで，統計的な分析が可能な夫の失業サンプルを確保できた。

　実際の分析の結果，夫の失業によって妻の就業が促進されることがわかったが，その影響は時間が経つにつれて徐々に小さくなること，そして，夫が失業した女性は求職活動を始めたり，比較的就職しやすい非正規雇用を通して労働

市場へ参入する傾向にあることがわかった。

　本研究を通じて筆者が学んだことは，2つある。1つ目は，パネルデータと言えど万能ではなく，実際の世の中であまり発生しない事象を分析することが難しい。2つ目は，個々のパネルデータの特徴を理解すれば，うまく問題に対処できる場合もある。今回の例では就業履歴の活用が鍵だった。個々のデータには様々な質問項目があり，その特徴を把握しておくことは，研究を進めるうえで重要だと言える。

5　今後の展望

　本章ではパネルデータの基本的な内容を中心に解説してきたが，日本において確実にパネルデータは利用しやすくなっている。特に労働関連の分野ではパネルデータを用いた研究が多く，近年の研究には欠かせない。

　最近では新たな種類のパネルデータの開発も進んでいる。その1つが経済産業研究所で山本勲慶応大学教授と黒田祥子早稲田大学教授が調査を実施している企業・従業員マッチパネルデータ（Matched employer-employee panel data）だ。このデータでは企業とそこで働く労働者の両方を追跡調査しており，その相互関係を多時点にわたって検証できる。例えば，企業業績の変化と労働者の賃金や労働時間の変化の関係だけでなく，心身の健康状態の変化との関係も直接検証可能となるだろう。また，企業内のワークライフバランス施策の変更が出産後の女性の継続就業率や昇進に及ぼす影響も分析できる。このような新しいパネルデータが普及すれば，労働関連の分野で得られる知見もさらに増えることになるだろう。

（佐藤一磨）

[注]
1　これら以外にもある特定の指標の経年変化を追っていく時系列データがある。時系列データは，国全体の失業率，労働力率，賃金水準等のマクロ指標の変化を見る際に利用されることが多い。
2　パネル調査からの脱落を補正する方法として，パネル調査継続確率の逆数によるウェイトを使用する方法が提案されている（Wooldridge [2002]）。

■▋ 参考文献

佐藤一磨［2012］「夫の失業前後の妻の就業行動の変化について」『経済分析』186：
116-136。

武内真美子［2002］「女性就業のパネル分析」『日本労働研究雑誌』527：76-88。

樋口美雄・新保一成・太田清［2006］『入門 パネルデータによる経済分析』日本評論
社。

Wooldridge, J. M.［2002］"Inverse Probability Weighted M-Estimators for Sample
Selection, Attrition, and Stratification," *Portuguese Economic Journal,* 1: 117-39.

第 15 章
働く人々の空間移動
人文地理学

1 ねらい

　地理学の対象は何であってもよい。地理学は対象ではなく，空間的視点というパースペクティブによって特徴づけられる学問だからである。それでは，労働や仕事について研究する際に，どうして空間的視点が重要なのだろうか。

　資本主義は社会的分業によって成り立っている。この世界は空間的広がりを持つから，社会的分業は現実には空間的分業の形態をとり，おおざっぱに言えば，農業地帯，工業地帯，大都市といった地域分化が起こる。こうして，労働力の需要と供給は質的・量的な地域差を示すことになり，時には大きなミスマッチが生じる。

　労働力の本質は，人間の肉体的・精神的能力であるから，基本的には労働力だけを人間から切り離して移動させることができない。したがって，労働市場において労働力の需要と供給に空間的ミスマッチが生じた場合には，人間ごと移動しなければならない。空間的視点が重要である理由は，まずこの事実に求められる。

　仕事の内容は何でもいいから労働力を販売して，代わりに賃金さえ得られればいい，と割り切る人は少ない。仕事は人生の重要な一部分であり，自己実現の重要な手段である。自分のやりたい仕事が地元にないから大都市へと移動する若者はいつの時代も多いし，逆に半農半X（Xは農業以外の仕事）の暮らしを求めて農村に移り住む人もみられる。需要と供給という労働市場の原理とは離れて，働く人間の意志が人の移動を引き起こすことも，空間的視点を要請する。

　日本の大企業や官公庁では，転居や単身赴任を伴う人事異動がしばしば行われる。それは，企業内部における人的資源の最適な配置のためだけではなく，従業員のキャリア形成のため，さらには組織内で昇進するためのステップとし

ても必要とされてきた。グローバル人材とされる人たちは，様々な経験を積み，よりよい処遇を手にしようと，組織の枠に捉われず世界を股にかけて転職を繰り返す。

　以上紹介したような空間的視点から労働や仕事を見つめることの重要性は，これまであまりに見過ごされてきた。裏を返せば，空間的視点をもって労働や仕事の世界を調査・研究する余地はたくさん残されているのである。

2　調査・研究の考え方

労働市場における労働力移動

　経済学的には，仕事に関連した人の移動は，労働市場における需要と供給の空間的ミスマッチが均衡に至る過程とされる。つまり，労働者が合理的な選択をするならば，失業率が高い地域から低い地域へ，賃金が低い地域から高い地域へと労働力移動が発生し，地域間格差が平準化されるはずである。そのような認識の下で，統計や非集計データ（アンケート調査や統計のもととなった個票）の量的分析が数多くなされている。

　ただし，現実の労働市場では，教科書通りの価格メカニズムが貫徹しているわけではない。所得がなければ食べていけないとはいえ，生活基盤を移すような移動は人生の一大事であるから，労働者はなるべくなら移動したがらないものである。しかし，それでは資本主義社会にとって障害となるから，労働市場には様々な制度が発達し，労働力の移動を媒介している（中澤［2014］）。

　日本では，新規学卒労働市場における学校や職安が，労働力移動をもたらす労働市場の媒介項として最も重視されてきたが，製造業務への派遣が解禁されて以降，不安定就労者が派遣会社を通じて移動する体制が出来上がった。現実の労働市場における労働力移動を理解するためには，こうした制度の働きに目を向けることが欠かせない。

キャリアの空間性

　個人のキャリアを空間的視点から研究した事例は，残念ながらそれほど多く

はない。その背景に，データを得ることの難しさがあるのは間違いない。キャリアの空間性を捉えるには，キャリアの変遷を職場の空間的軌跡とセットで記録したデータが必要になる。

こうしたデータは，出来合いの統計からはまず得られないため，オリジナルの非集計データが必要になる。一人前の研究者ならば，幸運にも企業の人事データにアクセスする機会が得られることもあるが，卒論・修論段階では期待しない方がよい。

ならばアンケート調査を，となるだろう。しかし，アンケート調査の実施にはかなりの資金がいる。また，調査票をよほど綿密に設計しないかぎり，キャリアの変遷と職場の空間的軌跡の両方を的確に把握し，意味のある分析に持ち込むことはできない。アンケート調査による研究は，調査票で尋ねたことの枠を決して超えられないことを肝に銘じ，むやみやたらとアンケート調査を実施して「調査公害」を引き起こさないように慎重に取り組むべきである。

しかしアンケート調査ができそうにないからといって，諦めるのは早い。日本経済新聞を開くと，新社長の経歴や会社人事などがほぼ毎日載っている。多くの大学では，ほとんどの教員について出身大学から今までの職歴を公開しているはずである。これを使って，例えば国立大学と私立大学について，教員のキャリアの空間的軌跡を比較してみてはどうだろうか。何事も工夫次第である。

3 主な研究事例

労働市場における労働力移動という観点からの研究は，移動性の高い若者を対象にしたものが多い。太田は，1990年代後半からの景気悪化によって，地方圏の若者の県外就職率が停滞し，このことが地方圏における若年失業率を押し上げたと推察している（太田［2010］）。きわめて経済学者らしいロジックである。

戦後の新規学卒労働市場の制度化過程を分析した苅谷ほか［2000］は，労働市場の制度的側面に着目した研究の代表例である。新規学卒労働市場の制度化によって，農村の余剰労働力が大都市圏へと円滑に移動した結果，高度経済成長が可能になったといっても過言ではない。より空間的視点を追求した山口

図表15-1　刊行物を利用して旧建設省職員の異動を分析した事例

	前職	本省						地方建設局・本局				支所	
現職（1978年）		局長・次長・部長	課長・室長	専門官	課長補佐	技官・事務官	係長	局長・部長	課長・専門官	課長補佐	係長他	所長	副所長・課長
本省	局長・次長・部長												
	課長・室長												
	専門官												
	課長補佐												
地建	局長・部長												
	課長・専門官												
支所	所長												
本省	課長・室長												
	専門官												
	課長補佐												
	技官・事務官												
地建	局長・部長												
	課長・専門官												
	課長補佐												
支所	所長												
	副所長												

（縦軸左：旧七帝大・早大・慶大・中大卒／その他）

凡例：5〜50人　入省年　1954年以前（□）　'55〜（○）　'60〜（●）　'65〜（◆）

（資料）国土開発ジャーナル「建設省要覧」。
出所：伊藤ほか［1979］p.188.

［2016］も好著である。これらの研究からは，歴史資料を活用した研究の醍醐味が味わえる。

　量的分析に軸足を置いて空間的視点からキャリアを分析した事例は，後で紹介する中澤［2008］を除くと，管見の限りでは少ない。とても古いが一見の価値がある研究として，伊藤ほか編著［1979］を挙げる。トピック的ではあるが，ここからは建設労働者の地域間移動，新日鐵君津製鉄所の新設に伴う配置転換，都市銀行管理職の現住地と出身地の関係など，ユニークな研究が得られる。図

表15-1では，刊行されている資料に基づいて旧建設省職員の異動を分析し，出身大学によって昇進ルートが大きく異なることが示唆されている。これにヒントを得たWhiltshireは，職業安定所職員の異動の分析から，職階が上がるにつれて，人口規模が相対的に大きな都市間での移動が多くなることを明らかにした（Whiltshire［1983］）。

4 私の経験：製造業研究開発技術者と 情報技術者の空間的軌跡の分析

　筆者は，主にアンケート調査に基づく量的分析によって，製造業研究開発技術者と情報技術者の職業キャリアの空間的軌跡を分析した（中澤［2008］）。研究開発技術者については，私が日本機械学会の会員となることで入手した会員名簿に基づいて，調査票を配布した（詳しくは中澤［2007］を参照）。

　その時の調査票はA4で4ページであり，経験的にいってこれ以上の分量になると回収率は下がる。調査票の肝は，居住地と職場の変遷，それにその職場で主に従事していた職務をできる限り正確に把握することにあった。ずいぶん工夫したが，それでもかなり複雑な調査票になってしまったことは否めない。

　理系の大学生・大学院生の場合，学部・学科の推薦や研究室のつながりによって就職することが多く，高卒者並みに新規学卒労働市場が制度化されている。そこで，その制度が研究開発技術者の空間移動とどう関連しているのかを分析した。その結果，地方国立大学が地方圏出身者を吸い上げては東京圏へと送り込む人材ポンプの役割を果たしていることが明らかになった（**図表15-2**）。地方圏出身者にとっては，学校を経由することで良好な就職機会へのアクセスが可能になっているが，国土構造の観点からは，人材の東京一極集中を助長する制度として働く。

　時には海外や地方圏への転勤を経験することもあるが，研究開発技術者のキャリアは基本的に東京圏を中心に展開する。40歳前後になると，研究開発の現場から管理職に転じるとともに，郊外の研究所から都心への転勤を経験することが多い。これは，事務系も技術系も，最終的には管理職として処遇しようとする日本企業の特性を反映している。

図表15-2 研究開発技術者の高校卒業後の移動

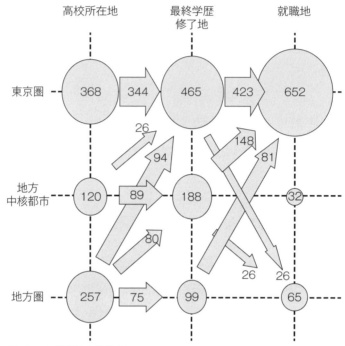

高校所在地　　　最終学歴　　　就職地
　　　　　　　　修了地

東京圏

地方
中核都市

地方圏

注：1）アンケート調査により作成。
　　2）「東京大都市圏」：東京都，神奈川県，千葉県，埼玉県，茨城県。「地方中核都市」：
　　　　北海道，宮城県，愛知県，大阪府，京都府，福岡県。「地方圏」：その他の県。図中の
　　　　数字は人数を表す。なお20人以下の移動流は省いた。

　一方，1980年代以降，ソフトウェア需要が高まる中で，大手ソフトウェア
メーカーが各地に子会社を設立する動きが強まり，ソフトウェア業が地方圏に
も根付いてきた。それに伴って登場する新たなキャリアの空間的軌跡の可能を
模索しようと計画したのが，情報技術者を対象にした調査であった（中澤
[2008]）。
　問題は，どのようにして調査票を配布するかである。情報技術者の名簿はな
い。やむを得ず，NTTのタウンページを使って九州に立地するソフトウェア
業の事業所のリストを作り，事業所票とともに個人票を3通同封し，従業員に
配布してもらうことにした。回収率は低くなるが，背に腹は代えられない。

対象者のほとんどは九州出身者であったが，3分の1は最初の就職先が九州外であった。地方圏のソフトウェア業は，大都市圏での勤務を経験したUターン者に支えられているのである。しかし，年齢や勤務地，事業所規模などを統制すると，九州外での勤務経験は，むしろ賃金を押し下げる結果となった。

　ソフトウェア業の地方圏展開は，地方圏出身者に地元でキャリアを形成する可能性を広げた。しかし，生え抜きが有利であることは変わらず，中途採用のUターン組は賃金面で不利な立場に置かれていたのである。

5　今後の展望

　労働力移動やキャリアの空間的パターンの一般的な傾向を量的に把握することなしに，一人ひとりのキャリアの空間的軌跡を羅列してもあまり意味はない。しかし，私も含め，量的研究をある程度手掛けているうち，次第に違和感が芽生えてきたと語る研究者は多い。

　仕事とそれを通じて構築されるキャリアは，私たちのアイデンティティと深くかかわる人生の重要な一部分である。仕事は余暇や家族生活といった，人生のその他の部分とシームレスに結びついており，他の家族の人生にも影響を及ぼす。転勤の辞令が，子どもの教育，コミュニティの喪失と移住先への適応，住宅の処分と新天地での確保，新たな生活リズムの構築といった問題や不安を引き起こすことからも，それは明らかである。こうした仕事やキャリアのもつ豊かさや深みは，統計やアンケート調査では捉みきれないのではないか。

　これは，私が感じた偽らざる認識論的疑念であるが，より現実的な方法論の次元でも，量的研究は限界に行き当たっているように思う。1999年に実施した研究開発技術者のアンケート調査は回収率24.9％，2001年に実施した情報技術者のアンケート調査（個人票）は回収率12.2％であった。今，同様の調査を実施したら，結果はもっと悲惨であろう。

　統計はどうだろうか。「政府統計の総合窓口」e-statはとても便利で，様々なデータがダウンロードできる。最近では学術研究に個票を用いることの敷居もずいぶん低くなり，研究者が正当な理由に基づいて申請すれば，個票の利用が認められる可能性は高い。しかし，政府の統計も，回答率の低下によって信頼

性が揺らいでいるのである。

　2015年国勢調査において，男性の「分類不能の職業」の割合は，全国で5.2%，東京都では11.2%である。移動状況「不詳」の割合は，全国で9.8%，東京都では何と25.1%に及ぶ。職業と移動状況のいずれかが不詳の割合はもっと高くなるし，空間スケールを小さくしていけばいくほど問題は大きくなる。東京都港区では男性の22.9%が「分類不能の職業」，49.3%が移動状況「不詳」といった状況である。個票を使うにしても，「分類不能」や「不詳」の割合が減るわけではないから，問題の回避にはならない。

　量的研究を否定するわけでは決してない。中澤［2008］以降，私の研究の重点が質的研究に移ったことは確かであるが，量的データを参照して研究事例の位置づけを明確にすることの重要性は忘れていないつもりである。石黒ほか［2012］のように，統計を用いた分析と非集計データの量的分析に，丹念なインタビュー調査を組み合わせて，東京圏への移動をメルクマールとして東北出身の若者のキャリア形成を描き出した優れた研究もある。

　量的研究だけでは，仕事やキャリアの実像を捉えきれないし，肝心の量的データの信頼性が揺らいでいる。「数は力」と素朴に語れる時代は終わりつつある。「どうやったら仕事やキャリアについてよりよく知ることができるだろうか」という認識論的問いを，常に自分に突き付けていくことが求められている。

（中澤高志）

📖 参考文献

石黒格・李永俊・杉浦裕晃・山口恵子［2012］『「東京」に出る若者たち—仕事・社会関係・地域間格差』ミネルヴァ書房。

伊藤達也・内藤博夫・山口不二雄編著［1979］『人口流動の地域構造』大明堂。

太田聰一［2010］『若年者就業の経済学』日本経済新聞出版社。

苅谷剛彦・菅山真次・石田浩編［2000］『学校・職安と労働市場—戦後新規学卒市場の制度化過程』東京大学出版会。

中澤高志［2007］「アンケート調査による地域分析」梶田真・仁平尊明・加藤正洋編『地域調査ことはじめ—あるく・みる・かく』ナカニシヤ出版。

———［2008］『職業キャリアの空間的軌跡—研究開発技術者と情報技術者のライ

フコース』大学教育出版。

─────［2014］『労働の経済地理学』日本経済評論社。

山口覚［2016］『集団就職とは何であったか──〈金の卵〉の時空間』ミネルヴァ書房。

Wiltshire, R.［1983］Personnel Transfers and Spatial Mobility: A Case Study of the Employment Security Bureau. *The Science Report of Tohoku University 7th year.*（*Geography*）33（2），65-78.

第 **16** 章
労働市場の姿を描く
マクロ労働統計の使い方

1 ねらい

　この章では，労働・職場研究のフィールドを踏破する際に携えておきたい装備—マクロ労働統計の使い方について解説する。

　労働・職場研究のフィールドで研究を試みる初学者は，一通りの調査技法を学んだ後，研究仮説を立て，実査に移り，結果を得る。調査者が納得できる，クリアな結果が得られることもある。しかし，得られないこともある。思うような結果が得られなかった理由を初学者は探すだろう。調査対象者の選択は適切だったか，質問文の表現は妥当だったか，質問紙の情報をコンピュータに入力する際にミスはなかったか，研究仮説の立て方に誤りはなかったか，など。

　特に，最後に挙げた研究仮説の立て方の誤りは，研究の遂行自体を相当に危うくするが，また同時に，よく生じる間違いでもある。よい研究仮説を立てるためには，当該の労働者や職場に関する情報が1つでも多い方がよい。しかし多くの場合，調査者は部外者であり，それらに関する情報をほとんど持っていない。ここに調査者が直面するジレンマがある。

　マクロ労働統計の利用は，このようなジレンマをいくらか解消してくれる可能性がある。マクロ労働統計は，研究仮説の立案時点において，研究対象となる労働者や職場に関するおおまかな情報や，その周辺の情報を研究者に提示する。研究対象とした課題は，どの程度多くの労働者や職場で共有されているものなのか，課題に関する関心の程度は過去と現在で違いがあるのか，目標とする課題より優先して解決すべき課題はあるか，などの問いに対する判断材料を，マクロ労働統計は研究者に与える。マクロ労働統計は，労働者数や賃金の情報を基に労働者や企業の行動を分析する労働経済学での利用事例が多いが，マクロ労働統計が示す情報は労働者数や賃金に限らない。職場における種々の制度の有無や仕事に対する労働者の意識などを調べるマクロ労働統計もあり，労

働・職場研究のあらゆる分野において仮説立案を助ける装備たり得る。

　加えて，研究開始後に得た質的，量的な情報について解釈する際も，マクロ労働統計は有用な装備となる。実査で得られた情報は他の事例と比較して一般的か特殊か，特異な場合はどのような意味でどの程度差異が生じているのか，などの考察は，得られた情報と他の情報を比較検討することで初めて可能となる。質の高い労働・職場研究は，得られた情報がどの程度の普遍性を持つか，また，もし特異な情報を得たのであれば，他の情報とどのような点で差異があるのかについて，客観的で説得的な記述を含む。得られた情報について，俯瞰的な視座に立って比較と相対化の作業を試みるとき，マクロ労働統計が提供する情報は研究者の思考を大いに助けるだろう。

2　調査・研究の考え方

マクロ労働統計とは何か

　マクロ労働統計とは，日本国内であれば厚生労働省や総務省統計局などの政府機関が作成し公表する，労働に関する各種の政府統計であり，日本国外であれば各国の統計局などの政府機関が作成し公表する，労働に関する各種の政府統計の総称である。加えて，複数国のマクロ労働統計を，国際労働機関（ILO）や経済協力開発機構（OECD）などの国際機関が収集・整理し，国際比較可能な形で公表する各種の統計も，マクロ労働統計の一種といえる。

　マクロ労働統計を作成する際の原データは，個々の労働者，世帯，企業などを調査対象として政府機関が収集する。収集した原データ（ミクロデータや個票データと呼ぶ）がそのまま政府機関外に公開されることは，一部の例外を除き，ない。一般には，性別や年齢，産業などの属性を軸にして原データを集計し，集計結果のみを公表する。賃金を例にとれば，調査対象となった個々の労働者の賃金がそのまま明らかにされることはなく，全体（マクロ）の賃金の状況を表す数字として，性別，年齢別，産業別の労働者の賃金の平均値が計算され統計表として公表される，といった具合である。

　マクロ労働統計は，労働者や職場に関する全国レベルの情報を偏りなく含む

ように調査が設計されている。また，調査対象となる労働者数や事業所数も数千から数十万と多く，有効回答率は少なくとも50％を超える。これらの条件を満たすように民間の調査主体が調査を実施することは相当に困難で，それゆえ研究者は，信頼の置ける情報源としてマクロ労働統計を重要視している。

種類と分類の軸

　労働・職場研究に関連するマクロ労働統計は膨大なため，そのすべてを本節で紹介することは難しい。そこで以下では，マクロ労働統計の理解を助ける分類について説明した後に，代表的なマクロ労働統計について取り上げたい。

　マクロ労働統計を分類する軸は2つある。1つ目は全数調査か標本調査かという軸である。大半のマクロ労働統計は標本調査，つまり母集団から一定のルールに従い標本を無作為抽出する形で調査を実施しているが，例えば『国勢調査』は国内の全住民を調査対象としている。『国勢調査』のような全数調査は実査の費用が莫大なため，5年に1回の間隔で実施されるが，この全数調査の結果があるからこそ，その結果を母集団として標本調査を実施することができる。

　2つ目は，動向調査（経常調査）か構造調査（周期調査）かという軸である。動向調査は，労働者や職場に関する一国全体の情報を時系列的に把握する，速報性のある調査である。対して，構造調査は，速報性や時系列的な接続可能性には欠けるが，労働者や職場の様々な属性ごとに詳細な情報を把握する調査である。構造調査の調査周期は，毎年，5年ごと，不定期など，調査によって異なり，必ずしも直近の情報が得られない可能性について留意する必要がある。

　労働・職場研究の研究者にとって有用な情報が多く含まれるのは，動向調査よりも構造調査のことが多いだろう。構造調査はさらに2タイプに分かれ，ある属性を持つ労働者の数や平均賃金を把握するタイプの調査と，職場における制度の有無や労働者が感じる満足度，意識などを把握するタイプの調査がある。

　前者のタイプの調査の代表例は，『就業構造基本調査』や『賃金構造基本統計調査』などである。後者のタイプの調査は数多くあり，代表的な調査を挙げることは難しい。一例を挙げれば，2010年代後半から多くの職場で課題となっているワーク・ライフ・バランスに関係する情報が含まれるマクロ労働統計と

しては，『雇用均等基本調査』，『賃金事情等総合調査』，『就労条件総合調査』，『労使関係総合調査』などがある。

　他の研究課題に関連する情報が，どのマクロ労働統計に含まれているかを知りたいときは，以下の情報源が有用である。1つ目は労働政策研究・研修機構のサイトにある「統計情報」のうち，特に「労働統計所在案内」のページ。2つ目は厚生労働省のサイトにある「知りたい統計（テーマ）」のページ。3つ目は『日本労働研究雑誌』の2013年4月号の特集「テーマ別にみた労働統計」，および，1995年1月号の特集「労働統計を読む」における各マクロ労働統計の紹介論文である。

データの探し方と利用上の注意

　2000年代以降，国内外のマクロ労働統計の集計結果（以下，データと記す）の多くは，ウェブ上で利用可能になっている。それゆえ，研究上関心のある単語と「統計」「データ」などの語を組み合わせてウェブ上で検索すれば，関連性の高いデータにアクセスし，入手することが可能となっている。また，先述の労働政策研究・研修機構や厚生労働省の各ページには，個別のマクロ労働統計のデータへのリンクが設けてある。加えて，政府統計の総合窓口（e-Stat）のサイトでも，キーワードなどによる検索が可能となっている。

　ただ，ウェブ上でデータを検索して探す際には，併せて以下の3点に十分に注意を払う必要がある。1点目は，データがどのように収集され計算されたかについての記述を必ず確認することである。例えば『賃金構造基本統計調査』の最も基本となるデータは，企業規模が10人以上の企業に勤務する一般労働者を集計対象としており，短時間労働者あるいは企業規模が9人以下の一般労働者の賃金は集計から除外されている。企業規模や一般労働者がどのように定義されているかを確認しない限り，このデータを正確に解釈し活用することは困難である。データの収集範囲や，集計方法，用語の定義，調査票のレイアウト，調査票の記入方法などについては，ウェブ上に必ず記載があるので，データの利用前に一通り目を通しておく必要がある。

　加えて，標本調査の数字は，必ず標本誤差を伴うが，この誤差に関する情報を確認することも重要である。例えば，2017年の『就業構造基本調査』の中で，

東京都に居住する仕事が従な65〜69歳の者は約10万人（99,900人）いる。同調査の中で公表されている標準誤差率の表を確認すると，東京都における10万人の数字に関しては，5.65％の誤差があると記されている。雑駁に言えば，上記の約10万人という数字は，94,350人かもしれないし，105,650人かもしれない，ということである。

『就業構造基本調査』のような標本サイズが大きい（全国の約50万世帯の約100万人が調査対象）調査ですら，この程度の標本誤差が生じうる。標本サイズがさらに小さい他の調査に掲載されている数字の解釈に，十二分に注意を払う必要があることは言うまでもない。書店などで冊子の形で販売されるマクロ労働統計には，この標本誤差に関して記述したページが必ずあるが，ウェブ上で提供される情報では標本誤差に関する記述が割愛されていることがある。マクロ労働統計が示す情報を正しく読み取るためにも，図書館などに足を運び，冊子の形でマクロ労働統計に接する機会を持つことが強く推奨される。

2点目は，1990年代以前のデータがウェブ上に存在することは少なく，冊子の形などで存在するケースが多いことである。物心ついた頃からウェブやICT機器に囲まれて育ったデジタルネイティブ以降の世代は，ウェブ上に存在する情報＝世界に存在する全情報，と無意識に捉える傾向が強く，特に注意を要する。1990年代以前のデータについては，冊子の形で入手できるかを，CiNii Booksや図書館のデータベースなどで確認する意識を持つとよい。

3点目は，ある研究課題に関連するマクロ労働統計は，複数存在する可能性があることである。例えば，パートタイム労働者数の推移を調べるとき，『労働力調査』と『毎月勤労統計調査』という，いずれも標本調査の動向調査が候補となる。しかし，前者は勤務先における呼称がパートである者が集計対象となるのに対し，後者は所定労働時間または労働日数が一般労働者よりも短い者が集計対象となっており，両統計のパートタイム労働者の定義は異なる（両統計の差異は，非正規労働者をどのように定義するか，という根本的な問題とも関連するが，ここではこれ以上は立ち入らない）。ウェブ上での検索結果に安易に飛びつくことなく，対象とする研究課題と定義が近い，あるいはより関連性が高いマクロ労働統計が他にないか，慎重に渉猟する姿勢が欠かせない。

もしこれらの点を軽視したままウェブ上から得たデータを利用した場合，ミ

スリーディングな結論を導く可能性が非常に高くなる。表面的には客観的で説得的に見える記述ができるかもしれないが，研究の妥当性，信頼性は大いに損なわれる。データの誤った利用は，真の解から研究者を遠ざけるのである。

3　主な研究事例

　本節では，マクロ労働統計の丁寧な読み込みを基に議論を展開している文献の一例として，小池和男［2018］『企業統治改革の陥穽』（日本経済新聞出版社）を取り上げる。周知の通り，小池は労働・職場研究の分野で，丹念な実査を基に優れた業績を数多く残している研究者である。このような労働・職場研究の熟達者が，マクロ労働統計をどのように吟味し利用しているのかを学ぶことは，特に初学者にとって様々な気付きを得られる点で有益であろう。

　小池は，企業が長期的に競争力を保つための基盤として，労働者の発言に注目する。2010年代以降の日本の企業統治改革に関する巷間の議論の中では，企業が適切な経営戦略を選択し利益率の向上を企図する過程において，社外取締役が果たす役割が強調されている。小池はこれに疑義を唱える。誤解を恐れずに要約すれば，企業経営に対して，労使協議制などを通した労働者の発言の程度が高いほど，企業の生産性が向上する可能性がある旨を小池は主張する。

　小池は，書の後半で，社長の進退に対する労働者の発言の有無と企業業績との関連を個別企業の事例に基づいて考察している。ただ，考察の前に，労使協議制などを通じた労働者の発言の程度がどのように変化してきたのかを，マクロ労働統計に基づき確認している。

　小池が用いたのは，厚生労働省の『労使関係総合調査（実態調査）』である。この調査は毎年実施される標本調査の構造調査であるが，調査の内容が周期的に変わるという，少し変わった特徴を持つ（厚生労働省にはこの種の調査が他にも複数ある）。例えば，この調査の2017年の内容は「労使間の交渉等に関する実態調査」であり，前年の2016年の内容は「労働組合活動等に関する実態調査」である。小池はこの調査で「労使コミュニケーション調査」が実施された年のデータを用いて，1970年代後半から2000年代後半にかけて労働者の発言の程度がどのように変化したのかを確認している。

小池はこの調査から得た数字を並べて，労働者の発言の程度に関する推移を確認するにあたり，約30年の間に調査方法がどのように変化したのかを慎重に確認している。調査対象者数，調査対象者の抽出方法，調査対象となる企業の範囲など，確認の内容は多岐にわたる。そして，この調査は約30年間のうちに調査対象企業がより小さい企業にまで拡大していることを指摘した上で，推移を確認する際には，企業規模別に集計された数字も併せて検討している。

また小池は，調査票のワーディングに関する異時点間の差異に相当に気を遣っており，調査票までさかのぼって，どのような内容を，どのように調査対象者に尋ねているかを丁寧に確認している。動向調査と異なり構造調査の場合，優先的に調べたい事項が各調査時点で異なることがあり，調査票の内容を変更した結果，データが時系列的な接続可能性を欠いてしまう場合がある。小池はワーディングを吟味し，時系列的に接続可能な項目を選び出した上で，全体としては労働者の発言の程度が衰えていること，しかし，一部の労働者では発言の程度が2000年代に再び強まっていることを指摘している。

4　私の経験：日本の賃金格差の背景要因のデータ分析

本節では，本章の筆者が2000年頃にマクロ労働統計を用いて，日本の賃金格差の背景要因について分析した際の経験を少しだけ紹介したい。1990年代後半に成果主義的な人事制度の導入やPCなどのICT機器の普及が進むと，これらの要素が労働者の賃金をいかに変化させ，結果的に賃金格差が拡大するのか否かに研究者の関心が集まった。両者の関係を直接的に検証する方法としては企業内の労働者を対象とする実査（調査を実施すること）が最適だが，実査の能力に乏しい筆者は別の方法，つまりマクロ労働統計の情報から間接的に検証することを試みた。

分析には『賃金構造基本統計調査』内の賃金分布のデータを使用した。要因分解の手法を適用して，２時点間の賃金格差の増減を３つの要因，すなわちａ）年齢階層間要因（年齢階層間での格差の拡大縮小），ｂ）年齢階層内要因（同一年齢階層内での格差の拡大縮小），ｃ）高齢化要因（年齢階層内格差が大きい高年齢労働者が全労働者に占める割合の増減）に分解した。成果主義や

PCの導入に伴い年功的な評価要素の比重が小さくなるので，上記 a は縮小するのに対し，b は拡大すると予想された。計算の結果，1990年代後半に b は拡大していたことが示され，その後の研究によれば，この拡大傾向は2000年代以降も続いていた。2000年代に入り，成果主義やPCの導入と賃金格差との関係を直接的に検証した研究が複数報告されたが，どちらかと言えば成果主義やPCの導入が賃金格差を拡大させるという研究が多かったように感じる。マクロ労働統計を基に得られた傍証が，詳細な実査の結果と整合的であった一例である。

5　今後の展望

　労働・職場研究は伝統的に，何らかの理論仮説を基に演繹的に研究することが多い。ただ，マクロ労働統計から数字を拾って数多くのグラフを作成していると，一般的な常識や理論仮説と整合的でない結果，あるいは，まだ誰も気がついていない興味深い結果が得られることが稀にある。大量のデータが低費用かつ高速に処理可能となった結果，労働者や職場が置かれている状況をデータに語らせるタイプの帰納的な研究が，今後，増えていくことが予想される。

　また少々予算が必要だが，研究者の関心に応じて政府統計を再集計できるオーダーメード集計の仕組みを利用し，オリジナルの集計結果を得て，これを基に研究仮説を立てることも考えられる。オーダーメード集計の仕組みの中で利用可能なマクロ労働統計が増え，利用者の利便性が向上することを期待したい。

（篠崎武久）

調査の道具を身につける

文献の調べ方

文献とは

　労働・職場調査をするにあたって，ただやみくもに調査をするのではなく，その前に文献を調べる必要がある。これは，一人前の研究者であれ，学部生であれ，同様である。文献とは，公にされた研究や調査などの記録である。他人がこれまで何を行い，何が明らかになっていて，何が明らかになっていないのかについて文献を通して知ることが大事である。

　文献には様々なものがあるが，大きく分類すると論文，図書，記事の3種類となる。論文とは新しい研究の成果が示されているものであり，最新の動向を知るためにその収集は必須である。図書とはいわゆる本のことであり，小説やコミック，大学の教科書や専門的な内容の研究書など様々な種類がある。また，論文集という意味合いの強い図書もある。とりわけ，リーディングスと呼ばれるものは，その傾向にある[1]。記事は，新聞や雑誌などで，記者が取材をして執筆したものや，事例紹介のような組織の内部の者が執筆したものもある。

　論文と図書は先行研究の検討をする際に必要であるし，記事は調査の事前情報としても必要なので，くまなく収集しておきたい。収集の仕方としては，第1にインターネットでの検索である。学部生の方々には，まず，CiNii（https://ci.nii.ac.jp/）での検索をお勧めする。また，第2に図書館で探すということも重要である。大学図書館，国会図書館，専門図書館の順で説明していこう。学部生の方々にとって，国会図書館や専門図書館はハードルが高いと思われるかもしれないが，レポートや卒業論文を書く際に，国会図書館や専門図書館も是非利用してもらいたい。

大学図書館で探す

　先ほどのCiNiiで検索すれば，必要な文献がどの大学図書館に所蔵されてい

るかもわかる。必要な文献が自分の所属する大学にあれば，すぐ手に取ることができるが，ない場合はどうすればよいか。その時は，大学図書館のレファレンスで紹介状を書いてもらい，他大学へ出向いて閲覧することもできる。また，大学図書館のレファレンスで他大学の図書館へ貸出しをお願いすることもできるし，コピー（複写依頼）を申し込むこともできる。まずは，このようにして文献を入手してほしい。

　ところで，労働・職場調査をする際，調査対象はどのように決めたらよいのだろうか。普遍的と思われる事例，あるいは特殊と思われる事例，どれを選ぶかは調査者によって様々な思惑があるだろう。ただ，いずれにしても，単なる思いつきで調査対象を決めるのではなく，文献を読んで調査対象を絞り込むということが重要となってくる。

　筆者の場合，大学院の修士課程に在籍していたとき（1996年4月～1998年3月），日本企業における人事処遇制度の歴史的展開と労使関係について分析しようと考えたが，当然ながらその時点で調査対象は決まっていなかった。そのとき採った方法は，定評のある実務雑誌の1つである『労政時報』の各号を大学図書館ですべて目を通し，あらゆる企業の人事処遇制度改訂に関する記事を集めるというものであった。幸い，筆者の所属する大学の図書館には『労政時報』が収められていたため，他大学へ出向く必要はなかった。

　『労政時報』に掲載されていた人事処遇制度改訂の様々な事例を読んでいくうちに，三菱電機では「資格制度」と呼んでいるものを1968年に導入し，その後1978年，1986年，1993年と改訂していることがわかった。そのとき思ったのが，この改訂時期は日本企業における人事処遇制度の画期と合致しているということである。当時の日経連によって能力主義が提唱されたのは1960年代のことであり，その具現化としての職能資格制度が展開していったのは1970年代半ば以降であった。また，1990年代になると，職能資格制度の問題点が指摘され始めていた。以上を踏まえ，人事処遇制度の歴史的展開を実証的に明らかにするにあたって，三菱電機の事例に即して研究を進めることが妥当なのではないかと思ったわけである。そのため，鉄鋼業でもなく，自動車産業でもなく，電機産業の，とりわけ三菱電機を調査対象とすることを筆者は決めたのであった[2]。

　調査対象を三菱電機に絞ったあと，今度は三菱電機労働組合の運動史を入手した。これも所属する大学の図書館が所蔵していた。なお，それでも資料が足りないと判断した私は，三菱電機労働組合へ電話をかけ，歴史資料の収集を試みたが，この話は後の第3部❷「歴史資料」のところへ譲る。結果として，筆者は歴史資料を入手することができ，それをもとに修士論文を執筆した。

国会図書館で探す

　その後，筆者は1998年4月に大学院の博士後期課程へ進学したが，それからは三菱電機の人事処遇制度改訂に関するあらゆる記事について探し始めた。今度は『労政時報』以外の実務雑誌にもあたった。その際，非常に有効だったのが国立国会図書館のデータベースである。これは現在，NDL ONLINE国立国会図書館オンライン（https://ndlonline.ndl.go.jp/#!/）となっており，「三菱電機」と検索するだけで雑誌記事が16,000件以上もヒットする。

　このデータベースの存在に気づいたのは今から20年近く前の2000年ごろであったと思う。当時はデータベースの構築がそれ程進んでいなかったと思われることから，ヒットする件数も今と比べて少なかった。そのため，一つひとつの検索結果に目を通し，必要な雑誌記事を集めることができた。これは大変な作業ではあったが，そのおかげでこれまで入手していなかった雑誌記事を取り寄せることができた。それらの中には，三菱電機の人事担当者が執筆したものなども含まれていた。非常に有益な資料といえるだろう。

　もちろん，今でも16,000件以上ヒットするからといってすべてに目を通すことができないわけではない。だが，今後もデータベースの構築が進んでいくことを考えると，定期的にすべてチェックするのは労多くして益少なしである。そこで，筆者は，現在，定期的にチェックする際，「三菱電機」と「賃金」，および「三菱電機」と「人事」というように用語を2つ入れて検索をしている。これにより，ヒットする件数はぐっと減る。今でも定期的に検索するのは，新たに刊行された雑誌記事を入手するためだけでなく，データベースの構築が進んだことによってヒットするようになった古い雑誌記事を入手するためでもある。

　雑誌記事を集めるようになると，人事部の方や労働組合の方が執筆している

ものが多くあることがわかる。これらの方々の人名でも検索をすると，より多くの雑誌記事を入手することができる。例えば，三菱電機には中川俊一郎氏という有名な人事担当者がいた。戦後直後期の1951年にダイヤモンド社から『労務管理の基礎知識』という本を出版していたりもする。筆者は，この中川俊一郎氏の書いたあらゆるものを入手した。人名で雑誌記事を検索するところまでやれば，文献の入手についての漏れはだいぶ防げるであろう。

専門図書館で探す

　大学図書館や国会図書館で文献を探すだけでなく，専門図書館で文献を探すことも重要である。労働関係の専門図書館といえば，労働政策研究・研修機構（JILPT）の労働図書館，法政大学大原社会問題研究所，大阪産業労働資料館（エル・ライブラリー）などが挙げられ，それぞれweb上で蔵書を検索できる。

　筆者は，三菱電機に関する文献をくまなく収集することを心がけていたため，労働政策研究・研修機構（JILPT）の労働図書館でも探してみた。すると，そこでは三菱電機労働組合が発行していた『菱労新聞』の縮刷版を全巻所蔵していた。『菱労新聞』は，CiNiiで検索すると東京大学社会科学研究所が部分的に所蔵していることになっている。また，NDL ONLINE国立国会図書館オンラインで検索してもヒットしない。このことは，CiNiiやNDL ONLINE国立国会図書館オンラインでの検索にも限界があり，専門図書館でないと入手できない文献があることを示している。

　学部生の方々でも，専門図書館で文献を探すところまでやってほしい。そうすれば，立派なレポートや卒業論文を書くことができるであろう。

（鈴木　誠）

[注]
1　日本労働研究機構（JIL）の「リーディングス日本の労働」は，過去の有益な論文を再録したものである。また，ミネルヴァ書房の「叢書・働くということ」，大月書店の「労働再審」などに収められている論文も，先行研究として熟読するに値しよう。このようなリーディングスから先行研究を探すということも重要である。
2　その後，三菱電機について調べていくと，かの有名な日経連『能力主義管理』のなかで各社の実践事例として紹介されており（正確にはM電機として，329ペー

ジから334ページの間で紹介されている），また日経連『新職能資格制度』でも312ページで三菱電機の事例が紹介されていることを知った。

歴史資料

歴史資料とは

　歴史資料とは何か。まず，史料と資料について説明しよう[1]。史料とは，一般的に，文字で記された情報源，文献史料ないし文書史料のことを指すが，文書とはいえない断片的な文字表現も含まれることから，文字資料のことを指すといったほうがより適切であろう。具体的には，記録，書簡，帳簿など文字で書かれたものを思い浮かべればよい。これに対して，資料という場合，文字資料だけではなく，写真やポスターなどの画像，映画や動画などの映像，社屋や工場などの建造物，工具や機械などの用具・機器，職場のOBなどに対するオーラルヒストリー（聞き取りに基づく記録）など様々なものが当てはまる。このように，資料とはより広い概念で，文字ではないものなども含む。本節でいう歴史資料とは，後者の資料と重なる概念であり，歴史的な資料を意味する。

　また，資料という場合，一次資料と二次資料という区分がなされることもある。ただし，これには明確な定義がないように思われる。ここでは，一次資料とは書簡，日記，政府や企業の記録，写真など，ある出来事を直接的に記録したものを指し，二次資料とは直接的な記録ではなく，直接的な記録を編集，加工したものを指すこととしたい[2]。

　以下では歴史資料，とりわけ一次資料の入手方法について説明する。

歴史資料の発掘

　まずは専門図書館に足を運んでもらいたい。労働関係の歴史資料を所蔵する専門図書館として，労働政策研究・研修機構（JILPT）の労働図書館や法政大学大原社会問題研究所，大阪産業労働資料館（エル・ライブラリー）などが挙げられる。専門図書館で必要な歴史資料を所蔵していれば，それほど苦労をせずに研究成果を出すことができる。

　ただし，専門図書館で必要な歴史資料を所蔵していない場合もある。むしろ，その場合のほうが多いであろう。都合よく必要な歴史資料を入手できるとは限らないのである。大方はここで諦める。それでも入手したければ，自分で発掘するしかない。だが，労働関係の歴史資料は，企業や労働組合の倉庫，個人宅などにある場合が多い。これらは図書館と異なり，誰でもアクセスできるものではない。保有者には歴史資料を提供するメリットがないため，基本的には入り口が閉ざされている。

　とはいえ，どうしても諦めきれないという読者もいるだろう。その場合，どうすればよいか。筆者は，保有者に歴史資料を提供してもよいと思ってもらえるよう，熱意をもって最善を尽くすことが大事であると考えている。歴史的事例研究を行う場合なら，どのような研究テーマで，なぜ調査対象として選定したのか，そしていかなる歴史資料が必要なのかを明確に説明できるよう準備しておくことが重要である。

　第3部❶の「文献の調べ方」で，筆者は三菱電機労働組合から歴史資料の閲覧を許可していただいて修士論文を執筆したことを述べた。ここでは，そのいきさつを紹介する。以下の内容は，2015年に刊行した科研費報告書である『吉村俊夫オーラル・ヒストリー』の解題と幾分重なるがご容赦願いたい。

調査前の準備が大事

　吉村俊夫氏は1986年から1998年まで三菱電機労働組合の中央執行委員で，その間に賃金担当もなさっていた方である。三菱電機労働組合の賃金政策の策定に大いにかかわった人物であるといってよい。

　筆者と吉村氏の出会いは，筆者の向こう見ずといわれても仕方のない1本の電話から始まった。当時筆者は大学院の修士課程で三菱電機を対象とした人事処遇制度の研究を進めていたが，組合運動史や雑誌記事などの公刊されている歴史資料だけで研究を進めることに限界を感じ始めていた。人事処遇制度の研究をする場合，労使関係を無視することができない。そして，労使の利害対立と調整のプロセスを明らかにする必要がある。そのためには労使協議の議事録が欲しいと考えた。しかしながら，そのような歴史資料を図書館で入手することは不可能である。既に修士課程の2年目を迎えていた筆者は，このままでは

よい修士論文が書けない，と焦っていた。1997年の夏のことである。

　そのような中で，筆者は三菱電機労働組合の電話番号を調べ出した。そして，電話をかけ，不躾にも「内部の歴史資料を見せてほしい」と懇願したのである。その時，対応してくれたのが吉村氏であった。当然ではあるが吉村氏の反応は鈍く，「組合運動史があるから，そちらを見てください」というものであった。筆者は，「組合運動史は既に目を通してあり，さらに詳細な歴史資料を見せてほしい」と再度懇願した。今から考えても，非常に強引だったと思う。しかしながら，吉村氏は「そこまで言うなら，一度，組合会館に来てください」と面会を許可してくれた。

　そして，筆者は1997年の8月上旬に吉村氏に面会すべく，あざみ野にある，当時移転したばかりの組合会館へ向かった。吉村氏はとても暖かく迎え入れてくれた。しかし，筆者の「不注意」から一転，吉村氏は困惑したように思えた。というのは，吉村氏の「何について知りたいのですか？」という質問に対して，筆者は「新資格制度について知りたいです」と述べたのである。

　「新資格制度」とは雑誌記事で使われていた用語であるが，正式には「資格制度」であり，「新」と言ってもいつのものだかわからない。吉村氏は，「いつの新資格制度ですか？」と切りかえしてきた。そこで，筆者は「1968年，1978年，1986年，1993年に改訂されたものです」と当時までのすべての改訂について知りたいと告げた。『労政時報』という定評のある実務雑誌の各号に目を通し，三菱電機の人事処遇制度改訂に関わる記事を何度も読み返していたため，改訂時期について自然と暗記していた。

　筆者の熱意を伝えるには，それだけで十分であった。吉村氏は感心してくれ，夏休み明けから組合会館へ歴史資料の閲覧に来てもよいとおっしゃってくださった。この場合の歴史資料とは，『本部ニュース』（のちの『melonレポート』）という労働組合本部が発行している機関紙の各号であり，そこには労使協議の内容が事細かに記されていた。これが，会社側へ相談せずに労働組合の独自判断で閲覧を許可できるギリギリのラインということであった。

　筆者はこうして歴史資料を発掘した。これが唯一の方法ではないだろうし，また同じ方法でも歴史資料を発掘できるとは限らない。ここで言えることは，それほど多くはない。すなわち，調査前の準備を十分に行う，これによって不

可能を可能にすることができるかもしれないということである。

研究を通して社会貢献する

このように筆者の強引な懇願から事は始まったのだが，吉村氏は筆者の研究を後押ししてくれ，その結果，三菱電機を対象とした人事処遇制度と労使関係に関わる歴史的事例研究で修士論文を執筆することができた。それ以降も吉村氏は筆者が発展的に行っている研究の意義を認めてくれ，資料収集の手はずを整えてくれたり，オーラルヒストリーの作成に応じてくれたり，また人事部のキーパーソンを紹介してくれたりと最大限の協力を惜しまないでくださった。そのおかげで，現在，筆者は三菱電機の労使双方から協力を仰ぐことができている。

最後に。筆者のご無理に対して発してくれた，「これも社会貢献です」という吉村氏の言葉が今でも胸に突き刺さったままである。筆者は，まだ吉村氏に恩返しができていない。御恩に報いるためには，研究を通して社会貢献しなければならない。学部生であれ，一人前の研究者であれ，提供いただいた資料を塩漬けにせず，確実に研究成果を出していくことが求められる。労働・職場調査は基本的に協力者の厚意で成り立っている以上，研究を通して社会貢献することが労働・職場調査の道を拓いていくことにつながるであろう。

（鈴木　誠）

[注]

1　ここでの史料と資料に関する記述は，福井憲彦［2006］『歴史学入門』（岩波書店）第2章を参考にした。

2　なお，図書館の分野では，一次資料とはオリジナルな情報を記載した資料のことで，図書，逐次刊行物などを含み，二次資料とは目録，牽引などを指すようである。これについては，後藤暢・松尾昇治編［2007］『図書館資料論　改訂版』（教育資料出版会）p.133を参照のこと。

調査倫理

「共同作業」としての労働・職場調査

　労働・職場調査は，その対象となる人物や現場が存在していなければ，そもそも実行することはできない。このことは当たり前であるが，インタビューや参与観察などの，対象との直接の関わりを要する調査を実行する場合には必ず念頭に置いておかなければならない。というのも，多くの場合調査者は「部外者」であり，その部外者に対象が情報を提供してくれることによってはじめて調査が成り立つからである。ゆえに，労働・職場調査は調査者と対象者の共同作業の産物なのである。

　このことは，科学的な調査といえども，常に対象者との「人付き合い」が調査プロセスの中に含まれることを意味する。そうである以上は，対象者との接し方に関しても，かなりの程度注意を払う必要がある。

対象者を尊重した調査プロセスの重要性

　調査対象者に対しては，調査目的・得られたデータの利用方法・公開方法・管理方法などについてあらかじめ説明を行う必要がある。可能であれば，同意書を作成して，調査開始前に署名等をもらうようにすることが望ましい。また，調査者が所属している団体や組織によっては，研究倫理委員会等が設置されている場合もある。その際には，委員会が定める調査手続に従う必要がある。

　調査が始まってからは，相手に対して事前に伝えた調査目的にとって必要以上の介入をしてしまっていないかを常に留意する必要がある。また，事前に説明した通りの内容であっても，何らかの理由で相手が協力を拒否する場合もある。その際には潔く諦めなければならない。あくまで対象者は情報を提供している側なのだから，それを中断する権利を当然持っている。

　調査が一通り終わったあとには，調査者はそのデータをもとに分析を行い，

論文等の執筆を進めることになる。論文の原稿が完成した際には，それを大学等に提出する前に，対象者にチェックを依頼する必要がある。事前に調査目的や公開方法について説明しておくことが大前提であるが，調査者がまとめた内容に対象者にとって公開できない情報や公開してほしくない情報が含まれている可能性がある。そうしたトラブルを避けるためにも，チェックのプロセスは必要である。特にチェックしてもらう論文が大部である場合は，相手が無理なく読める時間が取れるように，余裕をもって執筆を行わなければならない。

　こうした研究倫理については，様々な学会等が指針を打ち出しているので，調査を始める前に目を通しておこう。筆者の属する日本社会学会でも，下記HPで「日本社会学会倫理綱領にもとづく研究方針」がまとめられているので，ぜひ参照してもらいたい。

URL：http://www.gakkai.ne.jp/jss/about/researchpolicy.php

対象と良好な関係を築くために

　労働・職場調査では，しばしば対象者が，自らの働き方や組織に関わる問題の解決を期待して調査者の調査を受諾することがある。もしくは，そこまで明示的な期待はなくても，自らの状況に対する何かしらの見解を得たいという関心から，インタビュー等を受諾する対象者も多い。そうした期待に応えることは，対象者を尊重するうえではもちろん，調査者が長く調査を続けていくうえでも重要である。

　そのためには，まず調査目的を説明する段階かそれ以前に，対象に関する情報を収集しておく必要がある。それには第3部❹〜❻の職場見学・文化的コンテンツ・白書・業界誌の利用などが有効だろう。対面での説明のときに雑談的に相手の状況を可能な範囲で尋ねるのでもよい。そしてより重要なのは調査が始まってからである。インタビューや観察をしながら，相手がどのようなことを解決すべき課題だと考えているのかを鋭く捉えていく必要がある。もしも対象者が自分自身では言語化できていないような問題を見出すことができたのならば，その調査はかなりうまくいったと思ってよいだろう。

　調査の結果から得られた内容を，論文とは別に対象者にフィードバックすることも有効である。相手がどのようなニーズを有するかを正確に掴んでいれば，

自らが集めたデータの中から特にどの部分が重要であるかもおのずとわかってくる。そこで対象者から良好な反応を得ることができれば，長期的な関係を結ぶことができ，調査内容をより豊かにしていくことも期待できるだろう。このように，労働・職場調査を実施するうえでの対象者との接し方への配慮は，調査者として守るべき倫理というだけでなく，調査の成否自体も左右する，労働・職場調査のきわめて重要な要素である。

（松永伸太朗）

職場見学（工場見学）

3つの効用：調査設計に活かす，解釈を深める，新たな研究のアイデア

労働調査を行ううえで，「参与観察」を研究手法としていなくとも，直接自分の目で現場を見ることで得られる知見は多い。学生や研究者にとって，職場見学（工場見学）は手軽に現場を知ることができる方法といえる。そのうえ研究に役立つことも多く，質的調査を行う人だけでなく，量的調査をする際にも有益である。以下では，職場見学によって得られる研究上の効用について述べよう。

職場見学の効用の第1は，調査設計に活かせることである。事前に資料を収集し，先行研究を読み込んでも，それだけでは職場の詳細な状況がわからず，有効な仮説や質問項目などが構築できないケースが出てきてしまう。実際に事前に調査する企業や調査する企業と同一業種の現場を見に行き，職場や工程を俯瞰したり，特定の工程や持ち場（従業員が担当している仕事の範囲や仕事をしている場所）に注目したりすることで，思いもよらなかった発見が得られて仮説の構築につながることがある。また，実際の職場をイメージできるようになるので，労働者へのインタビューやアンケート調査の質問項目や選択肢を，より回答者が答えやすいもの，職場の実情にあったものへとブラッシュアップすることも可能になる。

第2の効用は，調査結果の解釈を深めることが可能になり，研究の説得力が増すことである。インタビュー調査で貴重な情報が得られたり，量的調査の分析で面白い結果が出たりしても，現場で実際に起きていることとかけ離れた，現実的にはあり得ない解釈をしてしまう危険がある。しかし，分析対象の（もしくはそれと類似した）職場を見ておくことで，このような危険は減少する。さらには，現場を見ることによって，自分の頭のなかで考えていただけでは到

底気づかなかったような解釈のヒントが得られることもある。

第3の効用としては，たとえ職場を見ることが現在進行中の研究には直接役立たなくとも，将来的に新たな研究を開始する際の予備知識が得られることである。職場を直接見たことによって生まれた疑問がすぐに新たな研究のヒントになることもあるし，研究を進めていくなかで他の情報と組み合わさったときに新たな研究が生まれることもある。また，職場見学は本格的な「観察」調査よりも短時間で現場の情報を得ることができる。すなわち，職場見学は多くの職場を知ることができる方法なのだ。いずれにせよ普段から折に触れて職場見学をしておくことをお勧めする。

どうアクセスするか

それでは，どうすれば職場見学に行けるのかを説明しよう。

① 工場（職場）見学ツアーに申し込む

最も簡単な方法は，企業が用意している工場見学ツアーに申し込むことである。目的の企業・工場が工場見学ツアーを実施している場合，たいてい当該ホームページに工場見学の日時や内容，申し込み方法などが掲載されており，インターネットで予約ができる場合もある。見学先が食品工場や飲料工場であれば主力製品の試食ができたり，お土産をもらえたりすることが多い。

工場見学はしたいけれど，どこに行くのかはっきりしないなら，ガイドブックや検索サイトを利用する方法がある。工場見学（または社会科見学）ガイドは地域別やジャンル別になっていたり，旅行ガイドブックのなかで特集が組まれていたりすることが多い。ガイドブックのなかでも異色なのは東洋経済新報社のeビジネス新書「ニッポンの工場見学」シリーズだ。「食品編」，「身近なモノ編」，「マニア聖地編」とあるが，工場で働く人たちへのインタビューが挿入されていて読み物としても面白い。また最近では，工場見学先をまとめたホームページも増えてきた。なかでも「工場見学・体験・社会見学ナビ」[1]は内容が充実しており，都道府県別，業種別，平日・休日対応別などのカテゴリ別に見学先が整理されているほか，キーワード検索を行うことも可能である。

② 関係者に紹介してもらう

モノづくりの現場（工場）は，一般向けに公開されていることが比較的多い

が，サービス業の現場やホワイトカラーが働くオフィスの見学は難しい。また，工場見学ツアーの参加者を募集しているのは大企業が多い。サービス業やホワイトカラー，中小企業の労働を研究テーマとするならば，以下のような手を尽くして現場を見ておいた方がいいだろう。

　目的の職場の関係者に知り合いがいるならば，その人の紹介で職場見学に行けるかもしれない。引き受けてくれる可能性があるなら，思い切ってお願いしてみよう。この方法で職場見学に行くメリットは2つある。

　1つ目は，職場見学の前後に追加情報が得られる可能性があることだ。事前情報を提供してもらったり，事後的に工場で働く人たちに質問させてもらったりすれば，いっそう理解が深まるはずである。2つ目のメリットは，工場見学ツアーのような一般公開用になっていない職場を見ることができるかもしれないことである。工場見学ツアーでは事前に企業が決めた内容に沿って進むため，企業側が見せたい工程や，特に見栄え良く整えられている工程を見ることになる。一方，見学ツアーを用意していない企業に運よく行けたならば，普段通りの工場で，いつものように働く人の姿を見ることができる。また，工場見学ツアーを用意している企業でも，関係者の紹介であれば普段は公開していない内容を見せてくれるかもしれない。このように，うまくいけばより良質な情報を得られる可能性がある。

③　調査対象者に依頼する

　すでに本調査を引き受けてくれている企業があれば，調査の対応をしてくれた人にお願いするという手段がある。これも②同様，工場見学でないと得られない情報を得られるチャンスである。留意点としては，事前に調査対象者と良好な関係（ラポール）を構築しておくことが肝要である。

④　飛び込みで依頼する

　ここまで紹介した方法が取れない場合は，可能性は低いが飛び込みでお願いするしかない。調査したい企業に何らかの方法で連絡を取り，頼み込むのである。その際，自分の研究との関連を丁寧に説明し，相手方に理解してもらう努力が必要だろう。

職場見学を有意義なものにするために

　新たな発見をするために，職場見学に行く前には，ぜひ下調べをしておこう。企業情報，製品情報，先行研究，新聞・雑誌記事などを読み込んでおくと，見たものをより理解しやすくなる。また，複数人で見学に行くのもよい。一緒に見学に行った仲間とディスカッションをして，お互いに気づいた点やわからなかった点などを整理しておくことで，職場の理解が深まるはずだ。

企業の歴史を概観する：産業博物館・企業博物館

　職場見学以外に現場の情報を視覚的に捉えるには，産業博物館・企業博物館を見学するという方法もある。これらの博物館では，当該産業や企業の製品や現場（機械，原料，製造工程，働き方など）の歴史的変遷についての展示を行っている。基本的に有名企業が運営しており，例えば「トヨタ産業技術記念館」（愛知県），「パナソニックミュージアム　松下幸之助歴史館」（大阪府），「京都鉄道博物館」，「グンゼ記念館」（京都府），「三菱重工長崎造船所史料館」（長崎県）などがある。全国の製造業にかかわる博物館の情報を網羅している文献としては，日外アソシエーツ編［2018］が参考になるだろう。休日に近所の産業博物館・企業博物館に出かけるのもいいし，遠方なら調査旅行のついでに立ち寄ってみるのもいいだろう。

（南雲智映）

[注]

1　https://kojo-kengaku.com/

📖 **参考文献**

週刊東洋経済編集部［2015］『ニッポンの工場見学（マニア聖地編）』東洋経済新報社。
――――［2015］『ニッポンの工場見学（食品編）』東洋経済新報社。
――――［2015］『ニッポンの工場見学（身近なモノ編）』東洋経済新報社。
昭文社編集部［2018］『まっぷる工場見学社会科見学（首都圏）』昭文社。
日外アソシエーツ編［2018］『ものづくり記念館博物館事典』日外アソシエーツ。

文化的コンテンツの利用法

多様な職場を "感じる"

　労働調査を始めるにあたって，その対象となる企業や職場を全く知らなければ，インタビューをしてもピントが外れた質問をしてしまうであろうし，アンケートの質問項目も回答者の答えにくいものになってしまう危険性がある。さらに，せっかく職場の情報を集めても，自分本位な解釈をしてしまうかもしれない。

　小説，漫画，映画などの文化的コンテンツは，労働の世界を感覚的に理解することを助けてくれる素材と考えることができる。学部学生の場合，アルバイト経験を除くと仕事経験を持たないことがほとんどであろうし，仕事経験がある社会人大学院生であっても，一部の仕事を経験しているだけに過ぎない。調査をはじめる前に，見たり，聞いたり，読んだりすることで，想像力によって間接的な仕事体験をしておくことは有意義なことである。

　例えば，スーパーマーケットの職場調査を計画したとしよう。もちろん，スーパーマーケットに関する先行研究を学ぶべきであろうが，それだけでは調査の勘所を掴むことは難しい。私ならば，映画『スーパーの女』や『県庁の星』を見ることをお勧めする。これらの映画から，顧客としては見ることができないスーパーのバックヤードで何が行われているかを知ることができる。スーパーの苛烈な生産性向上，そのためのリーダーシップやチームワークの実態について考えることができる。

　加えて，韓国映画『明日へ』を見れば，韓国におけるスーパーマーケットの労使関係を見ることができる。この映画は，2007年に韓国で起きた非正規従業員の不当解雇抗議のための職場占拠をモデルにしている。

　このように文化的コンテンツの中には，丁寧な取材に基づき正確に職場が描かれたものがある。特に映画では，職場そのものがロケ地として選ばれている

ので，古い映画を見ると現代ではすでに失われた職場風景がそのまま映像として残っていることもある。先に挙げた映画も，現代の我々から見れば「過去の職場」のリアルを映しているのである。

意味解釈の手助けとして

職場のストレスや仕事のやりがい，もしくは上司部下などの人間関係の意味解釈は労働調査の１つの目的である。自分以外の他者を理解できるか，インタビューの中で相手は本心を語っているのか，語っている意味を自分は深く理解しているかという不安が調査者側にはある。自分とは全く異なる他者であり，未経験の仕事であれば，当然の不安であろう。そんな時に，文化的コンテンツを読み，見ていることは，他者の解釈力を高めてくれる。文化的コンテンツを味わうことは，登場人物の感情に寄り添うことであり，その結果，他者の内面世界を発見することなのである。

例えば，大学生が，高校卒業後，非正規で働いているフリーターの仕事観の調査を計画したとしよう。アルバイト経験はあるとしても，調査はとても難しいと言える。それならば，小説『フリーター，家を買う。』や漫画『アフロ田中シリーズ』を読んでみたらどうだろう。この２つの作品を読み比べれば，「フリーター」という１つのラベルに当てはめられてしまう人たちが，実は多様な内面をもっていることがわかる。

実際，労働調査の研究者に文化的コンテンツが好きな人が多く，数々の著作が刊行されている。例えば，漫画は梅崎修『仕事 マンガ!!―52作品から学ぶキャリアデザイン』（［2011］ナカニシヤ出版），映画は梅崎修・脇坂明・松繁寿和『仕事 映画に学ぶキャリアデザイン』（有斐閣,刊行予定）や松山一紀『映画に学ぶ経営管理論（第2版）』（［2017］中央経済社），小説は猪木武徳『文芸にあらわれた日本の近代―社会科学と文学のあいだ』（［2004］有斐閣）などが取り上げている。これらの著作では，労働以外のテーマも含まれるが，労働調査のテーマに合わせて文化的コンテンツを探したい人に役に立つであろう。さらに，NPO法人：働く文化ネットのように『日本の労働映画百選』という過去の映画の一覧化を行っている団体もある[1]。

フィクションと現実の間で

　もっとも，文化的コンテンツは労働調査を助けてくれるものではあるが，「フィクション」であることを忘れてならない。作品の世界と事実そのものには距離があることに自覚的になる必要がある。作品の評価とは関係ないが，物語として魅力を高めるために事実とは異なる描き方がなされることもある。

　例えば，映画『ALWAYS 三丁目の夕日』は，優れた撮影技術によって昭和30年代の街並みや職場を再現している点は労働史研究を目指す調査者には参考になる。例えば，東北からの集団就職列車が到着するかつての上野駅のシーンは，現代の我々には初経験であろう。しかし，青森から東京に来た星野六子が住み込み先の中小企業（鈴木オート）で「一部屋」を与えられているのは，"今風"の設定と言えよう。当時の住居に，そのような余裕はないはずである。それゆえ，歴史事実として集団就職を確認したい調査者は，山口覚『集団就職とは何であったか：〈金の卵〉の時空間（関西学院大学研究叢書）』（[2016] ミネルヴァ書房）といった専門書も読んで現実とフィクションのズレを確認して

図表1 文化的コンテンツと研究を並行して味わう

おく必要がある（**図表１**）。

　その一方で，非現実な物語設定をあえて読者論として捉える方法もある。つまり，なぜ読者はこのような非現実的な物語を好むのかという問いも，読者を働く人たちと考えれば，その心理を分析することにつながる。

　例えば，釣りばかりして真面目に働かない浜崎伝助（ハマちゃん）が主人公の『釣りバカ日誌』という漫画・映画がある。もちろん，このような社員も職場も存在しないのであるが，今の職場と正反対だからこそ，その職場が働く人々の願望や回想の対象として機能しているとも考えられる。誰が，どんな場所で，どのような気持でこの文化コンテンツを楽しんでいるかと想像することは，既に調査の始まりになっている。

（梅崎　修）

[注]

1　働く文化ネット・労働映画スペシャルサイト（http://hatarakubunka.net/index.html）

白書・業界誌などの活用

労働調査を始める前に

　どんな労働調査をするにあたっても，その産業や仕事の中身を把握しておくことは重要であり，必須であるといってもよい。その産業の成り立ちや他産業との関係など，多角的に把握することで，調査設計にあたってねらいを絞り，適切な問いを立てることへとつながる。

　このとき，生産技術の発展といった「技術史」を押さえておくことも，調査を円滑に進めるために役立つ。日本の製造業の中心である，電気や自動車の技術に関する入門書としては，岡田厚正監修［2010］『産業技術誌─科学・工学の歴史とリテラシー』（裳華房）などが挙げられる。その他，調査対象とする産業が定まってから，資料や図が多用されている文献を参考にするのもよい。例えば，鉄道産業を対象とする場合，宮本昌幸［2006］『図解・鉄道の科学─安全・快適・高速・省エネ運転のしくみ』（講談社）などを参照するのもよいだろう。

IT労働者にインタビューするにあたって：筆者の経験

　筆者は，システムエンジニア（SE）やプログラマーなどのIT労働者の過重労働の問題や，職場における指揮命令関係と労働者の自己決定について研究している。その際，主な研究方法として，IT労働者やIT企業の経営者・現場の管理者への対面によるインタビュー調査を採用することが多い。

　ここでは，IT企業で働いたこともなければ，特段ITの知識に詳しいわけでもない筆者が，IT労働の現場で働く人々へのインタビュー調査に臨むにあたって，どのような準備をしてきたのか，これまでの経験をもとに，「白書・業界誌などの活用」について解説していきたい。もちろん，他の産業や職種を調査対象とする場合には，把握しておくべき事柄は異なってくるため，ここで挙げ

る利用媒体は，一例として参考にしていただきたい。

業界の全体像を知る

　まず，自分が研究対象とする産業・職種が，日本の産業構造のうち，どのような位置に属しており，何人くらいの労働者が働いているのかといった，大雑把な見取り図を描くことが，最初の作業として挙げられるだろう。このとき，業界研究の書籍や業界団体によって刊行された白書などを参照する。

　筆者が最初に手にしたのは，新井進［2013］『よくわかる情報システム＆IT業界（最新3版)』（日本実業出版社）であった。こうした業界研究の書籍を通して，その産業の成り立ちから業界の現状，また他産業とどのように関わっているのか（IT企業は，自動車メーカーの全社員の勤怠管理システムの開発や，コンビニエンスストアのPOS（販売時点情報管理）システムの開発を担うなど，他産業との取引も多い）などを把握することができる。その他，就職活動をする学生向けの就職ガイドも，業界の全体像を把握する上では参考になる。

　また，情報サービス産業協会編「情報サービス産業白書」や情報処理推進機構編「IT人材白書」を通じて，業界全体の今後の動向や人材の過不足状況，あるいは，業界団体として，どのような点に課題を抱えていると考えているか，などを概観する。

　従業員数や事業所数などのマクロデータについては，各種統計を用いて把握する。「労働力調査」や「就業構造基本調査」等だけでなく，IT産業については，経済産業省「特定サービス産業実態調査」において，「ソフトウェア業」等が取り上げられているため，併せて利用することもできる。

　以上の情報源から，IT産業においては，少数の大企業と多数の中小企業から成る下請構造が形成されていることを把握することが可能となる。これによって，調査を実施するにあたっては，この構造のうちどこに焦点を当てるのか，といった新たな視角が与えられることとなる。

　さらに，IT産業は，経済産業省の関連する審議会や内閣府から出される文書で言及されていることも多い。最近では，AIやIoTなどの動きに合わせて，IT需要が拡大し，人材育成が重要な課題として掲げられている。こうした政策上の動きも，業界に影響を与えるため，把握しておくことが望ましいだろう。

専門用語と仕事内容を把握する

　業界の全体像を把握した上で，その業界で働く労働者が従事する大まかな仕事内容を知る必要がある。IT産業で言えば，下請構造のうち，大企業が上流工程と呼ばれる部分を，中小企業が下流工程と呼ばれる部分を担うことが一般的である。上流工程には「要件定義」や「基本設計」と呼ばれる工程が，下流工程には「詳細設計」や「プログラミング」，「テスト」といった工程がある。

　企業によっては，これらの工程の呼称が異なることもあり（例えば，基本設計を「外部設計」と呼ぶ場合や，プログラミングを「製造」と呼ぶ企業もある），インタビューに際しては，このような点も想定しておかなければならない。

　また，それぞれの工程で，具体的にどのような仕事を行っているのかについても，頭に入れておく必要がある。この点については，先の就職ガイドや，工程ごとに入門書も多数存在するため，それらに目を通すことで解決することができるだろう。

　職種によっては，その仕事を簡単に体験しておくことも一つの手であろう。筆者は，「プログラミング」とは具体的にどのような作業をしているのか理解するため，オンラインでプログラミングの基礎を学ぶことができるサイトを利用し，実際に「プログラムを組む」という経験をしてから，インタビューに臨んだこともある。

　その他，インタビューのなかで，コンピュータ言語などの専門用語を聞き取ることができるよう，予習しておくことも望ましいだろう。例えば，コンピュータ言語は，JavaやC言語，COBOLなど無数に存在するが，日常的には聞きなれない用語であるため，主要なものについては，インターネットで調べるなどして事前に把握しておく。

ルポや新聞記事からわかる労働者の状況

　最後に，新聞記事やルポルタージュなどから，その産業で働く労働者がどんな状況に置かれているのかについて掴むことも大事である。近年，ニュースで働き方や労働事件が扱われる機会も多くなった。もちろん，これらから得られ

た情報を必ずしも一般化することはできないが，現場の労働者はどのような悩みや大変さを抱えている可能性が高いのか，と推測しておくことはできる。また，IT産業の場合，現役SEが自身の体験談をブログで発信していることも多い。こうした情報を，インタビュー時の話題にすることもある。

　以上のような情報・知識をあらかじめ把握しておかないと，インタビュー調査を実施する際に，適切な質問項目を設定することはもちろんのこと，インタビュー対象者からの答えを理解し，その場で新たな問いを導き出すことも困難になってしまうだろう。論文やレポートを作成するにあたっては，関連する先行研究を精査することが必要となるが，そうした作業と合わせて，分析対象となる産業や職種，あるいは労働者に関わる“前提知識”を，上記のような方法を駆使して身につけてほしい。

（三家本里実）

海外調査

先進事例を学ぶ

　なぜ自分の国以外のことを調査する必要があるのか？　「諸外国の先進的な事例を学ぶため」，という答えを思い浮かべる読者が多いかもしれない。社会科の教科書に出てきた「遣唐使」や渋沢栄一が参加した「パリ万国博覧会幕府使節団」も海外調査と言えよう。このように，労働にかかわらず，学ぶために外に行くことは，古くから実施されてきた日本の伝統芸と言えるかもしれない。

　この種の調査として思いつくのは，新たな労働立法や労働政策の立案に先駆けて海外の事例を学ぶために実施される調査である。日本に導入されていない諸制度とその運用を調査することで，立法や政策を巡る議論が現実社会と切り離された次元で進められることを回避することが，この種の調査の意義と言える。この場合，聞くべき項目や訪問するべき調査先はある程度決まっており，それに沿って実施される。例えば正規雇用と非正規雇用の均等待遇にかかわるルールの改正の検討に使用したい情報を得ようとする場合，既にそれに関する法制度を導入している国を対象に，当該国の使用者団体，労働組合，政府機関，企業，弁護士などにヒアリングを実施し，運用の実態や課題を聞くことになる。

国内調査のテーマを見つける

　海外調査の目的は先進事例の収集に留まるものではない。日本をより深く知るための目を養うためにも利用できる。自分自身が他者に対して感じる「あやしさ」や「不思議さ」は，研究テーマの設定のきっかけの1つとなる。

　だが，自国の職場で起こっていることに対して「あやしさ」や「不思議さ」を感じることは，そう多くはない。例えば日本で働いていると，成績によって人を評価し処遇に差を設けること，大好きなスポーツ観戦よりも仕事を優先させることは，当たり前のこととして認識されていると思われる。しかしながら，

一度海外の労働現場を訪問してみると，人を評価して処遇に差をつけること自体を拒否している職場に出会うことがある。また，サッカーの試合が見たいから工場の操業時間を短くしてほしいという要望を，本気で雇い主や人事部に訴える労働者集団がいたりする。

このように，海外調査は，普段日本人として慣れ親しんでいる身近な現象が，実は「不思議」で「あやしい」モノなのだという視点を我々に与えてくれる。海外調査には，単に先進事例を学び紹介することに留まらない意義がある。

協力先を探す

では，いかなる手続を踏めば，調査にまでたどり着くのだろうか。まず，調査の協力先を見つけなければならない。最初の協力者の見つけ方としては，①当該国の大学教員や研究機関の研究員を通じて，②国内労使団体を通じて，③外国の企業や団体の日本法人を通じて，④飛び込みでの訪問などの方法がある。飛び込みでの訪問は，現地に長期滞在する場合は，1つの有効な手段となるが，短期滞在ではやや非効率な方法と言えるかもしれない。

当該国の大学教員や研究員については，直接メールを打つ方法もあるが，見ず知らずの人間に対して返信をくれるのは稀である。日本で開催された国際セミナーや国際学会に顔を出し，実際に質問などをして顔を覚えてもらった人に，後日メールやレターで協力先の紹介の依頼をする方が成功にはつながりやすいであろう。もっとも，いざメールすると何の音沙汰もないということは良くある。返事が来なかったとしても落ち込まないようにしよう。

業界団体，経営者団体，労働組合などの団体を通じての紹介は，上記の2つに比べると協力者を得やすいと思われる。このルートを通じて実施すれば，調査協力者もこちらを信頼してくれるので，調査への協力の度合いも高くなる場合が多いように思う。さらに，自分たちの仲間からの紹介ということで，変に形式ぶらずに日常的な営みを教えてくれるなど，得られる情報の質も高まりやすいといえる。筆者はこのルートを使用する場合が多い。外国の企業や団体の日本法人を通じた方法も同様の特徴があると言えよう。日本での調査を通じて知り合ったり，その団体をよく知る別の研究者から紹介してもらうなどの方法で，これらの団体との関係性を構築するのが良いであろう。

相手国の大学や研究機関との連携

　研究の実施体制は海外調査にとっても重要である。当該国の大学や研究機関と連携をとって実施するのか，それとも，自国の研究者のみで実施するのか。それぞれに一長一短がある。

　当該国の研究者との共同のメリットは，彼らが普段から構築してきたネットワークを活用することができ，自分では訪問することができなかった場所や人物にも調査を実施することができる可能性が高まることである。一方でデメリットは，本国の人間にとっては常識でも，異国の人間としては不思議に感じる事柄を深く聞く機会を逸してしまう危険があることである。結果として，当該国の人々が実施した既存の研究成果に何か付け加えることができるような情報を得られずに調査が終了してしまうことになる。

　自国の研究者のみで構成する場合のメリットは，自らの関心にそって実施できるので，当該国の人々が実施した研究とは一味違う研究成果を出せる可能性が高まる。一方，デメリットとしては，訪問先の開拓の困難や，語学の問題から意思疎通がスムーズに進まないなどが挙げられる。

通　訳

　調査体制にかかわり通訳をつけるのか，それとも個人のみで実施するのか，という問題がある。どちらにも一長一短がある。例えば法律における規範など答えは決まっているが，複雑な関係性を正確に理解する必要がある場合，通訳をつけて自分はその解釈に努めることに注力した方が良いだろう。一方，人事制度の導入に伴う労使交渉や人事部による評価制度の運用など，ダイナミックな動きを解明しようとする場合，通訳を介さずに聞き手と答え手の間でヒアリングをリズミカルに行った方が生々しい話を引き出せることがある。その際には，組織図，賃金テーブル，評価シートなど具体的な資料に基づいて運用の実態を聞き取るなどの工夫を行い，語学力のハンディを補うようにしよう。

調査の目的・現状の知識の範囲を明確に伝える

　国内調査と違い，海外調査の場合，調査対象者のところに訪問するのに時間

を要するため，再訪問の労力は国内調査よりも大きい。したがって，一度の訪問でできるだけ濃密な事実を収集する必要がある。とはいうものの，貴重な資料やデータの提供を得る上で，日本のように繰り返し会うことで信頼関係を構築するという方法が，外国の場合取りづらい。

　そこで，調査の社会的な意義を先方にしっかりと伝えるようにしよう。得た情報は，どこに向けて発信するのか，また，なぜその情報を知る必要があるのか。インタビュー時間の延長や追加資料の提供につながることもあるので，調査の社会的意義を調査協力者に明確に伝えるよう心がけよう。また，国内で得られる情報は，図書館やネットを通じて調べておこう。そして，依頼状の作成において，事前に自分が把握している知識を先方に伝えるようにしよう。国内調査のときよりも丁寧に記した方が良いと思われる。現地訪問が，国内でも得ることができるような情報の収集で終わってしまわないようにするために必要な作業である。

外国についての通念を覆す

　人々がその国に対して抱いている通念は本当に正しいのか。こうした姿勢に基づいて，聞き取りや観察された事実から諸外国の制度の実態を明らかにし，その一長一短を明らかにすることが海外調査においては重要なことである。例えばヨーロッパの一般社員は，無理な残業などしない。また，雇用契約期間による処遇の差も小さい。これだけを見ればよい社会と言える。しかし，実際に調査に行ってみると，自身の職場での働きぶりが認められず，勤続10年の現場労働者が大卒１年目のエンジニアの賃金よりも低いことに不満を持っている場合もある。そこで働いている人たちの現状を事実に基づいて明らかにすることが海外調査にとってまず必要なことである。通念とは異なる社会の姿を発見することは，海外調査の醍醐味の１つと言える。

（西村　純）

レポート・論文・報告書の作成

レポート・論文・報告書

　労働に関する調査や分析の結果は，通常，レポート，論文，報告書といった形にまとめられる。そうした形にまとめられることによって，調査や分析の内容が評価の対象となり，意義を持ちうるからである。

　「レポート」，「論文」，「報告書」の区別については様々な見解があるが，ここでは次のように区別する。まず，レポートと論文に共通しているのは，答えを出す意味のある問いを立て，調査・分析を通じて見つけた答えを示す文書という点である。したがって，レポートにしても論文にしても，①どのような問いについての文書か，②どうしてその問いに答えを出す必要があるのか，③どんな調査や分析を通じて答えを出したのか，④出した答えはいかなるものか，という4点についての記述を欠いてはならない。

　では論文とレポートの違いは何か。それは論文の問いか答えの少なくとも一方が，これまでにない「新しい」ものでなければならないという点である。レポートで立てる問いや答えは必要性を示せれば，これまでと同じでも構わない。そうなると論文という文書で求められるのは，レポートと同様，文中で立てた問いに答えを出す必要性を示すことに加えて，立てた問いや出した答えがいかに新しいかを説得力のある形で示すことである。

　報告書は，共通のテーマや調査対象のもと，いくつかのレポートや論文を集め，とりまとめた文書全体から得られるインプリケーションなどとともにまとめたものと言って良いだろう。本書ではレポートや論文によって構成されるものとして報告書を捉え，以下では特に言及しないこととする。

「ライブラリー・ワーク」と「リサーチ」

　労働に関するレポート，論文を作成するための準備作業として必要なのが

「ライブラリー・ワーク」と「リサーチ」である。

　ここで「ライブラリー・ワーク」とは，図書館に赴いたり，インターネットでの検索を行ったりなどして，自分が立てた（あるいは立てようとしている）問いに関連した既存の調査・研究の所在を調べ，所在を確認できたらその内容について検討・整理することである。

　一方，ここで言う「リサーチ」は，既存の調査・研究の検討・整理を行うライブラリー・ワークとは対照的に，自分が立てた問いに答えるために，データを新たに収集したり，分析したりすることを意味する。リサーチには，インタビュー調査やアンケート調査，フィールド・ワークによる情報収集，データ・アーカイブのデータを2次分析することなども含んでいる。

　レポート，論文には，ライブラリー・ワーク，リサーチのいずれか一方の成果が必ず含まれる。大学や大学院の授業で労働に関するレポートの提出を求めると，執筆者の経験談と主観を主な内容とする文書が提出されることがあるが，こうした文書は「エッセイ」であり，レポートや論文ではない。

　またレポートは，「新しい」問いの必要がないので，既存の調査・研究について検討・整理したライブラリー・ワークの成果のみで構成されていても問題ない。しかし，論文は「新しい」問いや答えを示す必要があるので，ライブラリー・ワークの成果とともに，「新しい」問いに対応したり，「新しい」答えを示すリサーチの成果が求められる。

レポート・論文の作成：基本構成・文体・引用の留意点

　これまでの記述に沿う形で，レポートと論文の基本構成を**図表1**にまとめた。レポートは，最初にレポートを通じて何を明らかにしたいのかを「問い」と，その「問い」を立てることの必要性を示したら，次にライブラリー・ワークの成果を，「問い」に答えていくように，記述していく。さらに，問いに答えるために，リサーチも行っているのだとすれば，リサーチの方法と成果についても記述する。「結び」の部分では，「問い」に対する「答え」として何が明らかになったのかを改めて整理し，よりよい事態をもたらすために必要な実践的な取組みや，今後必要な調査・分析の取組みなどを挙げる。

　一方，論文は，最初に論文を通じて明らかにしたい「問い」と論文の構成を

	レポート	論文
STEP 1	「問い」と，その必要性を示す	「問い」と論文の構成を示す
STEP 2	「問い」に答えていく形で，ライブラリー・ワークの成果を記述	ライブラリー・ワークの成果を，論文における「問い」または「答え」の「新しさ」を説明する形で記述
STEP 3	（実施していれば，リサーチの手法と成果を記述）	リサーチの手法を「問い」につなげる形で説明
STEP 4	結び－「問い」に対する答えを整理し，今後の課題を検討	リサーチの成果を記述・説明
STEP 5		結び－「問い」に対する答えを整理し，今後の課題を検討

　大まかに示したら，次にライブラリー・ワークの成果を，論文における新しい「問い」または「答え」につながる形で記述する（いわゆる「文献レビュー」）。続いて執筆者自らが実施したリサーチについて，論文における「問い」からつながる形でその手法を説明し，その上で，調査・分析の結果，明らかになったことを記述する。「結び」の部分の内容は，レポートと同様で良い。

　レポート・論文は，通常「である」調の文体で書き進める。労働調査に関わるレポート・論文で，「です・ます」調の文体で書かれたものはほぼ存在しないと言って良い。著名な専門雑誌（日本労働研究雑誌，大原研究雑誌，日本労務学会誌など）も，すべて「である」調の文体で文書を作成するように，執筆者に求めている。

　また，レポート・論文の執筆においては，「他人の調査・分析の成果と自分の調査・分析の成果は，明確に区別して示す」という鉄則がある。この鉄則を破ると，「剽窃者」という扱いを受け，調査研究に携わる者としての信用を失う。他人による調査・分析の結果には，引用・参照したことを示す記号や記載，あるいは注などを適切に付けておかなければならない。

（藤本　真）

産学連携プロジェクトの運営

産学連携の最大のメリット

　労働調査の1つのやり方に産学連携がある。調査者―調査対象者という関係だけであれば，我々調査者は，調査対象者に調査を受け入れてもらうことを依頼するだけである。あなたの熱意が伝わって調査対象者の好意で深い調査ができるかもしれない。しかし，あくまでもそれは親切心であって，対象者側に得になることはないし，対象者であることは変わらない。

　産学連携調査のメリットは様々であるが，その最大のものは，実務家と研究者が問題意識を一緒に深めることができるということである。例えば，人事担当者が新人事制度導入に課題を抱えて研究者と共同で調査をしたいと考えた場合，その現場レベルの感覚は，研究者がもつ理論に基づく問題意識よりも先行しているかもしれない。設計者や運用者として普段感じている不具合，さらに将来に対するビジョンは，学術の言葉に置き換えられているわけではないかもしれないが，大学の研究者の認識よりも本質を捕まえていることが多いのである。

　だからこそ，実践と研究をつなぐ産学連携調査は，まず問題意識の発見・共有にじっくり時間をかけることが必要であろう。産学連携で話し合ったら，思いもよらない研究テーマが見つかるかもしれないのである。言い換えると，産学連携を単なる対象者からの情報提供と捉えて，調査者側の目的だけを押し付けるべきではない。

お互いの得意を合わせる

　産学連携の利点は，実際に調査計画を立てる時にも生まれる。調査結果が実務に活かせるという判断は，実務＝調査対象者側が積極的に情報公開することになる。調査が役に立つことを理解してもらえれば，調査対象の現場を踏まえ

て調査計画も立てやすい。しかし，調査についての説明が不足して，調査することの有用性を理解してもらえなければ，せっかく問題意識や問いを共有しても「調査をしよう」という話には，なかなか進まないのである。

　私の経験としては，かつて1990年代後半に「成果主義」人事制度改革が盛んに行われていた時に，知り合いの人事コンサルタントの紹介で，ある会社の人事マイクロデータを分析する機会を得たことがある。当時を振り返ると，人事担当者の方は制度の不具合をなんとなく感じておられたと思う。

　人事担当者はデータを保有しており，自社の評価・賃金制度も熟知しているが，それらを分析する方法を持っていない。一方，研究者は分析方法（この場合は統計スキル）を持っているが，実務の実態を把握できず，データもない。このように得意不得意があるので，双方にメリットがある産学連携調査が可能になると言える。

　我々は，統計分析で何ができるかを紹介し，人事マイクロデータの分析ができることになった。結果的に，成果主義導入によって賃金格差は広がるどころか縮まっている事実が発見された。この結果は，我々にも想定外の分析結果であったが，その理由を一緒に議論することで研究論文や学術書にまとめることができた（中嶋・梅崎・井川・柿澤・松繁［2013］参照）。

　もちろん，調査や研究は，コンサルティングではないので，分析結果が毎回具体的な経営改善につながるわけではない。実務家が，研究者にコンサルティングを求めてきたら，「できること」と「できないこと」を正確に伝え，一緒に考える意義を説明するべきであろう。

　ところで，調査方法に関する知識は，実務家には身近なものではなく，特に統計学に対しては苦手意識を持っている人も多いことも事実である。我々は，産学連携の拠点として，大阪大学大学院国際公共政策研究科人事統計解析センターを設立し，『Excelで簡単　やさしい人事統計学』（日本経団連出版［2006］）を刊行し，未来の産学連携のために人事担当者向けに統計手法の利用の説明を行った。その後，会社を紹介してくれた人事コンサルタントも大学院に入学し，一緒に人事の統計学で論文を書き始めたのはうれしい，予想外の出来事であった。実務家も研究者になることもあるし，研究者が実務に近づくこともある。最終的には6社の人事マクロデータを入手し，分析することができたのである。

最近では，数々の人事統計の教科書が出版されており，今後も数々の実務と研究の人事マイクロデータの共同作業が発展すると予測される。なお，この産学連携の事例は統計分析に関するものであるが，質的調査に関しても同様に実務家と研究者の知識共有が，産学連携調査を発展させると言えよう。

フィードバックと中立的立場

産学連携プロジェクトは，1研究者と1組織という関係もあり得るが，複数の企業と大学が協力して大きなプロジェクトを立ち上げることもある。以下に示したのは，中央大学大学院戦略経営研究科のワーク・ライフ・バランス&多様化推進・研究プロジェクトのwebページである。全31社1団体が参加し，参加企業と研究者の交流や情報交換をベースにした調査研究，モデル事業，情報発信，政策提言の実施を行っている。

ここで注目すべきは，このプロジェクトが，定期的な成果報告会など通じて，分析結果に関する議論の場を作っている点である。実際，研究と実務の＜速度＞は異なる。調査を行い，学会報告を行い，論文を書き上げ，学会誌に投稿し，

図表1 ワーク・ライフ・バランス&多様化推進・研究プロジェクト

出所：http://c-faculty.chuo-u.ac.jp/~wlb/

雑誌に掲載されるという時間の流れは遅い。学会誌に掲載されてから，産学連携先に報告するのでは遅すぎると言えよう。それゆえ，分析結果の中間報告（フィードバック）を行って，常に連携者との情報共有と議論を行う必要がある。つまり，産学連携を成功させるには，経営実務の速度と研究の速度を調整する必要がある。その上で，議論の場が研究を向上させ，さらに研究成果の社会への還元によって研究協力が進むという正のサイクルを生み出していることに留意し，プロジェクトを運営すべきであろう。

　また，連携先は企業だけに止まらない。学校との連携も，行政との連携も，NPO組織との連携もあり得る。どのような場合でも，問題意識を共有し，問いを一緒に想像し，それぞれの研究資源を活かすという点において全く変わらないと言える。

　なお，産学連携には，他の労働調査以上に注意すべき問題がある。産学連携の過程で当然，実務的な課題を多く聞くことになるが，いつの間にか実務課題を解決することが調査・研究の目的になってしまう危険性がある。実務に過剰コミットすると，客観的な分析ができなくなる。調査者は，連携組織が問題意識を共有する仲間でもあるが，同時に調査の対象であるという二面性を意識しながら調査・分析する必要がある。

（梅崎　修）

📖 **参考文献**

中嶋哲夫・梅崎修・井川静恵・柿澤寿信・松繁寿和［2013］『人事の統計分析─人事マイクロデータを用いた人材マネジメントの検証』（ミネルヴァ書房）。

研究会を組織する

現実の多面性

　本書で取り上げている労働・職場調査の様々な方法のうち，現実を最もよく捉えることができるのはどれだろうか。答えはいずれでもない。個々の調査法にはそれぞれ固有の射程があり，それを越えて何でもいえるわけではない。

　例えば，上司が部下に指導・助言する場面を取り上げてみる。これは労使関係の視点に立てば個別の労使交渉という見方ができるだろう。心理学の視点からみれば部下の態度変更を迫る上司の働きかけという見方になるかもしれない。エスノメソドロジーの会話分析は上司の発言を部下が理解するプロセスを描き出せる。そのどれが正解ということではない。正解はこれら複数の視点をつなぎ合わせることで見えてくる。そのような現実理解を深めるためには異なる調査法の専門家を集めて共同研究を行うことが有効である。

研究会のメンバー構成

　もちろん社会学や心理学のような同じ学問分野（ディシプリン）のメンバーだけで研究会を組織するという共同研究の方法もある。その場合，一人ひとりの視点や解釈の仕方の違いはそれほど大きくならない。それよりもメンバー同士の共通性の方が際立つ。その共通知識に立脚して，複数のメンバーが調査の進め方や調査結果の分析方法について専門的なチェックを幾重にも行えるという利点が，同一学問分野の研究会にはある。

　反対に，学問分野が異なるメンバーで研究会を構成する場合は，調査法や分析方法についての専門的なチェックはやや甘くなる。だが，複数のバックグラウンドをもった研究者の主張が交差し混ざり合うことにより，新奇で発展性のある議論ができる可能性がある。そうして生まれた新たな現実理解をより厳密にチェックし，緻密な議論に仕上げていくのである。

以下ではこのような問題意識で筆者が関わっているワークプレイス研究会[1]の事例を紹介する。

職場コミュニケーション調査の例

近年，職場コミュニケーションが希薄化しているといわれるが，実際はどうだろうか。これは産業・労働社会学や労使関係論が問題にしてきたテーマであるが，最近は新たにエスノメソドロジーと工学の手法を組み合わせた「ワークプレイススタディーズ」も活発である。これら複数の学問分野の知識を重ね合わせることで個々の専門からは見えない発見があるのではないか，そのような期待をもって異なる調査法の専門家で構成する研究会を発足した。

調査にあたってメンバーが予備知識を共有するための文献レビューを定期的に行い，調査対象の選定と仮説構築を行った。調査対象はテレワークやフリーアドレスを取り入れている企業とし，このような職場では，物理的に従業員同士が離れることができる分，別のところで従業員同士のコミュニケーションが濃密になっていること，そして，こうした新しいタイプのコミュニケーションが新しい企画やアイデアの創出に役立っている可能性を検討した。そのような問題意識で調査を行い，学会発表や論文執筆を共同で行った。

情報量が増える

こうした共同研究のメリットは扱える情報量を相乗的に増やせることである。先行研究のレビュー，収集するデータや資料の量，調査結果の解釈等々，調査のあらゆる過程で1人では処理できない量の情報を処理し，1人では生み出せない知見を得ることができる。もちろん多くの調査研究がそうしているようにデータの収集だけを共同で行い，論文執筆は個々人が行うというように部分的に情報を共有する方法もある。いずれにせよ複雑な労働現象を多面的に理解するために共同研究は有効である。

（池田心豪）

[注]
1　参加者はほかに本書の執筆者でもある梅崎修氏（法政大学），藤本真氏（JILPT），西村純氏（JILPT），秋谷直矩氏（山口大学），松永伸太朗氏（長野大学）。

データ・アーカイブの活用法

「2次分析」のすすめ

　本書でも多くの手法が紹介されているように，労働研究の進め方として，大量の調査対象者から得たデータを基とする定量調査・分析がある。自らの調査・研究を企画した際，新たな定量調査を行いたいと考える人は多いが，その実施はかなり難しい。まず，信頼に足る数の調査対象者からデータを集めようとすれば，費用が数百万円単位でかかる。さらに集めたデータの内容をチェックし，エクセルなどに正確に入力してデータとしての体裁を整えようとした場合に，これらの作業を1人または少人数で行えば膨大な時間がかかる。

　しかし，定量分析は新たに収集したデータに基づかなければならないというものではない。既存のアンケート調査のデータに基づいて分析を進めていくことも可能である。こうした既存調査の分析を「二次分析」と言う。

　2次分析のために，既存のアンケート調査の個票データ（個々の調査票の記入内容。マイクロデータ）を収集・保管しているデータベースのことを「データ・アーカイブ」と言う。労働研究に活用可能なデータが多く収録されているアーカイブとしては，東京大学社会科学研究所が運営する「SSJDA（Social Science Japan Data Archive）」と，労働政策研究・研修機構が運営する「JILPTデータアーカイブ」がある。SSJDAは社会科学分野における日本のデータ・アーカイブの草分け的な存在で，多数の調査研究機関から寄託されたデータが収集されている。一方，JILPTデータアーカイブは，労働政策研究・研修機構がこれまで実施してきたアンケート調査のデータを扱っている。

申請前の心得：使うデータについてよく検討・吟味する

　データ・アーカイブの中から自らの問題意識に合ったアンケートデータを選び，そのデータに基づいた分析を行えば，膨大な費用や時間をかけて新たなア

ンケート調査を実施しなくても，意図する定量分析を進めることができる。ただし後に触れるように，データ・アーカイブのデータを利用した際には，利用成果の報告が義務づけられている場合が多く，一度申請したデータが自らの分析の趣旨に合わないから，別のデータに変更するということは難しい。したがって，データを申請して入手する前に十分な検討・吟味が求められる。

検討・吟味にあたっては，自らの問題関心や検討課題の意義についてはもちろんのこと，その問題関心や検討課題に沿って分析を進める上で，データ・アーカイブに収められているデータが適切なものであるかを判断しなければならない。どの調査のデータが自分の研究にとって妥当であるのかを判断するにあたっては，各調査の対象が分析の意図から見て問題はないか（例：自分は大企業の人事管理を分析したいのに中小企業のデータを選ぼうとしてはいないかなど）といった点や，各調査のアンケートの質問文を用いて自らの意図する分析が可能かといった点をチェックしておく必要がある。

SSJDAの場合は，収集されているデータの検索を行った後，各調査名を紹

図表1 SSJDAのデータ検索画面

介したURLにたどり着くと，アンケートの質問文が掲載されている。JILPT
データアーカイブは，収録されている各調査のリストに，それぞれの調査を基
にした刊行物（報告書など）の名前が記されており，その刊行物を見れば，ア
ンケートの質問文がわかるようになっている。

データの申請・利用にあたっての注意点

　分析の対象とするデータを選び，データを申請・利用する際にもいくつか注
意しなければならない点がある。

　まず，データ・アーカイブによっては，データの申請・利用に制約がある。
例えばSSJDAは，学部学生によるデータの利用を，教員による教育目的利用
の申請がある場合に限っている。JILPTデータアーカイブも，大学院生がデー
タを利用する際には，指導教官の承認を求めている。

　また，利用したデータに基づく分析を論文・レポート・学会報告などの形で
公表した際には，どこのデータ・アーカイブからデータ提供を受けたのかを必
ず記載しなければならない。

　データの利用については，通常，データが申請者の手元に到着してから一定
の期間の間に，どのように利用したかの報告をデータ・アーカイブに対して行
うことが求められている。論文・レポート・学会報告などとして公表した場合
には発表時点・発表媒体などを報告しなければならない。さらに申請者の当初
の目的に沿った利用が終了した場合にはデータの消去が求められるので，デー
タ・アーカイブが定めている方法で消去し，確かに消去したことを報告する。

　以上の他にも，各データ・アーカイブが，データの申請・利用者に順守を求
めている点があるため，データの申請前はもちろん，利用中も折に触れ目を通
し，常に留意しておく必要がある。

（藤本　真）

📖 推奨文献一覧

総 論

〈初級レベル〉
- 高根正昭［1979］『創造の方法学』講談社現代新書。
- 上野千鶴子［2018］『情報生産者になる』ちくま新書。

〈中級レベル〉
- 佐藤郁哉［2015］『社会調査の考え方（上下）』東京大学出版会。
- 伊丹敬之［2001］『創造的論文の書き方』有斐閣。
- 田村正紀［2006］『リサーチ・デザイン』白桃書房。
- 須田敏子［2019］『マネジメント研究への招待』中央経済社。
- Booth, Wayne C. et al.［2016］*The Craft of Research, 4th Edition,* University of Chicago Press.（川又政治訳［2018］『リサーチの技法』ソシム社）
- 盛山和夫［2004］『社会調査法入門』有斐閣。

〈上級レベル〉
- 野村康［2017］『社会科学の考え方』名古屋大学出版会。
- King, Gary, Keohane, Robert O.&, Verba, Sidney［1994］*Designing Social Inquiry: Scientific Inference in Qualitative Research,* Princeton University Press.（真渕勝監訳［2004］『社会科学のリサーチ・デザイン』勁草書房）

事 典
- 社会調査協会編［2016］『社会調査事典』丸善出版。

質的調査

〈初級レベル〉
- 小池和男［2000］『聞きとりの作法』東洋経済新報社。
- 金井壽宏・佐藤郁哉・ギデオン・クンダ・ジョン・ヴァンマーネン［2010］『組織エスノグラフィー』有斐閣。
- 岸政彦・石岡丈昇・丸山里美［2016］『質的社会調査の方法』有斐閣。

- Francis, D & Hester, S. [2004] *An Invitation Ethnomethodology: Language, Society and Interaction,* London: Sage Publication.（中河伸俊・岡田光弘・是永論・小宮友根訳 [2014]『エスノメソドロジーへの招待』ナカニシヤ出版）
- 前田泰樹・水川喜文・岡田光弘編 [2007]『ワードマップ エスノメソドロジー』新曜社。
- 御厨貴 [2002]『オーラル・ヒストリー』中公新書。
- 木下康仁 [2014]『グラウンデッド・セオリー論（現代社会学ライブラリー 17)』弘文堂。
- 戈木クレイグヒル滋子 [2016]『ワードマップ　グラウンデッド・セオリー・アプローチ（改訂版）』新曜社。
- 筒井真優美編集・執筆 [2010]『アクションリサーチ入門』ライフサポート社。
- 佐野正之編 [2005]『はじめてのアクション・リサーチ—英語の授業を改善するために』大修館書店。
- 西条剛央 [2007]『ライブ講義質的研究とは何か』新曜社。
- 大久保孝治 [2009]『ライフストーリー分析（早稲田社会学ブックレット—社会調査のリテラシー)』学文社。

〈中級レベル〉

- Webb, S. & Webb, B. [1932] *Methods of Social Study,* London, Longmans, Green & Co.（川喜多喬訳 [1982]『社会調査の方法』東京大学出版会）
- ロバート K.イン著，近藤公彦訳 [2013]『新装版 ケース・スタディの方法（第2版)』千倉書房。（英語版では第6版, *Case Study Research and Applications: Design and Methods,* SAGE Publications, Inc; Sixth, 2018）
- Flick, U. [2007] *Qualitative Sozialforschung*, Rowohlt Verlag GmbH.（小田博志監訳 [2011]『新版　質的研究入門』春秋社）
- 串田秀也・平本毅・林　誠 [2017]『会話分析入門』勁草書房。
- Yow, V. R., [2005] *Recording Oral History: A Guide for the Humanities and Social Sciences（Second Edition)*, AltaMira Press.（吉田かよ子監訳・訳，平田光司・安倍尚紀・加藤直子訳 [2011]『オーラルヒストリーの理論と実践』インターブックス）
- 矢守克也 [2010]『アクションリサーチ』新曜社。
- 佐藤郁哉 [2008]『質的データ分析法』新曜社。

- 佐藤俊樹・友枝敏雄編［2006］『言説分析の可能性』東信堂。
- 桜井厚［2012］『ライフストーリー論（現代社会学ライブラリー7）』弘文堂。
- Elder, G. H. Jr. & Giele, J. Z. ［2009］ *The Craft of Life Course Research*, Guilford Press.（本田時雄監修・翻訳［2013］『ライフコース研究の技法』明石書店）

量的調査

〈初級レベル〉
- 盛山和夫［2015］『統計学入門』ちくま学芸文庫。
- 佐藤朋彦［2013］『数字を追うな　統計を読め』日本経済新聞出版社。
- 古田裕繁［2010］『わかりやすい労働統計の見方・使い方』経営書院。
- 山田剛史・村井潤一郎［2004］『わかりやすい心理統計』ミネルヴァ書房。
- 山本勲［2015］『実証分析のための計量経済学』中央経済社。
- 数理社会学会監修，筒井淳也・神林博史・長松奈美江・渡邉大輔・藤原翔編［2015］『計量社会学入門』世界思想社。
- 太郎丸博［2005］『人文・社会科学のためのカテゴリカル・データ解析入門』ナカニシヤ出版。
- 樋口美雄・新保一成・太田清［2006］『入門　パネルデータによる経済分析』日本評論社。
- 筒井淳也・水落正明・保田時男編［2016］『パネルデータの調査と分析・入門』ナカニシヤ出版。
- 梶田真・仁平尊明・加藤正洋編［2007］『地域調査ことはじめ』ナカニシヤ出版。

〈中級レベル〉
- 南風原朝和［2002］『心理統計学の基礎』有斐閣。
- James H. Stock & Mark W. Watson［2007］*Introduction to Econometrics, 2nd Edition*, Pearson Education.（宮尾龍蔵訳［2016］『入門　計量経済学』共立出版）
- 豊田秀樹［1998］『共分散構造分析　入門編（統計ライブラリー）』朝倉書店。

〈上級レベル〉
- 星野崇宏［2009］『調査観察データの統計科学（シリーズ確率と情報の科学）』岩波書店。
- 北村行伸［2016］『パネルデータ分析』岩波書店。

おわりに

　本書の編著者3名は現在40代後半，1990年代後半から2000年代はじめに労働・職場調査をはじめた同世代である。これまで労働・職場調査の先輩方から指導を受け，調査に同行しながらその技を盗んできた。今も調査を続ける先輩はいるが，調査をはじめたばかりの後輩もいる。中堅になって，はじめて調査経験の継承と，我々世代の調査について思いをめぐらせるようになった。

　序章でも述べたように，現在も労働や職場をめぐる問題は日々増えているが，現場調査をして情報を集める人たち（労働調査者）が少なくなってきたという現状認識がある。これは，労働・職場調査という地味な作業が避けられた結果とも解釈できるが，その一方で大学院生や若手研究者と話すと，調査経験について知りたいという熱意を感じることは少なくない。さらに2017年には，編著者の一人が日本労務学会大会にて調査法に関するレクチャーセッションを企画したところ，予想をはるかに超える参加者があった。はじめて「調査の継承が求められている」「未来の労働調査者はいる」という確信に至ったのである。

　調査法を身につけたい人は多いけれど，労働・職場調査には参入障壁があると思われているのではないか。確かに労働・職場に関しては，数々の細かい制度やルールが存在し，一般的によく知られていない業界用語でしか表現されていないものも多い。これが，家族や学校などであればほとんどの人が自分の経験を持っているのであるが，労働に関しては経験が不足している人が少なくない。特に大学生には，アルバイトなどの少ない経験しかない。

　これまでの労働・職場調査の教え方は，とりあえず飛び込んで経験してみろというやり方だったのではないか。我々もまた，素人として労働現場に飛び込み，調査の失敗を重ねながら労働の中身や職場・会社の仕組みを知っていった。先輩の労働調査者からやり方を学ぶだけではなく，調査を通じて知り合いになった人事担当者や労働組合リーダーから労働現場の世界を教えられたこともしばしばある。このような学びのスタイルは，今後もなくなることはない。特にインタビューや観察に基づく質的調査においては変わることがない育成方法である。

だが，座学より経験に頼りすぎることの弊害も生まれているのではないか。労働・職場調査はやってみると奥が深くて面白い。しかしやる前から面白そうだと思ってもらえているだろうか。

実は昨今，様々な方法が労働・職場調査に導入されている。編著者の一人が編集を担当した『日本労働研究雑誌』2015年12月号では最新の質的調査法を紹介している。だがそれはほんの一部にすぎない。コンピュータを用いた情報処理技術の発達や学際的な研究者の交流機会の増加によって，複数の調査法を組み合わせて現実の問題にアプローチする研究スタイルも増えてきている。量的調査は統計を専門とする先生，質的調査はフィールドワークを専門とする先生というように，1つか多くても2つくらいの調査手法に通じた師匠の技を盗むという方法だけでは，こうした研究分野の環境変化に対応できないだろう。学ぶ側から見れば労働・職場調査の全体像がよく見えず，どの手法が自分に適したものであるかを知るまでに時間がかかりすぎてしまう。そのことが，労働・職場調査に向かうことを躊躇させている原因かもしれない。

こうした問題意識に基づいて，本書では，多様な手法に取り組む中堅・若手調査者たちが自らの経験と理論を融合することで，労働・職場調査法のバージョンアップを目指した。我々が学生だった時にこのような教科書があったらもっと労働・職場調査をする研究者が増えていたかもしれない。そのような思いでこれから調査を学ぶ人たちに向けて，本書を企画したという意図もある。

かつて日本社会には「労働調査の時代」と言われるような時代があった。1920年代以降に工業化や都市化が進展した時代と，1950年代以降に高度経済成長と共に職場が大きく変化した時代である。社会変化が加速し，既存の理論枠組みによってその変化を説明できなくなった時，人々は調査に向かい，調査の中から新しい理解の枠組みを掴もうとした。現代の社会と職場の変化も当時に匹敵するくらい目まぐるしいものである。ならば，再び「労働調査の時代」がきてもおかしくない。その時代をともに担う同志が本書の読者の中から1人でも多く出てきてくれたら幸甚の至りである。

2019年11月

編著者一同

索　引

英数

CiNii··· 191
GTA······························ 122, 123, 125, 127
KJ法··· 11,122
M-GTA······································ 122, 125
NDL ONLINE国立国会図書館オンライ
　ン··· 192
Ｔグループ······································· 113
WHATの問い·· 7
WHYの問い·· 7

あ行

アーカイブ化····································· 83
アクションリサーチ··· 110, 111, 112, 114,
　115, 116, 117, 118
アクターネットワーク理論··············· 64
アソシエーション···························· 47, 48
アンケート調査····························· 172
一次資料··· 195
市場志向·· 53
一階差分モデル····························· 164
１回性のコミュニケーション············· 12
イデオロギー······· 100, 101, 102, 105, 108
意味の構造··· 60
因子分析··· 153
インセンティヴ································· 29
インタビュー········· 44, 112, 210, 212, 213
エスノグラフィー研究··················· 10
エスノメソドロジー················· 18, 226
エリート・オーラルヒストリー········· 87
横断面データ··································· 161

大阪産業労働資料館····················· 193
オーラルヒストリー·························· 18
オーダーメード集計····················· 187
オーラルヒストリー・アーカイブ······ 96

か行

海外調査·························· 214, 215, 216
回帰分析··································· 154, 156
回顧データ··· 161
解釈主義································· 20, 21
会社人間··· 106
回収率··· 176
隠された構造····································· 21
仮説検証型··· 10
仮説構築型··· 10
『家族時間と産業時間』··················· 79
語り（narrative）······························· 16
価値・意義··· 6
価値合理··· 142
カテゴリー分析····················· 122, 127
観察································· 18, 112
慣習化された再構成の形式··············· 70
カンバン方式······································ 26
企業・従業員マッチパネルデータ····· 169
企業文化··· 60
基礎づけ主義······························· 19, 21
技能（熟練）······························· 28, 31
キャリア····································· 28, 29
共分散構造分析（CSA）······ 155, 156, 157
勤労生活に関する調査··················· 144
空間的な秩序····································· 63
空間的ミスマッチ····························· 171

グラウンデッド・セオリー・アプローチ
（GTA）………………………… 122
クリエイティブ産業………………… 64
経験学習…………………… 123, 124
研究開発技術者…………………… 175
研究倫理委員会…………… 199, 200
限定された合理性…………………… 28
行為の連鎖…………………………… 68
行為論的アプローチ………………… 49
工場法……………………………… 104
構造調査…………………………… 182
国内調査…………………………… 216
固定効果モデル…………………… 164
個票データ………………………… 227
コミュニケーション理論……………… 9
コミュニティ…………… 50, 52, 53, 55

さ行

産業・労働社会学………………… 226
産業化論…………………………… 52
産業博物館・企業博物館………… 205
サンクション………………………… 29
サンプルの偏り……………………… 89
参与観察…………………………… 58
ジェンダー研究……………………… 10
資源的条件…………………………… 7
仕事表……………………………… 30
実証可能性…………………………… 6
実証主義…………………………… 20, 21
実践的ライフヒストリー法
………………… 76, 77, 78, 83
社会的行為………………………… 49
社会的構築物……………………… 20
尺度（scale）……………………… 16
ジャスト・イン・タイム…………… 26

修正版グラウンデッド・セオリー・アプ
ローチ（M-GTA）………… 122, 123
省察……………………………… 124
職業……………… 48, 49, 50, 55
職場見学（工場見学）…………… 202
職場コミュニケーション………… 226
職場のマイノリティ…………… 86, 89
史料批判…………………… 90, 96
新規学卒労働市場………………… 173
人的資源管理……………………… 40
政府統計の総合窓口……………… 183
潜在変数…………… 151, 152, 153
全数調査…………………………… 182
専門図書館………………………… 195
相互反映性………………………… 67
組織開発…………………………… 113
組織行動論…………… 151, 154
存在論……………………… 19, 20

た行

多段階評価………………………… 152
炭鉱労働者………………… 81, 82
知識社会学的
…………… 100, 101, 103, 104, 107, 108
著作権……………………………… 90
データ・アーカイブ……… 227, 228, 229
問い………………………………… 4
同意書……………………………… 199
動向調査…………………………… 182

な行

二次資料…………………………… 195
二次分析…………………………… 227
日本的雇用慣行…………………… 146
認識論……………………… 19, 20

は行

パネルデータ……………………… 160, 161
反・基礎づけ主義………………… 19
反証……………………………… 90, 91
反応バイアス……………………… 153
反復的コミュニケーション……………… 12
比較分析…………………………… 40
批判的実在論………………………… 20, 21
標本調査…………………………… 182
フィードバック……………………… 200
不確実性…………………………… 28
文化的コンテンツ………………… 206
文献レビュー……………………… 220
分散分析………………… 155, 156, 157
文書史料……………… 88, 89, 90, 91, 96
分析単位…………………………… 134
文脈性……………………………… 16
変量効果モデル…………………… 164
方針管理表…………………… 30, 33
補完性……………………………… 133
ホーソン実験……………………… 48

ま行

マイノリティー・オーラルヒストリー
……………………………… 87
マクロ労働統計…………………… 180

マルチメソッド・アプローチ
……………… 76, 78, 79, 80, 82
目的合理……………………………… 142
モノグラフ………………… 77, 78, 82

ら行

ライフコース・カレンダー…………… 78
ライフヒストリー…… 76, 77, 78, 79, 81, 82, 83
ライブラリー・ワーク………… 219, 220
ラポール……………………………… 204
リサーチ……………………………… 219
リーダーシップ……… 113, 114, 115, 116
リーン生産システム………………… 26
隣接対……………………………… 68
歴史資料…………………………… 43
歴史分析…………………………… 40
レファレンス……………………… 43
労使関係……………………… 40, 226
労働過程…………………………… 61
労働組合……………… 101, 102, 105
労働史……………… 86, 87, 90, 94, 96, 97
ローカルな秩序…………………… 67

わ行

ワークプレイス………………… 74, 226
ワークライフバランス……………… 147

●執筆者紹介＆読者へのメッセージ

西村　純（にしむら　いたる）　　　　　　　　　　　第1部第1章，第3部7
労働政策研究・研修機構（JILPT）副主任研究員。
主要著書『スウェーデンの賃金決定システム―賃金交渉の実態と労使関係の特徴』
（ミネルヴァ書房）。
「調査協力者は，私達の先生です。謙虚に学ぶという姿勢を常に忘れずに，楽し
みながら（Serious Fun），お互いに励んでいきましょう！」

田口和雄（たぐち　かずお）　　　　　　　　　　　　　　　第1部第2章
高千穂大学経営学部教授。
主要著書『戦後 賃金の軌跡』（中央経済社）。
「『制度』は企業の骨格部分を担います。知的好奇心を持ってその成り立ちを探
究してください。」

松永伸太朗（まつなが　しんたろう）　　　　　　　　第1部第4章，第3部3
長野大学企業情報学部企業情報学科助教。
主要著書『アニメーターの社会学：職業規範と労働問題』（三重大学出版会）。
「よくある概念では語り尽くせない世界が身近な職場でも広がっています。労働調
査で，身近で新たな世界を探索してみませんか？」

秋谷直矩（あきや　なおのり）　　　　　　　　　　　　　　第1部第5章
山口大学国際総合科学部講師。
主要著書『ワークプレイス・スタディーズ―働くことのエスノメソドロジー』（編著，
ハーベスト社）。
「職場の知識・規範・慣習・倫理・道徳…これらを人びとから学ぶことができる。
これがフィールド調査の醍醐味です。」

嶋﨑尚子（しまざき　なおこ）　　　　　　　　　　　　　第1部第6章
早稲田大学文学学術院教授。
主要著書『炭鉱と「日本の奇跡」―石炭の多面性を掘り直す』（共編著，青弓社）。
「『炭鉱に育ててもらった』『日本の全てを教えてもらった』（森崎和江）のように，労働・職場調査は私たちを社会へと導いてくれます。」

南雲智映（なぐも　ちあき）　　　　　　　　　　　第1部第7章，第3部4
東海学園大学経営学部准教授。
主要著書『『新時代の「日本的経営」』オーラルヒストリー―雇用多様化論の起源』（編著，慶應義塾大学出版会）。
「多くのの調査方法がありますが，自分に合った方法を学び，実践してください。きっと新たな発見をする喜びを感じられるはずです。」

中川宗人（なかがわ　むねと）　　　　　　　　　　　　　第1部第8章
東京大学大学院教育学研究科特任研究員，明治学院大学社会学部，早稲田大学教育・総合科学学術院，同文学学術院非常勤講師。
主要論文「祝辞における労働とジェンダー―鐘紡・武藤山治の女性労働者に対する認識の分析を通して」『年報社会学論集』30号 pp.39-50。
「『見る』『聞く』だけではわからない仕事の世界の有り様に，『読む』ことを通じて迫ってみましょう。」

舘野泰一（たての　よしかず）　　　　　　　　　　　　　第1部第9章
立教大学経営学部特任准教授。
主要著書『リーダーシップ教育のフロンティア【研究編】―高校生・大学生・社会人を成長させる「全員発揮のリーダーシップ」』（共編著，北大路書房）。
「調査方法を学ぶと，身近な世界を新たな切リロで捉えられます。あなたなりの視点で切り取った世界を表現してみませんか。」

荒木淳子（あらき　じゅんこ）　　　　　　　　　　第1部第10章
産業能率大学情報マネジメント学部教授。
主要著書『キャリア教育論』（共著，慶應義塾大学出版会）。
「質的研究は時間はかかりますが，データと向き合い格闘するなかに，きっと新しい
研究のタネが見つかると思います。」

江夏幾多郎（えなつ　いくたろう）　　　　　　　　第2部第11章
神戸大学経済経営研究所准教授。
主要著書『人事評価における「曖昧」と「納得」』（NHK出版新書）。
「労働・職場調査は，ぼやっとしているものを無理やり「見える化」する活動です。
先行研究も参考にしながら尺度を作り，調査協力者も納得する『正しい無理やり』
を目指しましょう。」

林　　祥平（はやし　しょうへい）　　　　　　　　第2部第13章
明治学院大学経済学部准教授。
主要著書『一体感のマネジメント―人事異動のダイナミズム―』（白桃書房）。
「調査法・分析法を学ぶことで，現実を直視しすぎず，敢えて距離を取ることで
見えてくる世界を楽しんでください。」

佐藤一磨（さとう　かずま）　　　　　　　　　　　第2部第14章
拓殖大学政経学部准教授。
主要論文 "Does marriage improve subjective health in Japan?," *Japanese Economic
Review,* forthcoming.
「労働調査の手法は汎用性が高く，色々な仕事に生きてきます。張り切って学びま
しょう！」

中澤高志（なかざわ　たかし）　　　　　　　　　　　　第２部第15章
明治大学経営学部教授。
主要著書『住まいと仕事の地理学』（旬報社）。
「地理学の立場から人々の仕事を分析することもできると知っていれば，研究の幅が
広がります。」

篠崎武久（しのざき たけひさ）　　　　　　　　　　　　第２部第16章
早稲田大学理工学術院創造理工学部教授。
主 要 論 文 "Not by Education Alone: How Young Adults' Employment Status Is
Determined by Employment Environments and Family Backgrounds," *Social
Science Japan Journal*, Vol. 15, No.1, pp.31-52.
「『分解してみたら？』が大学院時代の指導教員の口癖でした。数字の背景を知り
たいときはまず分解してみることをお勧めします。」

鈴木　誠（すずき　まこと）　　　　　　　　　　　　　　第３部１・２
長野大学企業情報学部准教授。
主要論文「戦後型学歴身分制の形成—三菱電機の1948年身分制度改訂」『大原社会問
題研究所雑誌』No.710，pp.63-81。
「私もまだまだチャレンジャーです。初心忘るべからず，を肝に銘じています。」

三家本里実（みかもと　さとみ）　　　　　　　　　　　　第３部６
立教大学経済学部助教。
主要論文「開発プロセスの決定における労働者の自律性に関する考察—ソフトウェ
ア開発の中・下流工程を対象として」『社会政策』第８巻第２号，pp.148-160。
「広く社会に関心を持ち，『問いに値する問い』を設定して調査に挑まれることを期
待します。」

● 編著者紹介＆読者へのメッセージ

梅崎　修（うめざき　おさむ）　　　　　　　　　　序章，第3部5・9
法政大学キャリアデザイン学部教授。
大阪大学大学院博士後期課程修了（経済学博士）。専門は労働経済学人的資源管理論，
労働史。
著書として『大学生の内定獲得－就活支援・家族・きょうだい・地元をめぐって』
『学生と企業のマッチング－データに基づく探索』（共編著，法政大学出版局），『人
事の統計分析－人事マイクロデータを用いた人材マネジメントの検証』（共編著，ミ
ネルヴァ書房）など。
「人生の長い時間を費やす労働，多くの人たちが仕事を通じてつながる職場を調査
によって『わかる』ということは，我々にとってスリリングな体験です。本書をもって，
職場へ行こう。」

池田心豪（いけだ　しんごう）　　　　　　　第2部第12章，第3部10
労働政策研究・研修機構（JILPT）主任研究員。
東京工業大学大学院社会理工学研究科博士課程単位取得退学。専門は職業社会学。
著書・論文として『非典型化する家族と女性のキャリア』（共著，JILPT，2018年），
Supporting Working Carers' Job Continuation in Japan: Prolonged Care at Home in
the Most Aged Society, *International Journal of Care and Caring* Vol. 1, No.1, 2017
年, Policy Pressなど。
「職場は様々な人の思いが複雑に交差し絡み合う多面体。調査を通じて『思ってい
たのと違う!』という驚きを楽しんでください。」

藤本　真（ふじもと　まこと）　　　　　　第1部第3章，第3部8・11
労働政策研究・研修機構（JILPT）　主任研究員。
東京大学大学院人文社会系研究科博士課程学位取得退学。専門は産業社会学・人的
資源管理論。論文として「事業再生過程における労働組合の役割」（日本労働研究雑
誌No.591，2009年），「『キャリア自律』はどんな企業で進められるのか─経営活動・
人事労務管理と『キャリア自律』の関係」（日本労働研究雑誌No.691，2018年），著
書として『中小企業における人材育成・能力開発』（労働政策研究・研修機構，2012
年）など。
「『働くこと』に関わる人々にとって意義のある情報をいかに捉えて，伝えるか〜これ
が，労働・職場調査の基本であり，魅力だと思います。」

労働・職場調査ガイドブック
多様な手法で探索する働く人たちの世界

2020年1月1日　第1版第1刷発行

編著者	梅　崎　　　修
	池　田　心　豪
	藤　本　　　真
発行者	山　本　　　継
発行所	㈱中　央　経　済　社
発売元	㈱中央経済グループ パ ブ リ ッ シ ング

〒101-0051　東京都千代田区神田神保町1-31-2
電話　03 (3293) 3371(編集代表)
　　　03 (3293) 3381(営業代表)
http://www.chuokeizai.co.jp/
印刷/㈱堀内印刷所
製本/㈲井上製本所

© 2020
Printed in Japan

研究方法論を正当化するロジックがわかる
学術論文執筆に不可欠の書

マネジメント
研究への招待
―研究方法の種類と選択―

須田敏子[著]

Ａ５判・ソフトカバー・264頁

目 次

［第1部 研究方法論への招待］

第1章 マネジメント研究と研究方法論の重要性

第2章 存在論・認識論・研究アプローチ

第3章 マネジメント研究:研究方法論の選択

［第2部 さまざまな研究方法］

第4章 インタビュー

第5章 実験法と準実験法

第6章 サーベイリサーチ

第7章 エスノグラフィー

第8章 ケーススタディ1:研究方法論の再考

第9章 ケーススタディ2:ケースの選択基準と研究事例

中央経済社